STUDY GUIDE

INCLUDES INTEGRATED VIDEO SCRIPT

EL ESPEJO ENTERRADO

A film series by Carlos Fuentes

Curland
Epple
Heinrich

El Espejo Enterrado – *A Video Series by Carlos Fuentes*

Workbook / Study Guide

First edition published by McGraw-Hill 1994, ISBN 0-07-015049-4

Design & production: Christian Maurer, Layoutsinc.com

The complete film series, EL ESPEJO ENTERRADO, is available on DVD along with additional resources and information from Microangelo Entertainment at

WWW.HISPANIDADES.INFO

Other Titles available:
HISPANIDADES: ESPANA - LA PRIMERA HISPANIDAD
(ISBN 978-0-9822217-0-9)

HISPANIDADES: LATINOAMERICA Y LOS EE.UU.
(ISBN 978-0-9822217-1-6)

HISPANIDADES: LATINOAMERICA Y LOS EE.UU. GRAMMAR REVIEW WORKBOOK
(ISBN 978-0-9822217-3-0)

HISPANIDADES: ESPANA - LA PRIMERA HISPANIDAD GRAMMAR REVIEW WORKBOOK
(ISBN 978-0-9822217-5-4)

ABOUT THE AUTHORS

DAVID CURLAND is retired from the University of Oregon where he taught Spanish since 1966. He has also directed national institutes sponsored by the National Endowment for the Humanities for foreign language high school teachers.

JUAN ARMANDO EPPLE is a distinguished Latin American writer and critic. He is Professor of Spanish at the University of Oregon, where he teaches Spanish American and Chicano literatures. He received his Licenciatura from the Austral University of Chile in 1972 and his PhD. From Harvard University in 1980. He has published numerous articles on Latin American and Hispanic literature, as well as several anthologies of short fiction, including **Cruzando la cordillera (1986), Brevísima relación del cuento breve de Chile (1989),** and **Antología del micro-cuento hispanoamericano** (1990).

JIM HEINRICH taught Spanish language and compositon at the University of Oregon, where he also served as Coordinator of the second-year language program and Director of study abroad programs in Mexico and Spain. He developed community education language programs for police and firefighters and designed and published numerous Spanish learning programs for computer and multi-media.

ACKNOWLEDGMENTS

The authors wish to acknowledge their gratitude to the following:Noble Goss for his indispensable and professional word-processing. Professor Leonardo García Pabón for his useful insights and suggestions, and Thalia Dorwick of McGraw-Hill for her essential contribution.The first edition of this text was published by McGraw-Hill (1992); this second, revised edition is published by Microangelo Education LLC (2010).

Contenido

PREFACE

Spanish teachers have always been committed to teaching culture, but too often the need to teach as much of the language itself—pronunciation, syntax—forces us to put culture on the back burner. True, most texts incorporate, to varying degrees, some cultural content, but without a visual component we are deprived of a powerful tool. Now we have a video series designed to fill the vacuum.

Written and presented by award-winning author Carlos Fuentes, *El Espejo Enterrado* was produced by SOGETEL in association with the Smithsonian Institution and Quinto Centenario España, and is distributed by Microangelo Education Media The series, filmed separately in Spanish and English versions, should warm the heart of Spanish language teachers in both high school and college. Its five one-hour programs cover those aspects of the Hispanic heritage we inevitably try to include: history, both that of Spain and Latin America; and culture, including art, dance, music, architecture, and, of course, literature.

Documentaries can be dull, so it is important to note that the series avoids the mistake of including too much detail or dwelling too long on any topic. Fuentes himself, the narrator throughout, gives his own lively interpretation of the visual images so beautifully filmed by the Spanish production company, SOGETEL. His comments are often provocative, always informed, sometimes controversial, thus providing teachers with a good opportunity to involve students in discussion. The level of difficulty, however, is such that you should take care not to overwhelm students. The most appropriate level for the series is advanced high school and second-year college (or higher).

Another advantage of the program is that we have, from one source, a treasure trove of cultural material from which to draw: Felipe II of the Hapsburgs and his Escorial; the **Semana Santa** of Seville; the bullfight and its significance; Goya; Lorca; the Spanish Civil War; the **conquistadores** and their establishment of the Spanish colonies; the near destruction of the ancient Native American cultures; the independence movements of the 19th century; and the multicultural nature of all of Latin America and of the United States.

The series was originally conceived as the centerpiece of the Smithsonian's quincentenary activities, but it is obvious that it will make an important contribution to the teaching of Hispanic culture for many years.

WHAT DO THE FIVE PROGRAMS OF *EL ESPEJO ENTERRADO* CONTAIN?

Program I: La virgen y el toro

Carlos Fuentes looks for his forebears in the mix of people that created Latin America: Spanish, Arab, Jewish, Indian, and African. He asks what is unique in their culture that is cause for celebration of the 500th anniversary year of Columbus. His quest takes him from Veracruz, where the **conquistadores** landed, to the Caribbean, and back to Spain: to the dark caves of Altamira, the harsh sunlight of the bullring, and the stamping feet of the flamenco dancer.

Program II: La batalla de los dioses

Fuentes, beginning with the rediscovery of the ancient Aztec temples beneath the central square of modern Mexico City, retraces the Indian world through their magnificent pyramids and sculpture, their precise astronomy, their human sacrifice, passing through extremes of serenity and violence. The return of their blond, exiled God **Quetzalcóatl** was forecast for the very year Cortés reached their shores.

Program III: La edad de oro

From the Americas came enormous treasures to Spain and Europe: gold, silver, chocolate, the tomato, the potato. While Spain's most powerful ruler, Philip II, living in austere solitude, sought to protect the Catholic faith, Cervantes questioned all values in *Don Quijote*, and Velázquez painted masterpieces of psychological penetration. Indian artisans transformed Europe's Baroque style into a uniquely indigenous art form in the magnificent churches of Potosí and Ocotlán.

Program IV: El precio de la libertad

Every year, a million Mexicans gather in the great central square of their capital to celebrate **El Grito**, the cry for independence. Fuentes crosses the Andes in the steps of the liberators Bolívar and San Martín, who succeeded in throwing off the Spanish yoke but found it impossible to establish a just society after gaining independence. For the gaucho there was the consolation of the open spaces, the mountains, the plains. And for those crowding into the new cities like Buenos Aires, there was the tango.

Program V: Las tres hispanidades

Spain, Latin America, and the Hispanic communities in the United States have all undergone enormous changes in this century. Within the lifetime of those born now, a large percentage of the population of the United States will be Spanish-speaking. Every year, half a million brave the border patrols to enter the United States illegally, looking for the "Gringo gold" but bringing with them "Latino gold," the rich cultural traditions in art, music, dance, respect for family ties—all distinct hallmarks of the Spanish-speaking world.

HOW ARE THE PROGRAMS STRUCTURED?

While each one-hour program has an underlying theme or period, the **unidades**, lasting 4 to 8 minutes, deal with specific topics. The programs proceed without interruption. There are no titles or pauses. You can become familiar with the topics covered in each program by following the order of presentation indicated in the video transcript. It is highly recommended that you focus on one **unidad** at a time. Presenting the video in short segments, especially when the language is challenging, makes it more digestible and also more convenient for use in the classroom. There will also be more time for repetition. Showing all, or almost all, of a program at one time, even if the schedule permits, would defeat the purpose of this book, which is to assist the student in absorbing vocabulary and content through in-depth study.

HOW IS THIS WORKBOOK ORGANIZED?

This book follows exactly the order of the video presentation. The division into **unidades** accurately reflects the topics discussed on video. Each of these topics forms the basis for the corresponding **unidad** in this book.

Resumen

The **resúmenes** are generally short paragraphs intended to prepare the student for the main theme. They should be read aloud in class prior to showing the video. We have kept the language simple and direct. An awareness by your students of what to expect in broad outline is an excellent way to prepare them to understand Fuentes' commentary.

Antes del video

Carlos Fuentes employs a rich and varied vocabulary in his narration. Clearly, teachers will not expect students to master every word he utters. We have selected a small number of key words and phrases that are basic to the units and also of generally frequent use. These short vocabulary lists should be committed to memory by students, preferably in contextualized fashion (sentences, if possible derived from the video, in which you illustrate meaning). Familiarity with this vocabulary will provide the "signposts" through the narration that students need to avoid the frustration of not grasping ideas because of language which is unfamiliar to them.

Ideas para pensar

Even when language is not complex, the ideas expressed by Fuentes may be unfamiliar to students. We have suggested a few ways of preparing students for these concepts. If you have already seen the video segment, you may very well have additional ideas of your own that you want students to consider *before* viewing the unit.

Después del video

There are post-viewing exercises of various types intended to provide a check on comprehension. One kind of exercise (**Conexiones**) is based on exact quotations from the videoscript.

Más adelante

These exercises invite students to express their own opinions. They will require slightly longer (usually written) answers. They may also be used to stimulate group discussion. This section may have special appeal to more advanced students, either in the classroom or working independently.

Lecturas sugeridas

These are recommended sources for more information on the topic.

End Vocabulary

An end vocabulary (Spanish-English) provides a handy reference to much of the vocabulary used in the narration.

This series contains a wealth of material. Students will be challenged at times, but experience shows that video images can make otherwise difficult language quite comprehensible. With the use of this book, *El Espejo Enterrado* can become an invaluable and accessible resource.

Carlos Fuentes

Carlos Fuentes es uno de los escritores más importantes de la literatura contemporánea de Latinoamérica. Nació en la ciudad de Panamá en 1928. Sus padres fueron Nerta Macías y el diplomático mexicano Rafael Fuentes Boettiger. Entre 1934 y 1940 vivió en Washington, D.C., donde aprendió el idioma inglés asistiendo a una escuela pública. Entre 1940 y 1944 estudió en escuelas secundarias de Buenos Aires y Santiago de Chile. Fue en Chile donde publicó sus primeros relatos en una revista estudiantil.

Realizó sus estudios de leyes en la Universidad Nacional Autónoma de México y después en el Instituto de Altos Estudios de Ginebra, Suiza. Su trabajo como diplomático, periodista, catedrático y, particularmente, como escritor, le ha permitido visitar los principales países de Latinoamérica y del Viejo Mundo.

Su vasta obra narrativa representa una búsqueda del fundamento histórico de su país natal, México, de América Latina y de los dilemas de la modernidad. Sus obras más destacadas son: *La región más transparente* (1958), *Las buenas conciencias* (1959), *La muerte de Artemio Cruz* (1962), *Aura* (1962), *Zona sagrada* (1967), *Cambio de piel* (1967), *Terra nostra* (1975), *La cabeza de la hidra* (1978), *Gringo viejo* (1985), *Constancia y otras novelas para vírgenes* (1989), *Cristóbal nonato* (1987) y *La campaña* (1990).

Es autor también de importantes libros de ensayos, como *La nueva novela hispanoamericana* (1969), *Tiempo mexicano* (1971), *Cervantes o la crítica de la lectura* (1976), *Latin America: At War with the Past* (1985), *Myself with Others* (1988), *Valiente Mundo Nuevo* (1990) y *El Espejo Enterrado* (1992).

Entre los galardones que ha obtenido por su obra literaria destacan el Premio Nacional de Literatura de México (1984), el Premio Rómulo Gallegos (1977) y el Premio Miguel de Cervantes (1987), este último considerado equivalente al Premio Nobel en la literatura en lengua castellana.

Su pasión por el cine se ha expresado a la vez en artículos especializados, en su contribución como guionista de varias películas y en su participación como jurado en los festivales de cine de Venecia (1967) y Cannes (1977). *Gringo viejo* ha sido adaptado al cine por el director Luis Puenzo, protagonizado por Jane Fonda y Gregory Peck.

Desde mediados de la década del setenta ha visitado numerosas universidades norteamericanas, entre ellas Harvard, Princeton, Columbia y la de Pennsylvania, como profesor invitado o como conferencista.

La serie en video de *El espejo enterrado* ha salido en dos versiones, semejantes pero no idénticas, ambas escritas y narradas por Carlos Fuentes. Este texto acompaña la versión española.

INTRODUCTION

This workbook is the companion to the video series **EL ESPEJO ENTERRADO**, written and narrated in Spanish by the famous Mexican writer and social commentator, Carlos Fuentes. The series of five DVD programs takes you on a fascinating journey through the hundred years of Spanish and Latin American history. Each one-hour program contains a number of short units (called **unidades**) lasting from four to eight minutes and dealing with a specific topic. The divisions into units is a creation of the authors and not indicated on film.

By now in their study of Spanish, students are undoubtedly aware of the rich and varied culture of the Spanish-speaking world. Too often though, the study of culture and language becomes separated. In this series students will have the opportunity to expand their knowledge of Spanish while simultaneously learning a great deal about Hispanic culture, beautifully preented on film with an accompanying commentary by Carlos Fuentes.

This workbook is intended to facilitate an understanding of Fuentes' commentary and the nature of the issues he discusses. Students will find that preparing themselves for each unit by reading carefully the summary (**resumen**) and the studying the vocabulary and phrases and thinking about the issues (**ideas para pensar**) before viewing the video itself will make Fuentes' commentary much easier to understand.

A new feature of this edition is the inclusion of a verbatim transcript of the Spanish narration. These transcripts correspond to each hour of the film and are inserted at the end of the programs to which they refer.

PLEASE NOTE: since this Study Guide was published, two new textbooks based on segments from the complete film series have been created, one on SPAIN (HISPANIDADES: La Primera Hispanidad) and the other on Latin America (HISPANIDADES: Latinoamerica y los EE.UU.) Both texts also have an optional Grammar Review Workbook (with answer key). These texts are designed to use brief segments of the film as a convenient basis for the study of literature, history and grammar within the confines of the normal class period. Experience has shown that availability of the complete film series in the language laboratory or library is very useful for independent study.

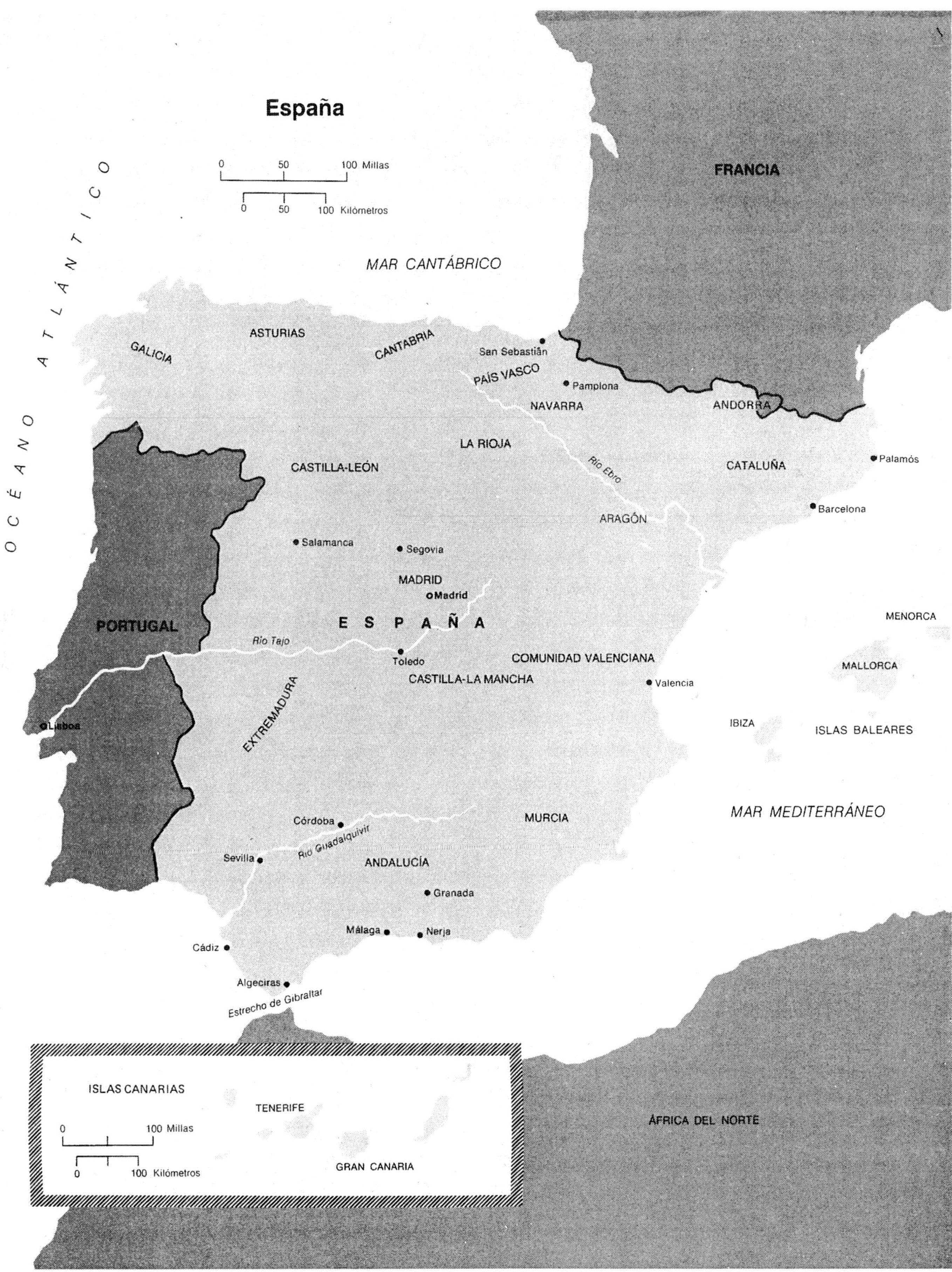
España
0 50 100 Millas
0 50 100 Kilómetros
OCÉANO ATLÁNTICO
MAR CANTÁBRICO
FRANCIA
GALICIA
ASTURIAS
CANTABRIA
San Sebastián
PAÍS VASCO
Pamplona
NAVARRA
ANDORRA
LA RIOJA
CASTILLA-LEÓN
Río Ebro
CATALUÑA
Palamós
Barcelona
ARAGÓN
Salamanca
Segovia
MADRID
Madrid
PORTUGAL
ESPAÑA
Río Tajo
Toledo
COMUNIDAD VALENCIANA
CASTILLA-LA MANCHA
Valencia
MENORCA
MALLORCA
IBIZA
ISLAS BALEARES
Lisboa
EXTREMADURA
MURCIA
MAR MEDITERRÁNEO
Córdoba
Río Guadalquivir
Sevilla
ANDALUCÍA
Granada
Málaga
Nerja
Cádiz
Algeciras
Estrecho de Gibraltar
ISLAS CANARIAS
TENERIFE
0 100 Millas
0 100 Kilómetros
GRAN CANARIA
ÁFRICA DEL NORTE

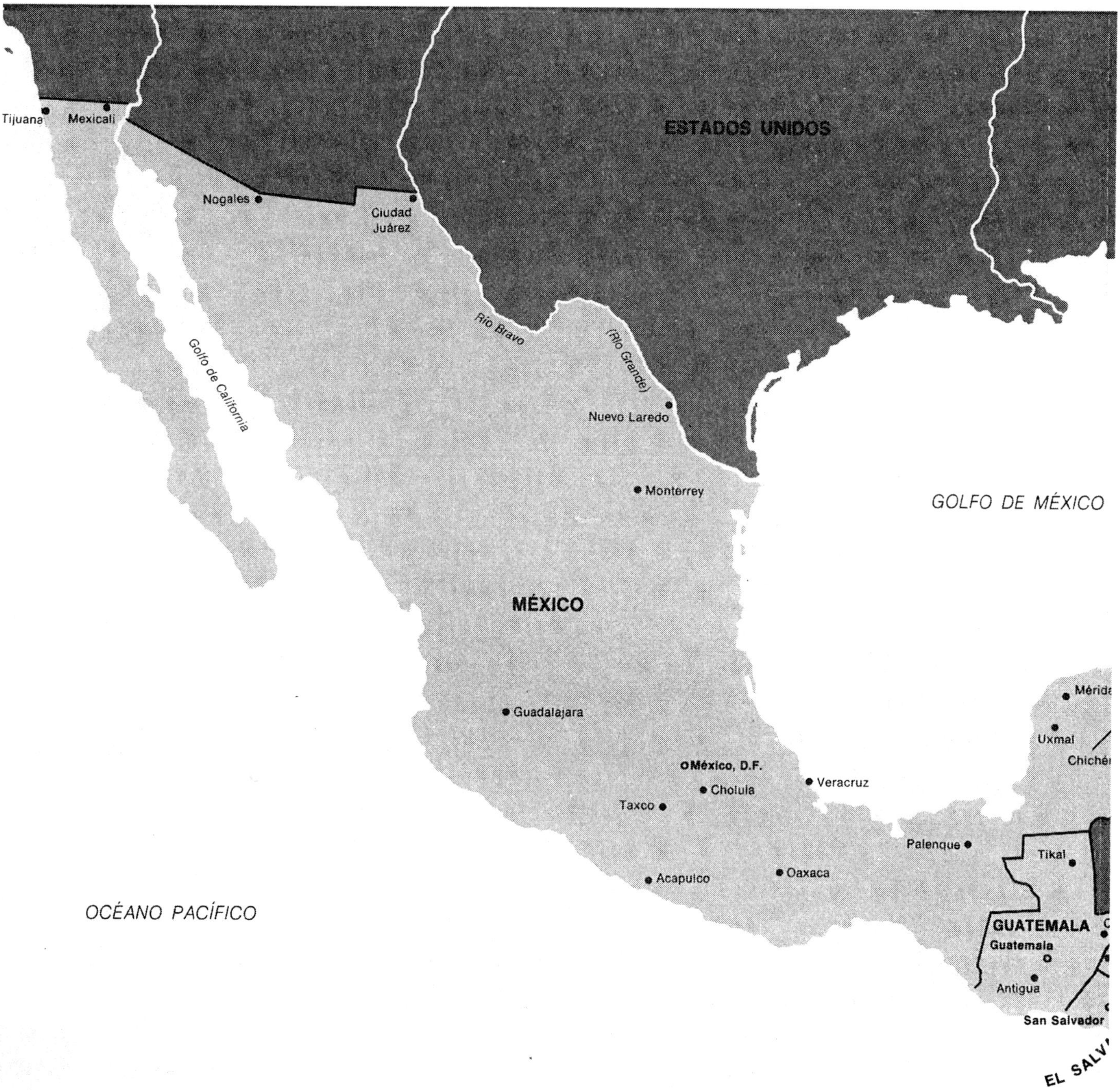

Tijuana
Mexicali
ESTADOS UNIDOS
Nogales
Ciudad Juárez
Río Bravo
(Río Grande)
Golfo de California
Nuevo Laredo
Monterrey
GOLFO DE MÉXICO
MÉXICO
Mérida
Uxmal
Guadalajara
México, D.F.
Veracruz
Cholula
Taxco
Palenque
Tikal
Oaxaca
Acapulco
OCÉANO PACÍFICO
GUATEMALA
Guatemala
Antigua
San Salvador

México, América Central y el Caribe

0
200
400
600
800 Millas
0
200
400
600
800 Kilómetros

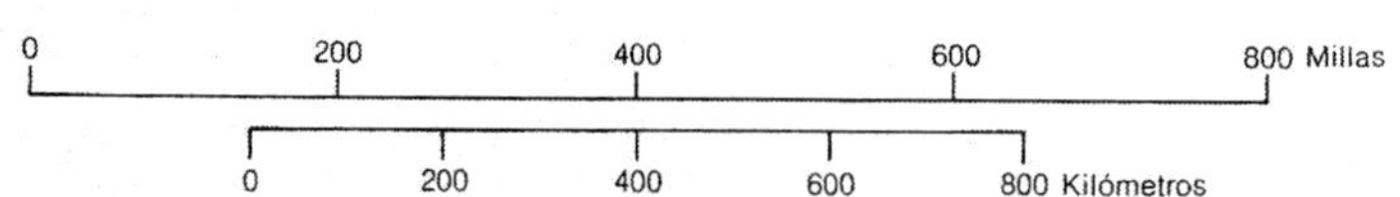

OCÉANO ATLÁNTICO
La Habana
CUBA
Santiago
PENÍNSULA DE YUCATÁN
HAITÍ
REPÚBLICA
DOMINICANA
Santo Domingo
San Juan
Ponce
PUERTO RICO
JAMAICA
MAR CARIBE
HONDURAS
Tegucigalpa
León
NICARAGUA
Managua
Lago de
Nicaragua
COSTA RICA
San José
Canal de Panamá
Panamá
PANAMÁ
Caracas
Río Orinoco
VENEZUELA
Río Magdalena
Bogotá
COLOMBIA
BRASIL

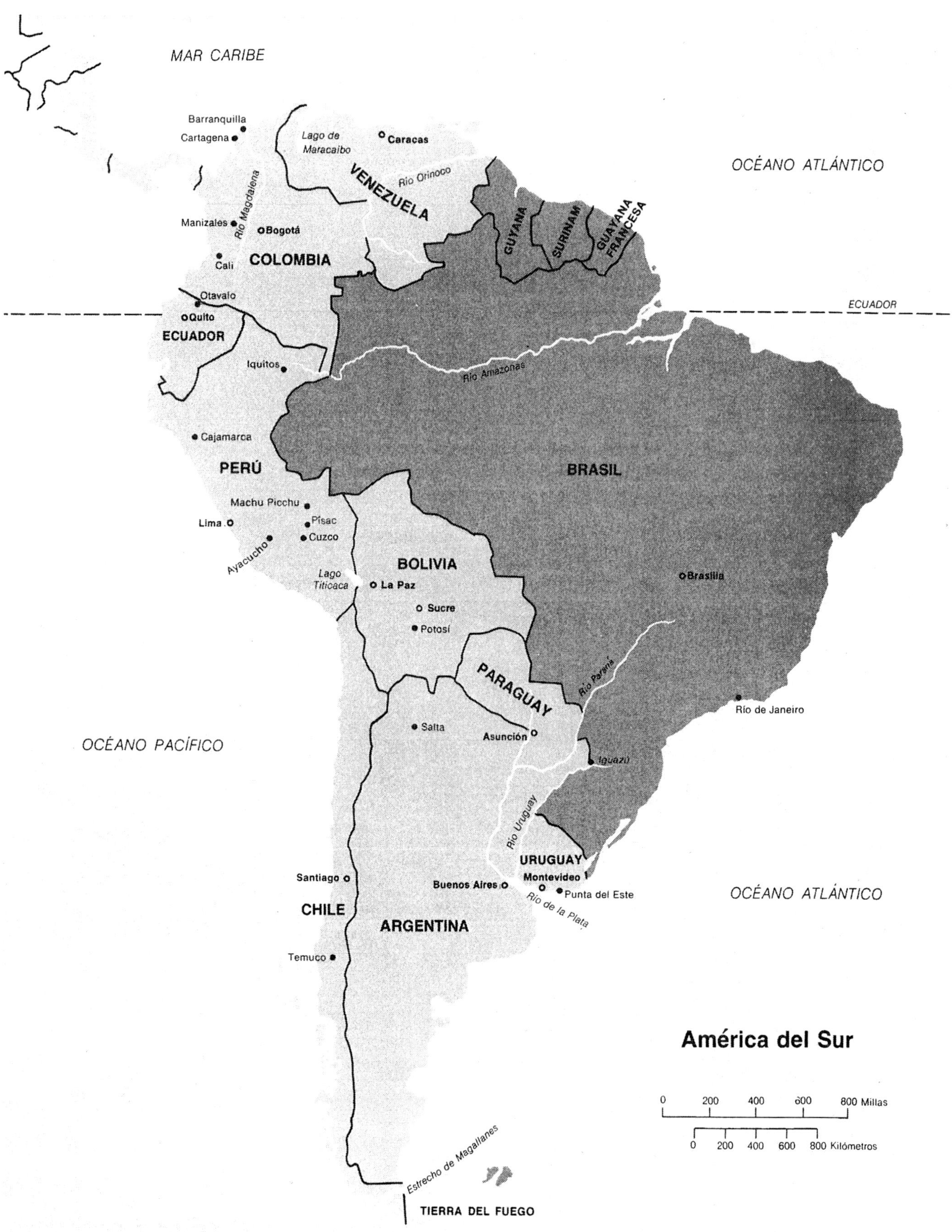
MAR CARIBE
Barranquilla
Cartagena
Lago de Maracaibo
Caracas
OCÉANO ATLÁNTICO
VENEZUELA
Río Orinoco
Río Magdalena
Manizales
Bogotá
Cali
COLOMBIA
GUYANA
SURINAM
GUAYANA FRANCESA
Otavalo
Quito
ECUADOR
ECUADOR
Iquitos
Río Amazonas
Cajamarca
PERÚ
BRASIL
Machu Picchu
Lima
Písac
Cuzco
Ayacucho
BOLIVIA
Lago Titicaca
La Paz
Sucre
Potosí
Brasilia
PARAGUAY
Río Paraná
Río de Janeiro
Salta
Asunción
OCÉANO PACÍFICO
Iguazú
Río Uruguay
URUGUAY
Santiago
Buenos Aires
Montevideo
Punta del Este
Río de la Plata
OCÉANO ATLÁNTICO
CHILE
ARGENTINA
Temuco
América del Sur
0 200 400 600 800 Millas
0 200 400 600 800 Kilómetros
Estrecho de Magallanes
TIERRA DEL FUEGO

PROGRAMA I

La virgen y el toro

UNIDAD 1

Cristóbal Colón

Resumen

Carlos Fuentes describe la crisis que se vive en América Latina 500 años después de la llegada de Colón al hemisferio occidental. Afirma que a pesar de estos problemas, la cultura que los latinoamericanos han sido capaces de crear durante estos quinientos años es digna de celebrarse y estudiarse.

Antes del video

VOCABULARIO

el acontecimiento	*important event*	la población	*town, settlement*
el desarrollo	*development*	el recurso	*resource*
la deuda	*debt*	el riesgo	*risk*
el fracaso	*failure*	el sentimiento	*feeling*
el paraíso	*paradise*		
capaz	*capable*	extranjero/a	*foreign*
escaso/a	*scarce*	salvaje	*savage*
debido a	*due to, because of*		
amenazar (c)	*to threaten*	desembarcar (qu)	*to disembark*
derrumbarse	*to collapse*	encadenar	*to chain*

FRASES UTILES

A pesar de todos nuestros fracasos...	*In spite of all our failures . . .*
Mandó construir las primeras iglesias...	*He ordered the first churches built . . .*
Se nos pidió celebrar...	*We were asked to celebrate . . .*
...sí tenemos algo que celebrar...	*. . . we do have something to celebrate . . .*

PARA PENSAR ANTES DE MIRAR

1. ¿Qué sabe Ud. de Cristóbal Colón?
2. ¿A qué se llamó el «Quinto Centenario»?

Después del video

A. Busque el sinónimo y ponga la letra correspondiente.

____ 1. **población** a. región b. pueblo c. ciudad

____ 2. **paraíso** a. lugar ideal b. selva c. jardín

____ 3. **deuda** a. ganancia b. dinero que se debe c. impuestos

____ 4. **desarrollo** a. desempleo b. crecimiento c. disminución

B. ¿Verdadero (V) o falso (F)?

____ 1. Cristóbal Colón desembarcó en una isla del hemisferio occidental el 12 de octubre de 1492.

____ 2. Debido a Colón el buen salvaje se encontró encadenado pocos años después del descubrimiento.

____ 3. Hoy en día hay una profunda crisis en Latinoamérica a causa del racismo.

____ 4. El aspecto más duradero en Latinoamérica ha sido los sistemas políticos.

____ 5. Carlos Fuentes cree que sí hay algo que celebrar.

C. Indique con «X» las causas de la crisis en Latinoamérica.

____ 1. deuda extranjera

____ 2. escasos recursos naturales

____ 3. frustración

____ 4. corrupción

____ 5. pobreza

____ 6. contaminación atmosférica

____ 7. inflación

____ 8. democracias frágiles

____ 9. desempleo

____ 10. falta de voluntad

D. Complete las oraciones con las palabras de la lista.

1. Los latinoamericanos son descendientes de ____________, ____________ y europeos.
2. La celebración del descubrimiento trata de temas que conciernen íntimamente a Carlos Fuentes como ____________, ____________ y ciudadano.
3. Colón estableció las primeras ____________ europeas en el Nuevo Mundo.

escritor
escuelas
españoles
hombre
indios
mexicano
negros
patriota
poblaciones

Más adelante

PREGUNTAS

1. ¿Qué importancia tiene el «descubrimiento» de América?
2. ¿Qué imagen se formó Colón de los indígenas al verlos por primera vez?
3. ¿Cuáles son los principales problemas económicos y sociales que tiene hoy Latinoamérica?

SU OPINION PERSONAL

1. Colón creyó que los indígenas eran seres simples y buenos y que vivían en armonía con la naturaleza. ¿Cree Ud. que esta imagen del «buen salvaje» se sigue presentando en nuestra época? ¿Puede dar un ejemplo?
2. De los problemas latinoamericanos que nombra Carlos Fuentes, ¿cuál cree Ud. que debería solucionarse primero? ¿Por qué?
3. Escriba una composición de media página describiendo cómo imagina Ud. una sociedad perfecta.

PARA COMENTAR

1. En el Quinto Centenario del descubrimiento de América, ¿hay algo que celebrar en los Estados Unidos?
2. La sociedad norteamericana también tiene problemas. ¿Son distintos de los que vive Latinoamérica? ¿Cuáles son los más graves?

LECTURA SUGERIDA

Cristóbal Colón, *Los cuatro viajes del Almirante y su testamento*. Madrid: Espasa-Calpe, 1982. (Colección Austral). Ver «Primer viaje», jueves 11 de octubre y sábado 13 de octubre, pp. 28-132.

UNIDAD 2

Introducción personal

Resumen

Carlos Fuentes está en el café La Parroquia, en el puerto de Veracruz. Recuerda a sus antepasados y destaca el carácter multirracial de la civilización del Nuevo Mundo. Explica que España estaba formada por varias culturas.

Antes del video

VOCABULARIO

el/la antepasado/a	*ancestor*	el estrecho	*strait*
el aporte	*contribution*	el/la judío/a	*Jew*
la bisabuela	*great-grandmother*	la ola	*wave*
el/la ciudadano/a	*citizen*	el sueño	*dream*
ligero/a	*light*	norteño/a	*northern*
mestizo/a	*of mixed race*	pesado/a	*heavy*
a veces	*sometimes*	sin embargo	*nevertheless*
en busca de	*in search of*		
arrojar	*to throw*		

FRASES UTILES

Tanto mi padre como mi abuelo...	*My father as well as my grandfather . . .*
Mi abuelo solía venir todos los días...	*My grandfather used to come every day . . .*
Es decir, que todos nosotros...	*That is to say, all of us . . .*
A menudo visitaba a mis abuelos aquí...	*I often visited my grandparents here . . .*

PARA PENSAR ANTES DE MIRAR

1. ¿Dónde queda España? ¿A qué continente pertenece?
2. ¿En qué grandes zonas se divide el continente americano, llamado el «Nuevo Mundo»?

Después del video

A. ¿A qué lugar se refiere cada explicación?

____ 1. estrecho entre Asia y Norteamérica
____ 2. antiguo café del puerto jarocho
____ 3. estado norteño de México
____ 4. puerto importante en el Golfo de México
____ 5. mar entre Europa y Africa
____ 6. región de España
____ 7. isla cerca de Italia

a. Andalucía
b. Bering
c. Mediterráneo
d. La Parroquia
e. París
f. Sicilia
g. Sonora
h. Titicaca
i. Veracruz

B. Complete las oraciones con las palabras de la lista.

1. La cultura española no es sólo cristiana, sino también ____________________ y ____________________.
2. Todos somos ____________________ de inmigrantes llegados de otras partes.
3. Los latinoamericanos son algo más que españoles, sobre todo son ____________________.
4. Una sociedad que incluye muchas razas es ____________________.

árabe
descendientes
francesa
independiente
inglesa
judía
mestizos
multirracial
nuevo

C. Indique con «X» los nombres de los que *no* formaban parte de la cultura ibérica.

____ 1. alemanes
____ 2. árabes
____ 3. españoles
____ 4. franceses
____ 5. griegos
____ 6. indios
____ 7. ingleses
____ 8. japoneses
____ 9. judíos
____ 10. negros
____ 11. rusos
____ 12. turcos

Más adelante

PREGUNTAS

1. ¿Por qué es el café La Parroquia un sitio especial para Carlos Fuentes?
2. ¿De dónde eran los bisabuelos de Carlos Fuentes?
3. ¿Qué culturas componen la civilización española?

SU OPINION PERSONAL

1. Describa un lugar que le evoque a Ud. un recuerdo familiar especial.
2. Escriba una breve composición contando el origen de sus antepasados cercanos.

3. En la cultura hispanoparlante el árbol genealógico se define de la siguiente manera.

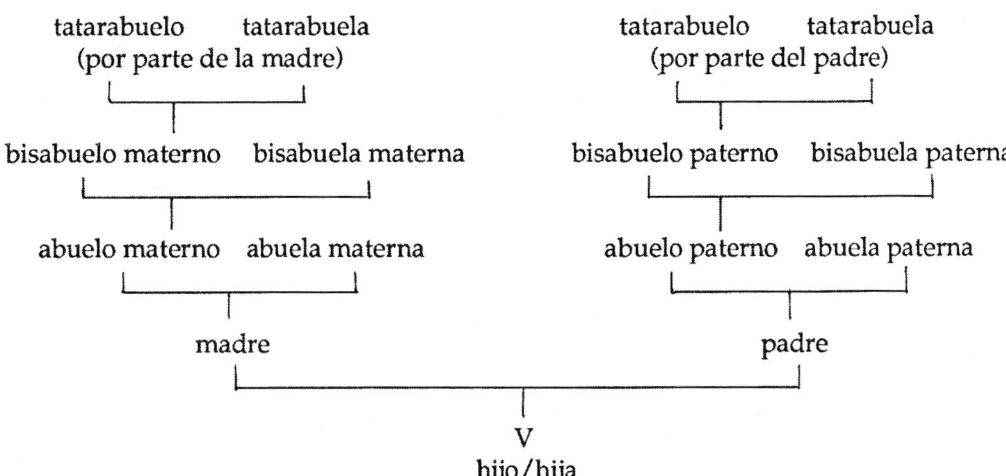

La historia de la familia de cada persona es diferente. ¿Cómo es su árbol genealógico?

PARA COMENTAR

1. Carlos Fuentes afirma que todos los que vivimos en el Nuevo Mundo somos inmigrantes. Escriba un párrafo expresando su opinión apoyando o rechazando esta afirmación.
2. El escritor mexicano también afirma: «América es un continente multirracial». ¿Se puede aplicar esta noción en el mismo sentido a la sociedad norteamericana?
3. En la sociedad norteamericana se reconocen oficialmente varios grupos étnicos (caucasianos o de origen europeo, afroamericanos, indoamericanos, hispanos y asiáticos). Elija el grupo étnico que conozca mejor y comente su aporte a la cultura norteamericana.

UNIDAD 3

España y los toros

Resumen

Carlos Fuentes visita las cuevas de Altamira, en España, y habla de las primeras imágenes que se crearon de los toros. Luego asiste a una corrida de toros en España y propone una explicación del sentido que tiene este espectáculo tradicional.

Antes del video

VOCABULARIO

la cicatriz	*scar*
la corrida	*bullfight*
la culpa	*fault, blame*
la frontera	*border*
la llanura	*plains*
el muro	*wall*
el nivel	*level*
la orilla	*shore*
la tauromaquia	*bullfighting*
audaz	*bold, daring*
bravo/a	*wild, fierce*
perdurable	*lasting*
sagrado/a	*sacred*
acaso	*perhaps*
arrancar (qu)	*to yank, pull*
arriesgar (gu)	*to risk*
asistir a	*to attend*
asustar	*to frighten*
compartir	*to share*
cornear	*to gore*
embestir (i, i)	*to attack*
huir (y)	*to flee*

FRASES UTILES

Hace falta un espacio...	*A space is necessary . . .*
Y saberlo es algo que daña...	*And knowing it is something that hurts . . .*
Se trata de un vulnerable entusiasmo.	*It deals with a vulnerable enthusiasm.*

PARA PENSAR ANTES DE MIRAR

1. ¿En qué países se realizan corridas de toros?
2. ¿En qué consiste una corrida de toros?

Después del video

A. Busque el sinónimo y ponga la letra correspondiente.

____ 1. **rito**	a. ritmo	b. cosa escrita	c. ceremonia
____ 2. **fuerza**	a. debilidad	b. acción	c. poder
____ 3. **cicatriz**	a. marca	b. insecto	c. espada

B. ¿Verdadero (V) o falso (F)?

____ 1. Existen en España dibujos del toro hechos hace más de 20.000 años.

____ 2. La plaza de toros es un lugar privado, exclusivo de la aristocracia.

____ 3. Los iberos llegaron a España hace 300 años.

____ 4. El **traje de luces** es la ropa ceremonial del matador.

____ 5. Los matadores eran hijos de reyes.

____ 6. Según Carlos Fuentes, la corrida de toros es una fiesta de arte y valor.

____ 7. Casi siempre se mata al toro en la corrida de toros.

____ 8. La corrida de toros demuestra la mortalidad del hombre y la inmortalidad del toro.

C. Indique con «X» cuáles de los siguientes conceptos simbolizan el toro para los españoles.

____ civilización	____ fuerza	____ poder
____ alimentación	____ muerte	____ religión
____ fertilidad	____ naturaleza	____ vida

D. ¿Cuáles de estos pueblos invadieron la península ibérica? Identifíquelos con «X».

____ los cartagineses	____ los griegos	____ los romanos
____ los celtas	____ los iberos	____ los vándalos
los fenicios	____ los moros	____ los visigodos

Más adelante

PREGUNTAS

1. ¿Por qué dice Carlos Fuentes que la plaza de toros es «el primer lugar común de España»?
2. ¿Qué simboliza la corrida de toros?
3. Generalmente, ¿de qué origen social son los matadores?

SU OPINION PERSONAL

1. La tauromaquia ha sido definida como un «arte». Exprese su opinión sobre esta afirmación.
2. Escriba una breve composición donde describa la corrida de toros desde el punto de vista del toro.
3. Describa un deporte nacional de los Estados Unidos y explique por qué es popular.

PARA COMENTAR

1. Exprese su opinión a favor o en contra de esta afirmación de Carlos Fuentes: «El matador es el protagonista de una ceremonia que rememora nuestra violenta supervivencia humana a expensas de la naturaleza. El toro es sacrificado porque el toro es sagrado. España nos obliga a mirar claramente este hecho: sobrevivimos porque matamos a la naturaleza. No podemos evadirnos de esta necesidad. Nuestra necesidad es nuestra culpa. Y saberlo es algo que daña nuestra alma».
2. Exprese su opinión a favor o en contra de las corridas de toros.
3. Comente su opinión sobre uno de los siguientes deportes que se practican en los Estados Unidos.

el boxeo	el fútbol americano
la caza	la pesca

LECTURAS SUGERIDAS

Miguel Hernández, «Toro», «Elegía media del toro», en *Obra poética completa*. Madrid: Alianza Editorial, 1982: 71; 99-101.

Rafael Alberti, «El toro de la muerte», en *Poesía*. Madrid: Aguilar, 1967: 440-448.

El flamenco

Resumen

Carlos Fuentes asiste a una representación del flamenco y recuerda cómo describieron esa danza varios escritores famosos. Luego habla de lo que representa ese baile en la cultura hispánica.

Antes del video

VOCABULARIO

el alma	*soul*
el bronce	*bronze*
el cante	*folksong*
la criatura	*child*
la doncella	*young woman*
el/la gitano/a	*gypsy*
el grito	*shout, yell*
casto/a	*chaste*
hondo/a	*deep, profound*
sabio/a	*wise*
agradecer (zc)	*to thank*
hundir	*to sink*
la lucha	*battle*
la mitad	*half*
el orgullo	*pride*
el suelo	*floor*
el tablado	*stage, platform*
la tentadora	*temptress*
la venganza	*revenge*

FRASES UTILES

...hay que darle la palabra final...	*. . . one must give him the last word . . .*
...un imán musical que atrae hacia sí...	*. . . a musical magnet that attracts toward itself . . .*
A veces ni siquiera es una voz...	*At times it is not even a voice . . .*

PARA PENSAR ANTES DE MIRAR

1. Infórmese sobre la división política de España en regiones. ¿Cuáles son?
2. ¿En qué parte de España queda Cádiz?

Después del video

A. Conexiones. Indique la persona que se corresponde con los siguientes comentarios sobre el flamenco.

____ 1. «las doncellas oscuras del cielo»

____ 2. «mitad bronce, mitad sueño»

____ 3. «cante hondo, río de voces»

____ 4. «las grandes maneras de liberar el alma»

____ 5. «la diosa del tablao... es una criatura de la tierra»

a. Carlos Fuentes
b. García Lorca
c. Lord Byron
d. Marcial

B. Indique cuáles de las siguientes son *regiones** de España (R) y cuáles son *ciudades* (C).

____ Andalucía	____ Castilla	____ Madrid
____ Aragón	____ Extremadura	____ Sevilla
____ Burgos	____ Galicia	____ Valencia

C. ¿Verdadero (V) o falso (F)?

____ 1. Los bailes y las bailadoras de Cádiz siempre han sido indecentes.

____ 2. El flamenco es una música moderna, tranquila y pura.

____ 3. El entusiasmo expresado por el público en la corrida de toros se debe al machismo y al orgullo.

Más adelante

SU OPINION PERSONAL

1. Describa su impresión personal del flamenco.
2. En su opinión, ¿qué función social cumplen los bailes? Describa su importancia.
3. ¿Existe un baile nacional en los Estados Unidos?
4. ¿Cuál es el baile preferido por la juventud norteamericana?

PARA COMENTAR

Describa alguno de los siguientes tipos de bailes: danza clásica, rock, salsa, «square dance».

LECTURAS SUGERIDAS

Federico García Lorca, «La guitarra», «Baile», en *Poema del cante jondo.* Madrid: Alianza Editorial, 1982: 60-61; 117-118.

Federico García Lorca, «El "cante jondo" (canto primitivo andaluz)», op. cit., pp. 175-189.

* El término **región** es geográfico; hoy las regiones son divisiones políticas llamadas «autonomías».

U N I D A D 5

La cultura romana

Resumen

Carlos Fuentes visita la pequeña ciudad de Ronda y describe la influencia que tuvo la cultura romana en el mundo ibérico. Explica que España se creó uniendo el sentido romano del Estado con el individualismo ibérico.

Antes del video

VOCABULARIO

el/la heredero/a	*heir/heiress*
la hidalguía	*nobility*
la red	*network*
el retrato	*portrait*
la sabiduría	*wisdom*
la serranía	*mountainous area*
comunicado/a	*connected*
poderoso/a	*powerful*
terrenal	*earthly*
salvo	*except*
enfocar (qu)	*to focus*
heredar	*to inherit*
perecer (zc)	*to perish*
permanecer (zc)	*to remain*
surgir (j)	*to appear*

FRASES UTILES

Pero a diferencia de los griegos...	*But unlike the Greeks . . .*
España se creyó a sí misma...	*Spain believed itself . . .*
Y ser sabio consiste en...	*And being wise consists of . . .*

PARA PENSAR ANTES DE MIRAR

1. Averigüe cuál es el objeto de estudio de las siguientes disciplinas.
   a. arqueología b. historia c. filosofía
2. ¿Qué sabe Ud. del imperio romano? ¿Por qué fue importante?

Después del video

A. Ponga la letra de la columna B que se relaciona con la palabra o frase de la columna A.

A

____ 1. la Dama de Elche

____ 2. acueductos

____ 3. estoicismo

____ 4. teatro al aire libre

____ 5. honor e individualismo

____ 6. colonización de la costa española

____ 7. colonización del interior español

____ 8. originadores de la cultura urbana

B

a. los griegos
b. los iberos y celtíberos
c. los romanos

B. Complete las oraciones con las palabras de la lista.

árabe	los romanos
derecho	El Greco
una escultura	Carlos Fuentes
griega	una princesa india
los griegos	Séneca
los sabios	

1. Los romanos eran herederos de la cultura
   ______________________________.
2. El gran filósofo nacido en Córdoba se llamaba
   ______________________________.
3. La Dama de Baza es ______________________________.
4. «La cultura ibérica fue absorbida por
   ______________________________, que durante mil años
   dominaron el mundo antiguo».
5. «No permitas que nada te conquiste, salvo tu propia
   alma», dijo ______________________________.

La Dama de Elche

Más adelante

SU OPINION PERSONAL

1. ¿Qué representa el tipo humano pintado por El Greco?
2. Carlos Fuentes dice: «Ser sabio consiste en entender que la vida no es feliz». ¿Está Ud. de acuerdo con esta opinión? ¿Por qué (no)?
3. Según Carlos Fuentes, la civilización española se creó en el conflicto entre las leyes del Estado y el individualismo. ¿Existe ese mismo conflicto en la sociedad norteamericana?

PARA COMENTAR

1. Elija algún cuadro famoso de la pintura norteamericana y explique qué representa.
2. Escriba una composición corta sobre uno de estos temas.
   a. la herencia de los romanos en España.
   b. el sentido del individualismo en la cultura norteamericana.

LECTURAS SUGERIDAS

Rafael Alberti, «Los fenicios de Tiros fundaron Cádiz», op. cit. pp. 981-983.

Manuel Machado, «Felipe IV» (poema), en Gerardo Diego, *Manuel Machado, poeta.* Madrid: Editorial Nacional, 1974, pág. 123.

UNIDAD 6

El cristianismo

Resumen

Carlos Fuentes habla de la influencia del cristianismo en la historia de España y de la presencia de la iglesia católica en la política española e hispanoamericana.

Antes del video

VOCABULARIO

el asunto	*matter, business*	el redentor	*redeemer*
el catalizador	*catalyst*	el siglo	*century*
el pleito	*dispute*		
bárbaro/a	*barbaric*		
aparecer (zc)	*to appear*	entregar (gu)	*to turn over*
enriquecer (zc)	*to enrich*	lograr	*to achieve*

FRASES UTILES

Acabó con el poder de Roma...	*Ended the power of Rome . . .*
De tal suerte que ésta entró en...	*In such a way that this entered into . . .*

PARA PENSAR ANTES DE MIRAR

1. Averigüe cuáles son las religiones que se practican en los siguientes sitios.
   a. los países árabes
   b. España y los países latinoamericanos
   c. los Estados Unidos
2. ¿Cuáles son las creencias básicas de la religión católica? ¿Y de la religión musulmana?

Después del video

A. Indique con números el orden cronológico en el que ocurrieron los siguientes hechos en la península ibérica.

____ conquista por los romanos

____ exploración por los fenicios y griegos

____ invasiones germánicas

____ invasiones por los celtas

____ aparición de los primeros cristianos

____ reino de los visigodos

B. Complete los párrafos con las palabras de la lista.

1. El cristianismo enriqueció intensamente ______________ previas de España. Dios padre, ______________ del mundo y Dios hijo, ______________ que sufrió por nuestra ______________; el Padre, el Hijo y nuevamente la figura de la Virgen que da vida y ______________.	creador las imágenes protección redentor salvación las tradiciones la historia la iglesia católica las leyes

2. Una de ______________ casi constantes de la política española e hispanoamericana es la presencia de ______________ en los asuntos públicos. El cristianismo logró ser el catalizador de ______________ de España, asumiendo todas ______________ anteriores.

Más adelante

PREGUNTAS

1. ¿Qué pueblos acabaron con el poder de Roma en España?
2. ¿Cuándo empezó la influencia de la iglesia en los asuntos públicos de España? ¿Por qué?

SU OPINION PERSONAL

1. ¿Qué influencia tiene la religión en los asuntos públicos en los Estados Unidos?
2. ¿Qué influencia tiene la religión católica en los Estados Unidos?

PARA COMENTAR

Escriba una composición corta sobre la libertad de religión.

U N I D A D 7

La Semana Santa en Sevilla

Resumen

Carlos Fuentes asiste a la celebración de la Semana Santa en Sevilla. Describe lo que ocurre durante esa semana y se pregunta cuál es el sentido cultural que tiene esa ceremonia religiosa.

Antes del video

VOCABULARIO

el anhelo	*longing, desire*	la hermandad	*brotherhood*
el barrio	*neighborhood*	el papel	*role*
la cofradía	*fraternity, guild*	el rasgo	*trace*
la emperatriz	*empress*	la superficie	*surface*
lúdico/a	*playful*	sincrético/a	*related to the mixing of beliefs*
hallar	*to find*	reprimir	*to repress*
ocultar	*to hide*	subrayar	*to underline*
quedarse	*to remain*		

FRASES UTILES

...en virtud del cual Sevilla monta...	*. . . by virtue of the fact that Seville establishes . . .*
De la misma manera...	*In the same way . . .*
...una respuesta siquiera aproximada...	*. . . even an approximate answer . . .*

PARA PENSAR ANTES DE MIRAR

1. ¿Dónde queda Sevilla?
2. ¿Qué se conmemora durante la Semana Santa, según la religión católica?

Después del video

A. ¿Verdadero (V) o falso (F)?

____ 1. La Semana Santa empieza la noche del sábado.

____ 2. Hay más de cincuenta imágenes de Jesús llevadas en la procesión.

____ 3. Los hombres de las hermandades marchan haciendo penitencia por amor a Cristo.

____ 4. Algunos se muestran muy irreverentes al gritar «¡Guapa! ¡Guapa!»

____ 5. La sensualidad ha sido reprimida por la fe.

____ 6. La patrona de los toreros es la Virgen de la Macarena.

____ 7. No es posible que un extranjero entienda el significado de la Semana Santa.

____ 8. Los gitanos no creen en Dios.

B. Indique con «X» las frases que describen a la Virgen de la Macarena.

____ 1. «se asemeja a una emperatriz bizantina»

____ 2. «miembro de una hermandad»

____ 3. «las diosas aztecas»

____ 4. «ofrece poder y protección»

____ 5. «vive todo el año en Sevilla»

C. Indique con «X» las frases que definen la Semana Santa. Comente su respuesta.

____ 1. «fiesta multicolor»

____ 2. «diosas del Nuevo Mundo»

____ 3. «un ejercicio de narcisismo colectivo»

____ 4. «sensualidad reprimida por la fe, pero sublimada por la mística»

____ 5. «un barrio de Sevilla»

Más adelante

SU OPINION PERSONAL

Según Carlos Fuentes, la Semana Santa de Sevilla es «el más sensual y el más místico de todos los espectáculos españoles». ¿Cómo se ve esto en la escena que nos muestra el video?

La Giralda

PARA COMENTAR

1. Describa alguna fiesta religiosa que Ud. haya visto.
2. Explique el sentido que tienen en los Estados Unidos las siguientes festividades.
   a. el Día de Acción de Gracias
   b. la Navidad

LECTURA SUGERIDA

Manuel Machado, «A nuestra Señora de la Esperanza» (soneto), en Gerardo Diego, *Manuel Machado, poeta.* Madrid: Editorial Nacional, 1974, pág. 94.

U N I D A D 8

La reconquista

Resumen

Carlos Fuentes visita Asturias, Córdoba y Granada. Describe la herencia cultural que dejaron los árabes en España y luego habla de la creación de los reinos cristianos, que surgieron durante el período de lucha contra la dominación árabe.

Antes del video

VOCABULARIO

la barbarie	*barbarism*
el/la berberí	*Berber (N. African)*
el caudillo	*leader, chief*
la ciudadela	*citadel*
el conjunto	*group*
el dicho	*saying*
los fueros	*code of laws*
la mezquita	*mosque*
la niebla	*fog*
la raíz	*root*
ciego/a	*blind*
crepuscular	*related to twilight*
canjear	*to exchange*
ensombrecer (zc)	*to darken*
florecer (zc)	*to flower*
fluir (y)	*to flow*
gozar (c)	*to enjoy*
mezclar	*to mix*
sobrevivir	*to survive*
vencer (z)	*to conquer*
zarpar	*to set sail*

FRASES UTILES

Pero en tanto que esta civilización...	*But while this civilization . . .*
Y quizás se necesita haber sentido...	*And perhaps it was necessary to have felt . . .*
Tal fue el sentido...	*Such was the meaning . . .*
...a lo largo de los años...	*. . . throughout the years . . .*
...y por lo tanto hispanoamericano...	*. . . and therefore Latin American . . .*

PARA PENSAR ANTES DE MIRAR

Busque en un mapa los siguientes lugares.

a. Europa occidental
b. Africa
c. Poitiers, Francia
d. el Estrecho de Gibraltar
e. Granada, España

Después del video

A. Conexiones. ¿A quién o a qué se refiere cada frase?

____ 1. «la capital del último reino árabe en España».

____ 2. «La más grande mezquita de la Europa occidental».

____ 3. donde desembarcó el primer ejército árabe en España

____ 4. «Construid un jardín cuya belleza no pueda compararse a nada en este mundo...un palacio (cuyo nombre) significa "la ciudadela roja"».

____ 5. «Soldado, guerrillero, vengador de la honra familiar, el primer gran caudillo español»

a. La Alhambra
b. El Cid
c. Córdoba
d. Gibraltar
e. Granada

B. Indique la persona o el lugar que se corresponde con cada descripción.

____ 1. donde Carlos Martel venció a los moros

____ 2. Rodrigo Díaz de Vivar

____ 3. líder de los moros

____ 4. líder de los cristianos

____ 5. guerra que duró más de 700 años

____ 6. donde los cristianos vencieron a los moros

a. La Alhambra
b. Córdoba
c. Covadonga
d. El Cid
e. Gebel Tarik
f. Granada
g. Pelayo
h. Poitiers
i. La Reconquista

C. Ponga la fecha de estos acontecimientos importantes.

__________ 1. Los moros invadieron España.

__________ 2. Empezó la Reconquista.

__________ 3. Nació El Cid.

__________ 4. fin de la dominación musulmana en España

La Alhambra

D. Indique con «X» las palabras que suelen usarse como sinónimos.

____ 1. árabes

____ 2. cristianos

____ 3. guerreros

____ 4. medievales

____ 5. moros

____ 6. musulmanes

E. Indique con «X» las contribuciones de la cultura árabe a la de España.

____ 1. libertades civiles

____ 2. matemáticas, astronomía

____ 3. música y arquitectura

____ 4. tierra y botín

F. Indique con «X» las frases que se refieren a El Cid.

____ 1. ciego en Granada

____ 2. ganamos el pan luchando contra los moros

____ 3. primer gran caudillo español

____ 4. vengador de la honra familiar

El Cid

Más adelante

SU OPINION PERSONAL

1. ¿Por qué no participó España en las Cruzadas?
2. Explique el sentido que tiene este poema citado por Carlos Fuentes.
   «Dale limosna, mujer,
   que no hay en la vida nada
   como la pena de ser
   ciego en Granada».

PARA COMENTAR

Escriba una composición corta explicando qué significa esta frase de Carlos Fuentes: «Un caballero armado podía llegar lejos».

LECTURAS SUGERIDAS

Rafael Alberti, «España» (siglo XIV), op. cit. pp. 661-662. «Poema de Mío Cid» (fragmento), en Nicholson B. Adams, John E. Keller y Rafael A. Aguirre, *España en su literatura.* 3a. edic. New York: W.W. Norton & Company, 1991, pp. 9-18.
Manuel Machado, «Castilla», op. cit. pág. 261.

UNIDAD 9

Santiago de Compostela

Resumen

Carlos Fuentes visita la catedral de Santiago de Compostela y la catedral de Sevilla y describe cómo era la vida religiosa de España durante la época medieval.

Antes del video

VOCABULARIO

el botafumeiro	*censer (incense vessel)*	el/la mercader(a)	*merchant*
el enemigo	*enemy*	el olor	*smell*
el hedor	*stench*	el peregrino	*pilgrim*
el mendigo	*beggar*	la vía láctea	*the Milky Way*
fiel	*faithful*		
abrazar (c)	*to embrace*	enterrar (ie)	*to bury*
comprometer	*to commit*	rezar (c)	*to pray*
desterrar (ie)	*to exile*	yacer (zc)	*to lie*

FRASES UTILES

...en el bien llamado...	*. . . in the appropriately named . . .*
...exigiéndoles que se pusieran...	*. . . demanding that they wear . . .*

PARA PENSAR ANTES DE MIRAR

1. Explique en español el significado de los siguientes nombres.
   a. peregrinos
   b. mezquita
   c. sinagoga
   d. catedral
2. ¿A qué período se ha llamado «época medieval»?

Después del video

A. ¿Verdadero (V) o falso (F)?

____ 1. El Apóstol Santiago representaba a los cristianos.

____ 2. Uno de los ángeles del pórtico de la catedral de Santiago es la Mona Lisa.

____ 3. Algunos habitantes de Santiago llegan a la edad avanzada de 1.000 años.

____ 4. Los peregrinos a Santiago de Compostela ayudaron a financiar la Reconquista.

____ 5. Las culturas cristiana, musulmana y judía se mezclaron mucho en España.

B. Indique con «X» quiénes iban como peregrinos al santuario de Santiago de Compostela.

____ 1. árabes

____ 2. ingleses

____ 3. mendigos

____ 4. mexicanos

____ 5. príncipes

Tres peregrinos

C. Indique con «X» las frases que describen al rey Fernando III.

____ 1. capaz de proteger a los judíos de España

____ 2. ha estado rezando durante mil años

____ 3. liberó (Sevilla) del poder de los moros

____ 4. nos dice que el mundo está bien ordenado

Más adelante

A. Escriba una definición de los siguientes nombres y expresiones.

1. el Camino de Santiago ______________________________
2. olor de santidad ______________________________
3. el Pórtico de la Gloria ______________________________
4. Santiago de Compostela ______________________________
5. Santiago Matamoros ______________________________

B. Conteste las preguntas.

1. ¿De qué nacionalidades eran los peregrinos que iban a Santiago de Compostela?
2. ¿Por qué describe Carlos Fuentes a Daniel el Profeta como «la Mona Lisa de la Edad Media»?

SU OPINION PERSONAL

1. ¿Por qué llamaban al apóstol Santiago «Santiago Matamoros»?
2. ¿Por qué dice Carlos Fuentes que el camino de Santiago es «una especie de Mercado Común Europeo original»?
3. ¿Qué representan las inscripciones en la tumba de Fernando III?

PARA COMENTAR

Explique la importancia cultural que tuvo el camino de Santiago en la época medieval.

LECTURA SUGERIDA

Alejo Carpentier, «El camino de Santiago» (cuento), en *Guerra del tiempo.* Buenos Aires: Editora Latina, 1976.

U N I D A D 1 0

Alfonso X el Sabio

Resumen

Carlos Fuentes visita la Universidad de Salamanca y describe la obra cultural que desarrolló el rey Alfonso el Sabio. Habla de las traducciones de textos sagrados de varias religiones que mandó hacer el gran rey intelectual.

Antes del video

VOCABULARIO

el ajedrez	*chess*	la herejía	*heresy*
el/la embajador(a)	*ambassador*	el/la trovador(a)	*troubador, minstrel*

FRASES UTILES

De manera que este lugar...	*As a result this place . . .*
Al morir Alfonso...	*When Alfonso died . . .*

PARA PENSAR ANTES DE MIRAR

1. ¿Por qué es difícil traducir de un idioma a otro?

2. Averigüe el significado de los siguientes prefijos.
   a. mono- b. bi- c. poli- d. multi-

Después del video

A. ¿Verdadero (**V**) o falso (**F**)?

____ 1. Alfonso X era un rey de Salamanca.

____ 2. El ajedrez es un juego árabe.

____ 3. Los traductores de Alfonso X tradujeron solamente obras religiosas.

____ 4. Alfonso estableció las leyes de España.

____ 5. El rey mandó escribir la historia de España en latín.

____ 6. El rey Alfonso murió en 1284.

____ 7. El rey Alfonso fue enterrado en una capa de diseño musulmán.

____ 8. Durante el reinado de Alfonso X España era una sociedad policultural.

Más adelante

Indique con «X» las actividades que desarrollaron los traductores.

____ 1. Dieron a conocer el ajedrez.

____ 2. Establecieron las leyes de España.

____ 3. Financiaron la Corona.

____ 4. Tradujeron la Biblia.

SU OPINION PERSONAL

1. ¿Por qué Alfonso de Castilla fue llamado «El Sabio»?
2. ¿Cómo era la cultura de España durante el reinado de Alfonso el Sabio?
3. ¿Cómo se manifestó la intolerancia durante la Reconquista?

PARA COMENTAR

1. ¿Qué ejemplos les puede dar el período de Alfonso el Sabio a los líderes del mundo contemporáneo?
2. ¿Cree usted que Estados Unidos es una sociedad policultural? ¿Por qué?

UNIDAD 11

Los Reyes Católicos

Resumen

Carlos Fuentes describe los cambios políticos y culturales que vivió España durante el reinado de los Reyes Católicos. Comenta la importancia de aquel período con respecto a la unificación del país.

Antes del video

VOCABULARIO

el/la hereje	*heretic*	el/la sefardí	*Sephardic Jew*
la llave	*key*		
ajeno/a	*foreign*	supuesto/a	*supposed*
fortalecerse (zc)	*to strengthen*	perseguir (i,i) (g)	*to persecute*

FRASES UTILES

...nos estamos dando cuenta de que... — *. . . we are realizing that . . .*
...a fin de que la Reconquista terminase... — *. . . in order that the Reconquest might end . . .*

PARA PENSAR ANTES DE MIRAR

Explique el significado de estos conceptos.

1. ortodoxia y heterodoxia
2. idolatría y herejía
3. tolerancia e intolerancia

Después del video

A. ¿Cuáles eran las opciones que tenía España a fines del siglo XV? Complete las frases con las palabras de la lista.

Maimónides, pensador hispanojudío

1. tolerancia o ____________________________
2. derecho a criticar o ____________________________
3. el mundo de Fray Luis de León o el de ____________________________
4. ____________________________ o raza pura
5. judíos, moros y cristianos o ____________________________
6. el poder ____________________________ o desde abajo
7. tradición o ____________________________

cambio
desde el gobierno
desde arriba
destino
la Inquisición pura
intolerancia
mezcla cultural
Séneca
sólo cristianos
Torquemada

B. ¿Verdadero (V) o falso (F)?

____ 1. Los Reyes Católicos se llamaban Isabel y Fernando.

____ 2. Isabel era de Barcelona y Fernando era de Sevilla.

____ 3. El último reino moro de España estaba en Granada.

____ 4. La Inquisición se estableció para mantener la ortodoxia de la fe.

____ 5. Los judíos fueron expulsados de España en 1492.

____ 6. Isabel y Fernando lograron la victoria final de la Reconquista.

C. Indique con «X» las frases u oraciones que describen a Fernando e Isabel.

____ 1. España volvió a abrirles los brazos a los judíos.

____ 2. Una mezcla cultural y étnica.

____ 3. El mundo de Torquemada.

____ 4. Los moros tenían que ser vencidos.

____ 5. Estatutos que proclamaban la pureza de la sangre y la ortodoxia de la fe.

____ 6. Fueron movidos por una visión implacable de la unidad cristiana.

____ 7. Respeto hacia el punto de vista ajeno.

D. Indique con «X» los hechos que ocurrieron durante el reinado de los Reyes Católicos.

____ 1. España volvió a abrirles los brazos a los judíos sefardíes.

____ 2. Se fortaleció la Inquisición.

____ 3. Los moros fueron vencidos en Granada.

____ 4. Se promovió la mezcla cultural y étnica.

Más adelante

Para cada frase de la columna A indique la alternativa opuesta con una letra de la columna B. Explique el porqué de sus selecciones.

A

____ 1. mezcla de grupos étnicos

____ 2. derecho a criticar

____ 3. autoridad de la Corona

____ 4. libertad religiosa

B

a. cristianos
b. Inquisición
c. ortodoxia de la fe católica
d. poder de las Comunidades

SU OPINION PERSONAL

1. ¿Qué papel tuvo la religión en la unificación de España?
2. ¿Qué acontecimientos importantes para España ocurrieron en 1492?

PARA COMENTAR

Exprese su opinión sobre los siguientes temas.

1. ¿Qué ganó y qué perdió España durante la Reconquista?
2. ¿Debe existir una religión *oficial* en un país?

LECTURA SUGERIDA

Miguel Hernández, «El árabe vencido» (poema), en *Obra poética completa*. Madrid: Alianza Editorial, 1982: pp. 601-663.

UNIDAD 12

Renacimiento y descubrimiento

Resumen

Mientras recorre la mezquita de Córdoba, Carlos Fuentes comenta los grandes cambios que ocurrieron en Europa a mediados del siglo XV. Luego visita el sur de Portugal y describe la importancia histórica que tuvo el llamado «descubrimiento de América».

Antes del video

VOCABULARIO

el afán *desire*
la cartografía *map making*
la empresa *undertaking*

barbado/a *bearded*
despiadado/a *merciless*

apoyar *to support*

la espada *sword*
la maniobra *maneuver*
el traslado *transfer*

fogoso/a *spirited*
testarudo/a *obstinate*

FRASES UTILES

A mediados del siglo XV... — *Around the middle of the 15th Century . . .*
...en tanto que la invención de la imprenta... — *. . . while the invention of printing . . .*
La corte de Portugal no le hizo caso... — *The Portuguese court didn't pay any attention to him . . .*

...dar la vuelta al cabo de Buena Esperanza... — *. . . sail around the Cape of Good Hope . . .*
Le permitieron llevar a cabo... — *They allowed him to accomplish . . .*
Ellos eran, al fin y al cabo,... — *They were, after all, . . .*

PARA PENSAR ANTES DE MIRAR

1. ¿A qué se ha llamado «el descubrimiento de América»?
2. Explique en qué se diferencian los siguientes conceptos.
   a. descubrir
   b. explorar
   c. investigar
   d. inventar

Después del video

A. Busque el sinónimo y ponga la letra correspondiente.

____ 1. **alma**	a. tipo de árbol	b. espíritu	c. dinero
____ 2. **oriente**	a. un tren rápido	b. conocer	c. el este
____ 3. **mezquita**	a. iglesia árabe	b. mosca que pica	c. tipo de árbol
____ 4. **lucha**	a. algo que da luz	b. batalla	c. fin

B. Complete las oraciones con las palabras de la lista.

la caravela
la cartografía
las costumbres viejas
la imprenta
la modernización
la navegación
nuevas rutas
la punta

1. ____________________ causó una enorme curiosidad y afán de saber más y más.
2. El progreso en ____________________ incrementó el comercio y el contacto entre los pueblos.
3. El Cabo de Roca en Portugal es ____________________ más occidental del continente europeo.
4. El Infante Enrique de Portugal perfeccionó ____________________.
5. ____________________ era un barco de traslado, de diseño y manejo mejor que los de antes.
6. La gran era de las exploraciones y descubrimientos buscaba ____________________ hacia el oriente.

C. Indique con «X» los hechos que se asocian con el Renacimiento.

____ 1. el progreso en la navegación
____ 2. la mezquita de Córdoba
____ 3. la invención de la imprenta
____ 4. la lucha contra los infieles
____ 5. la reflexión sobre el destino eterno

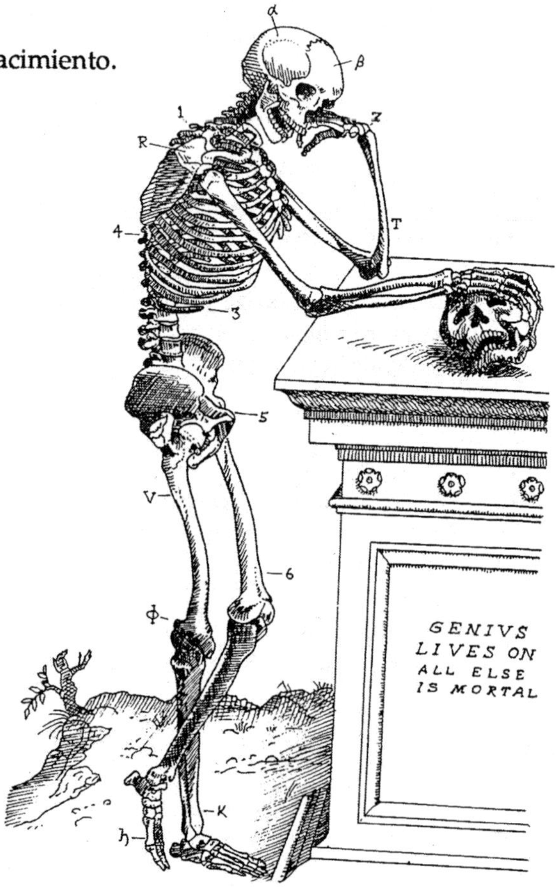

GENIVS
LIVES ON
ALL ELSE
IS MORTAL

D. Identifique la acción de la columna A con el nombre de la columna B. Explique sus selecciones.

A

____ 1. Estuvo en el Cabo de Roca.

____ 2. Derrotó a los moros en Granada.

____ 3. Descubrió América.

____ 4. Perfeccionó la cartografía.

B

a. Carlos Fuentes
b. Cristóbal Colón
c. Enrique el Navegante
d. Fernando el Católico

Más adelante

SU OPINION PERSONAL

¿Por qué fue el descubrimiento de América una empresa «conflictiva»?

PARA COMENTAR

Dé su opinión sobre la siguiente oración de Carlos Fuentes: «Todo descubrimiento es mutuo y si los europeos descubrieron el continente americano, también es cierto que los indígenas americanos descubrieron a los europeos».

LECTURA SUGERIDA

Humberto Mata, «Los descubridores» de la colección de Juan Armando Epple, *Brevísima relación. Antología del micro-cuento hispanoamericano*. Santiago de Chile: Editorial Mosquito, 1990, pág. 115.

EN FIN

En este programa Carlos Fuentes ha presentado un bosquejo de la historia de España hasta fines del siglo XV. El siglo XVI es la época del descubrimiento y conquista del «Nuevo Mundo».

> Según lo que Ud. ha aprendido en este programa, ¿por qué fue ese momento histórico propicio para que España se embarcara en una empresa tan enorme?

Escriba una composición de dos o tres páginas en la que Ud. presenta su opinión. Para prepararse le conviene:

1. leer de nuevo los resúmenes y ejercicios en las unidades anteriores del programa.
2. leer de nuevo lo que Ud. haya escrito sobre uno de los temas en las unidades.
3. consultar algunas de las lecturas sugeridas al fin de cada unidad.
4. ver o escuchar otra vez el programa para revisar alguna información.

En antiguas tumbas de las Américas se han encontrado espejos. El espejo es poderoso: concentra la fuerza del sol y revela nuestra identidad.

nidad 1: Cristóbal Colón

El 12 de octubre de 1492, Cristóbal Colón desembarcó en una pequeña isla del hemisferio occidental. En estas islas, que él llamó "Las Indias," Colón estableció las primeras poblaciones europeas, mandó construir las primeras iglesias y celebrar las primeras misas cristianas del Nuevo Mundo.

Colón creyó que había descubierto el paraíso terrestre, habitado por el buen salvaje. Pero pocos años más tarde, debido al propio Colón, el paraíso terrestre estaba devastado, y el buen salvaje encadenado. Quinientos años más tarde, se nos pidió celebrar el Quinto Centenario del Descubrimiento de América, indudablemente uno de los grandes acontecimientos de la historia humana, un viraje que señaló el advenimiento de la Edad Moderna.

Pero muchos de nosotros en la parte hispanoparlante de las Américas nos preguntamos: ¿Hay algo que celebrar? En Caracas o en México, en Lima o en la Paz, el Quinto Centenario nos sorprendió en un estado de profunda crisis: el desarrollo sofocado por la carga de la deuda; cada niño que nace en Latinoamérica, nace debiéndole mil dólares a un banco extranjero; inflación; desempleo; pobreza; un sentimiento de frustración; frágiles democracias amenazadas por la explosión social.

Sin embargo, yo creo que a pesar de todos nuestros fracasos políticos y económicos, sí tenemos algo que celebrar. La presente crisis latinoamericana ha demostrado la fragilidad de nuestros sistemas económicos y políticos. Muchos de ellos se han derrumbado, y por contraste lo que se ha mantenido en pie, ha sido nuestra cultura, nuestra herencia cultural, la cultura que hemos sido capaces de crear durante los últimos quinientos años, todos nosotros, descendientes de indios, de europeos y de negros. Lo que hemos sido capaces de crear con la mayor alegría, con la mayor gravedad y con el mayor riesgo.

Esto es lo que quiero celebrar y lo que quiero tratar en esta serie, de la manera más objetiva posible, porque se trata de temas emocionalmente muy cargados y de una civilización sumamente compleja. Pero lo más apasionadamente posible también, porque son temas que me conciernen íntimamente, como hombre, como escritor y como ciudadano.

Unidad 2: Introducción personal

Si personalmente buscase un sitio donde anclar mi vida d hombre, escritor, y ciudadano de las Américas, ¿cuál sería Mi abuelo solía venir todos los días a tomar su café en est viejo establecimiento "La Parroquia," aquí en el Puerto d Veracruz. "La Parroquia" es un lugar para mí lleno d memorias de familia y de asociaciones sensitivas. Me parec estar oyendo a mi abuelo tocar con su cuchara para llamar l atención de un mesero.

Tanto mi padre como mi abuelo nacieron y crecieron aqu en el Puerto Jarocho. Eran mexicanos de segunda y tercer generación, descendientes de inmigrantes llegados de España de Alemania. Pero mi bisabuela por el lado materno vivía e el estado norteño de Sonora y tenía sangre yaqui, india. sin embargo, quizás sus antepasados también vinieron de otr parte, posiblemente desde Asia, a través del estrecho d Bering, hace miles de años. Es decir, que todos somo inmigrantes en este bien llamado Nuevo Mundo.

Todos llegamos de otra parte y todos llegamos portand verdaderas familias de cultura--indias, europeas, africanas orientales. Todos somos portadores de estas culturas, a vece la carga ha sido ligera, a veces ha sido pesada. Pero ningun de nosotros existiría sin las biografías, la lengua y lo sueños de nuestros antepasados.

Cuando era niño, a menudo visitaba a mis abuelos aquí e Veracruz. Y mirando las olas me imaginaba que venían desde e Mediterráneo, desde Grecia y Sicilia y Andalucía, por e Atlántico hasta mis pies. Pero me gustaba imaginar tambié que las olas del Golfo de México regresaban hasta e Mediterráneo y España.

Hoy me pregunto: ¿Qué mensaje llevaría esta dobl corriente? Bueno, si yo echara una botella al mar, con u mensaje para España, le recordaría que en la América española somos algo más que españoles, somos indios y negros, y sobr todo, mestizos. América es un continente multirracial. Per también le recordaría al Nuevo Mundo, que la propia España n es sólo la España cristiana, sino también la España árabe judía. De esta manera, trataría de demostrarme a mí mismo qu formo parte de una civilización extraordinariamente rica compleja.

Quisiera seguirle la pista a la botella que he arrojad a la doble corriente, del Golfo de México al Atlántico, e busca de esa parte de nosotros que se encuentra en el corazó de España.

'nidad 3: España: los toros

Acaso el corazón de España latió por primera vez en una de estas cuevas. "El costillar de España," las llamó Miguel de Unamuno. Y si hoy estas figuras fantásticas pueden parecernos esculturas modernas, dignas de un Giacometti, hay que pensar de hace veinticinco o treinta mil años, los hombres y las mujeres se acurrucaban a las entradas, buscando protección del frío y de las bestias.

Reservaron amplios espacios, semejantes a catedrales subterráneas, para sus ceremonias. ¿Ritos de iniciación? ¿Actos propiciatorios? No lo sabemos. Lo cierto es que dejaron una audaz caligrafía personal sobre el muro blanco de la creación. Una imagen animal de fuerza y fertilidad, común a todos los cultos del Mediterráneo antiguo: el toro, símbolo del poder y de la vida.

El mapa de España está entrecruzado por las cicatrices de muchas culturas. Los iberos primero, seguidos de los fenicios y los celtas, griegos, cartagineses y romanos. Una cabalgata de pueblos llegó hasta estas orillas. Todos ellos le dieron forma al cuerpo y al espíritu, no sólo de España, sino de sus descendientes en el Nuevo Mundo.

Los primeros iberos llegaron hace más de tres mil años, dándole a la península entera su nombre perdurable, y dejando sus propias imágenes del toro en las llanuras de Guisando. El toro es una de la más antiguas memorias recurrentes del pueblo español: en efecto, se ha convertido en el símbolo de España.

El símbolo de la fertilidad y la fuerza--pero también de la inevitable relación entre el hombre y la naturaleza. Hace falta un espacio donde representar este acto simbólico. La plaza de toros se convierte así en el primer lugar común de España. Pero lugar común significa precisamente eso, un lugar de encuentro, un espacio de reconocimientos, un sitio que compartimos con otros.

La plaza es el lugar donde se reúne el pueblo. Y es el lugar donde aparece el toro, símbolo de la naturaleza, huyendo cuando embiste, peligrosamente asustado, amenazado, pero también amenazante, cruzando sin cesar la frontera entre el sol y la sombra que divide a la plaza como el día y la noche, como la vida y la muerte, hasta encontrarse con el antagonista humano: el matador y su traje de luces.

El matador es el protagonista de una ceremonia que rememora nuestra violenta supervivencia humana a expensas de la naturaleza. El toro es sacrificado porque el toro es sagrado. España nos obliga a mirar claramente este hecho: sobrevivimos porque matamos a la naturaleza. No podemos evadirnos de esta necesidad. Nuestra necesidad es nuestra culpa. Y saberlo es algo que daña nuestras almas.

España arranca las máscaras de la hipocresía puritana, transformando nuestra relación con la naturaleza, la memoria de los orígenes y de las necesidades de la humanidad, en una gran fiesta de arte y de valor--quizás, inclusive, en una suerte de redención.

También es un evento erótico. ¿Dónde, si no en la plaza de toros, puede un hombre adoptar estas actitudes? La corrida autoriza esta arrogancia, este exhibicionismo sexual.

Pues el joven matador es el príncipe del pueblo, elevado por el pueblo al nivel de la aristocracia. Un príncipe mortal que puede matar sólo porque él mismo se expone a la muerte. En este arriesgado ballet, el toro ve su muerte en la capa del matador, y el matador ve su propia muerte en la cabeza del toro. Entre ambos riesgos, surge el arte de la tauromaquia.

A veces, el torero es corneado. Pero casi siempre, el toro es matado. Y sin embargo, aun cuando mata al toro, el matador sabe que él--el hombre--es mortal, pero que la naturaleza--el toro--es realmente inmortal.

Entonces, sólo entonces, cuando todos estos elementos se reúnen--el hombre y el toro, el pueblo, la naturaleza y la muerte--empezamos a comprender lo que es la fiesta brava.

Hemos asistido a la hora de la verdad. Y sin embargo, a veces me pregunto: Mi emoción cuando asisto a esta ceremonia, ¿es algo que no puedo separar de mi pasado familiar, mi memoria, mi cultura? ¿Se trata de un vulnerable entusiasmo compartido solamente por España y por los hispanoamericanos?

Unidad 4: El flamenco

El segundo lugar común de España es el tablado flamenco, el espacio casi sagrado, donde la tentadora gitana, Carmen la diosa en movimiento, puede representar. Viene de muy lejos. La podemos ver en el piso de Pompeya, y las muchachas bailadoras de Cádiz fueron la sensación de la Roma Imperial. Marcial describe sus sabias ondulaciones. Y Juvenal dice que "incendiadas por el aplauso, las muchachas se derrumbaban al suelo agradeciendo, con muslos temblorosos." Para Lord Byron estas son: "las doncellas oscuras del cielo." Pero otro viajero inglés del siglo XIX, un poco más moralista, insistió en que: "si los bailes eran indecentes, los danzantes eran siempre castos." Pero como siempre en materia andaluza hay que darle la palabra final a Federico García Lorca, quien describió a los gitanos "como mitad bronce, mitad sueño." Y a sus mujeres, las bailaoras gitanas como "paralíticas de la luna."

Es una distinción importante por el sistema de la música gitana-andaluza: el baile es el satélite del cante. El cante es el sol y el baile es la luna. "Cante jondo, río de voces," lo llamó también Federico García Lorca. Una música antigua, atadística, híbrida, un imán musical que atrae hacia sí todo lo que encuentra en su camino, desde el mohecín árabe hasta la última rumba cubana. Pero siempre para hablar de lo más íntimo, de lo más profundo, el amor y la muerte, la nostalgia, la venganza, la madre, Dios, la esperanza y la desesperanza. A veces...a veces ni siquiera es una voz o un canto, es un grito, un grito en lucha consigo mismo. Un grito sea dicho no por debajo de la palabra, sino por encima de ella, tratando de decir lo que la palabra no puede expresar.

Para nosotros, en nuestra cultura hispánica, los toros y el flamenco son las grandes maneras de liberar el alma, tanto individual como colectivamente.

La diosa del tablado es más que una hija del cielo. Es una criatura de la tierra. Una diosa de los bajos fondos, que hunde su taconeo en la tierra española, los riscos abruptos,...las altas montañas,...las áridas mesetas...y luego los ondulantes valles de trigo, olivar y chopos...de Galicia hasta Andalucía, de Extremadura a Valencia; norte, hasta Aragón, y al cabo a la quietud del centro: Castilla.

idad 5: La cultura romana

De la tierra surgieron las poderosas imágenes de las madres de España, las diosas terrenales de Iberia: la Dama de Baza y la Dama de Elche. Pero la cultura ibérica fue absorbida por los romanos que durante mil años dominaron el mundo antiguo.

Herederos de la cultura griega, los romanos trajeron a Iberia la civilización urbana del Mediterráneo. Pero a diferencia de los griegos, Roma no permaneció en las costas, sino que penetró al corazón de la península, construyendo una red interior de ciudades comunicadas por carreteras y acueductos. España se creó a sí misma en el conflicto entre el sentido romano del Estado y el Derecho, y el sentido ibérico del individualismo y el honor. Estado e individuo: ¿cómo conciliarlos?

Uno de los grandes filósofos de la antigüedad nació en la Córdoba romana: Séneca el estoico. Y éste fue su mensaje: "No permitas que nada te conquiste, salvo tu propia alma." El alma es el único refugio del ser humano en tiempo de tormentas. Hasta el día de hoy, en Andalucía, "Séneca" significa "sabio," y ser sabio consiste en entender que la vida no es feliz. Pues en un mundo feliz, ¿para qué servirían los filósofos?

El tipo humano que heredó esta mezcla de estoicismo romano e individualismo ibérico fue retratado siglos después por El Greco en esta imagen de la hidalguía: el retrato del hombre verdadero, el hombre de honor.

España sufrió un profundo proceso de romanización y aún un pequeño poblado provinciano, como este en la serranía de Ronda, tenía su propio teatro. Pero aunque la sabiduría de Roma--derecho, filosofía, lenguaje--habría de permanecer en España, el imperio mismo iba a perecer.

Unidad 6: El cristianismo

Los primeros cristianos aparecieron en España en el primer siglo de nuestra era y en seguida una ola de invasiones germánicas incluyendo a los vándalos acabó con el poder de Roma y culminó con el régimen de los visigodos. Cristianos de nombre, bárbaros de hecho y afortunadamente de poca duración en la historia.

Sus constantes pleitos por la sucesión entregaron cada vez más poder a los obispos y a la iglesia de tal suerte que ésta entró en una situación de tensión a veces y de fusión a veces con el Estado, creando además una de las leyes casi constantes de la política española e hispanoamericana, que es la presencia de la iglesia católica en los asuntos públicos. Pero el hecho es que el cristianismo logró ser el catalizador de la historia de España, asumiendo todas las tradiciones anteriores.

El cristianismo enriqueció intensamente las imágenes previas de España. Dios Padre, creador del mundo y Dios hijo, el redentor que sufrió y murió por nuestra salvación. El Padre, el Hijo y nuevamente la figura materna, la madona que da vida y protección. Cristo, nacido de una virgen y por ello objeto de la fe: "Debes creer, aunque no comprendas."

Unidad 7: La Semana Santa en Sevilla

La figura materna alcanza su máximo significado en la liga entre la Virgen y su Hijo. Pasión y compasión que se hallan en el centro mismo del más exaltante e inquietante, el más sensual y el más místico de todos los espectáculos españoles: la Semana Santa en Sevilla.

Más de cincuenta imágenes de la Virgen son llevadas en procesión por la ciudad entre el jueves en la noche y el sábado en la mañana. En cada barrio los hombres, sin distinción de clases, marchan en hermandades honrando a su propia Virgen y haciendo penitencia por el amor de Cristo y su Madre.

¿Cuál es el sentido de esta "fiesta multicolor," como la llamó José Ortega y Gasset? Se trata de un ejercicio de narcisismo colectivo, en virtud del cual Sevilla monta su propio espectáculo y se convierte en su propio espectador. O ¿es un acto de autoconocimiento, de revelación de sí, de lealtad a la tradición, surgido de la entraña del pueblo andaluz? ¿Se trata de una manera de absorber el impacto cultural de tantas razas--griegos, romanos, árabes, en su encuentro con Andalucía--una Andalucía que los funde a todos en su propio sentimiento de sensualidad religiosa y de sacralidad pagana? La figura de la Virgen que vemos pasar asemeja a una emperatriz bizantina. Se trata en realidad de una transformación de las más antiguas diosas orientales. De la misma manera, la virgen transformará a las diosas del Nuevo Mundo, a las diosas aztecas, a las diosas madres del panteón mexicano. ¿Se trata, entonces, de una previsión del papel sincrético, cultural, que España iba a jugar en el nuevo Mundo? Es muy difícil para un extranjero contestar. Habría que ser andaluz en primer lugar, en segundo, habitante de Sevilla, habitante inclusive de un barrio de Sevilla, miembro de una hermandad con derecho a participar en las cofradías que marchan cada Semana Santa, para dar una respuesta siquiera aproximada.

Se queda el extranjero con la impresión de que en esta gran ceremonia, la apariencia brillante, la brillante superficie es el significado, revelando y ocultando al mismo tiempo el sentido religioso, profano, erótico y juguetón, lúdico de este magnífico espectáculo.

Subrayo los elementos juguetones. Ellos explican los gritos que siguen a la Virgen por donde pasa: "¡Guapa, guapa!," o la canción gitana que dice: "El Niño Dios se ha perdido, la Virgen lo anda buscando, lo encuentra al lado del río, jugando con los gitanos."

En la Semana Santa de Sevilla aparece otro rasgo común a España y a la América española: la turbulencia sexual revestida de anhelos de santidad. La sensualidad reprimida por la fe, pero sublimada por la mística.

La Virgen ofrece poder y protección. Su poder viene del amor. Se la conoce íntimamente. Vive todo el año en Sevilla. Es parte de la familia. Es la Virgen de la Macarena, la madre dolorosa, la patrona de los toreros, llorando la muerte de todos sus hijos.

Unidad 8: La Reconquista

Después de las invasiones germánicas, el núcleo romano desapareció y el Mediterráneo sucumbió a la expansión del Islam. En 711, un ejército berberí zarpó de Marruecos y desembarcó en Gibraltar (Gébel Tarik, el nombre del general invasor). Los reinos godos, divididos, ofrecieron escasa resistencia. Los ejércitos islámicos extendieron su poderío hasta el norte de España. Fueron detenidos por Carlos Martel en Poitiers en 732 y el resto de Europa no fue parte del Islam. Pero dentro de la propia España, de acuerdo con la tradición, primero fueron detenidos por el jefe godo Pelayo, en 722, en la batalla de Covadonga.

Aquí, entre las nieblas de los valles y montañas de Asturias, el núcleo cristiano sobrevivió, avanzando lentamente hacia el sur a lo largo de los siglos. Durante más de 700 años, entre 711 y 1492, cristianos y musulmanes se contemplaron unos a otros desde fronteras crepusculares, combatiéndose pero también mezclándose; canjeando cultura, sangre y pasión, pero también sabiduría y lenguaje. Una cuarta parte de las palabras en castellano son de origen árabe.

Cerrado el paso al resto de Europa, los musulmanes se instalaron en España y allí crearon la cultura más humana y brillante de la Edad Media. A una Europa ensombrecida por la barbarie, los árabes trajeron música y arquitectura, ciencia, medicina, matemáticas, astronomía y los textos perdidos de la filosofía griega.

En Córdoba, capital de la España musulmana en su apogeo, se construyó la más grande mezquita de la Europa occidental. Visión sin centro del infinito, en la mezquita de Córdoba podemos imaginar a Dios y al hombre buscándose en un bosque de columnas, laberinto de piedra a punto de transformarse en miles de espejos.

Granada fue la capital del último reino árabe en España. Pero aproximándose a ella, hay que imaginar que una vez no hubo nada aquí salvo el valle, el río y la sierra. Y entonces se escuchó una voz, ordenando: "Construid aquí un jardín cuya belleza no pueda compararse a nada en este mundo. Construid, a la luz de las antorchas, un palacio y llamadlo Alhambra, que significa 'la ciudadela roja'." Así le habló la voz de Dios a su pueblo.

El pueblo del desierto llegó hasta aquí y descansó. Y quizás se necesita haber sentido la sed del desierto para haber inventado un oasis tan extraordinario, de sombra y de agua como este: el palacio y los jardines de la Alhambra.

Pero no sólo el agua fluye por el palacio de la Alhambra. Como el Corán prohibe la representación del cuerpo humano, éste se convirtió en un edificio escrito, su cuerpo lleno de signos, contando sus cuentos y cantando sus poemas desde sus muros inscritos--una especie de grafito celestial en el que la voz de Dios se vuelve líquida y los placeres del arte, el intelecto, el amor pueden ser gozados.

Con razón un famoso dicho dice: "No hay pena más grande que ser ciego en Granada." Pero en tanto que esta civilización, sensualmente magnífica e intelectualmente excitante, florecía en el sur de España, en el norte cristiano las duras realidades de la guerra y de la fe militante excluían semejantes placeres.

España fue el único gran país europeo que no fue a las Cruzadas. Tuvo que dedicar toda su atención a su propia cruzada interna, a su combate contra los moros en la península. España había sido perdida: ahora España tenía que ser recuperada. Tal fue el sentido de la gran empresa que concentró la atención de la España cristiana durante 700 años: "La Reconquista."

Una sociedad organizada para la guerra y la expansión territorial, moviéndose hacia el sur a lo largo de los años, los ejércitos cristianos levantaron ciudades fortaleza y fundaron comunidades locales.

El comercio y la guerra animaron la aparición de reinos cristianos pero también de ciudades independientes, asambleas municipales, fueros locales y poderes de justicia, creando un conjunto de libertades civiles.

De este complejo movimiento surgieron las Cortes españolas, los primeros parlamentos del occidente europeo. Y este es el origen de la democracia española e hispanoamericana, tantas veces derrotada pero jamás destruida.

Nuestra actual y frágil vida democrática tiene sus raíces en estas comunidades medievales. El pueblo creó las bases para el autogobierno desde abajo fundado en sus necesidades reales y en los lazos de confianza que unían a los ciudadanos, a los cuales, escribió Alfonso el Sabio, "los reyes deben honrar, porque ellos son la raíz de los reinos."

Pero los ciudadanos no siempre serían honrados por la fuerza opuesta: el gobierno desde arriba y desde el centro. Poderosas dinastías surgieron para combatir la dominación árabe. Un caballero armado podía llegar lejos.

"Ganamos el pan luchando contra los moros." Así habló El Cid, Rodrigo Díaz, nacido en Vivar cerca de Burgos en 1043 y muerto en 1099 en la Valencia, por él reconquistada. Soldado, guerrillero, vengador de la honra familiar, El Cid es quizás el primer gran caudillo español y por lo tanto hispanoamericano.

Su nombre es árabe: El Cid, mi señor. Y establece la larga tradición del jefe militar como árbitro del poder y cabeza de un ejército fuerte y rico, recompensado por su jefe generoso con tierra y botín.

Unidad 9: Santiago de Compostela

Pues había un jefe aún más poderoso que El Cid en la Cruzada española contra los moros y éste era nada menos que Santiago, uno de los 12 apóstoles. Santiago Apóstol, montado sobre su caballo blanco mostrará el camino hacia La Reconquista de España.

Santiago Matamoros, conmemorado en el sitio mismo donde los fieles peregrinos creen que esté enterrado: Santiago, el mayor santuario de toda Europa y toda Europa viene a Santiago de Compostela, siguiendo la Via Láctea.

Los peregrinos a la catedral de Santiago eran recibidos por los ángeles sonrientes en el bien llamado Pórtico de la Gloria. El profeta Daniel es la Mona Lisa de la Edad Media y su sonrisa enigmática nos dice que el mundo está bien ordenado, seguro y cierto bajo la arquitectura de Dios. Los santos aquí están en conversación como en una especie de coctel celestial, ¿y de qué podrán estar hablando? Seguramente de la admirable simetría del mundo medieval cristiano donde todo y todos conocían perfectamente su lugar y donde la verdad colectiva habia para siempre desterrado la vanidad individual.

Esta mujer ha estado rezando aquí durante mil años y durante un milenio los peregrinos han tomado el camino de Santiago. Príncipes y abades, mercaderes, mendigos y bandidos, lombardos y franceses, ingleses... e inglesas, muy apreciadas en el camino de Santiago. Todos están aquí en una especie de Mercado Común europeo original, financiando la Reconquista, trayendo y llevando comercio, cultura, actividad, violencia y hedor.

El gran botafumeiro de plata describe un inmenso arco, dispensando incienso para atraer la gracia sobrenatural y dispersar los olores naturales. Olor de santidad: tal era el eufemismo empleado para describir a la masa de peregrinos que venían al santuario de Santiago.

Durante toda la era medieval, la España cristiana estuvo comprometida en una lucha religiosa, política, moral y cultural única en el occidente europeo: en guerra contra el enemigo moro, empeñada en convertir tanto al musulmán como al judío, y sin embargo abrazándoles a ambos, mezclando las tres culturas en lengua, sangre, arte, costumbres...y sueños.

Esta es la tumba de San Fernando, es decir, el rey Fernando III de Castilla. Enterrado aquí en la catedral de esta Sevilla que él liberó del poder de los moros en el año 1248.

Aquí yace el guerrero cristiano capaz de proteger a los judíos de España contra una orden del Papa exigiéndoles que se pusieran una insignia, una estigmata, denunciándolos como judíos en sus ropajes. La tumba de San Fernando tiene inscripciones en las cuatro lenguas de la continuidad cultural de España: árabe, hebreo, latín y español.

Unidad 10: Alfonso el Sabio

Alfonso X de Castilla convirtió esta biblioteca de la Universidad de Salamanca en la primera biblioteca pública, con un bibliotecario pagado, de España. De manera que este lugar es un digno tributo al monarca que en su propia vida fue llamado "El Sabio." Alfonso el Sabio atrajo a su corte a los intelectuales judíos, los traductores árabes, los trovadores provenzales, a fin de fijar la cultura de su tiempo.

Los traductores tradujeron la Biblia, el Corán, la Cábala, el Talmud, los cuentos indostánicos y también la primera versión occidental de un juego árabe, el ajedrez. Establecieron las leyes y la historia de España y lo hicieron no en latín, la lengua de la clerecía, sino en español, la lengua del pueblo. Al morir Alfonso en 1284, la conciencia de España como una sociedad policultural había llegado a su apogeo.

Alfonso fue enterrado en una capa de diseño musulmán con la palabra árabe "bálaka" --bendición--bordada en ella.

Los judíos, instalados en España desde los tiempos romanos, eran no sólo intelectuales sino artesanos, agricultores, mercaderes, financieros de la Corona, administradores, embajadores y médicos. Pero a medida que la Reconquista ganaba terreno, la intolerancia le seguía el paso.

En tiempos de crisis económica, era fácil encontrar un chivo expiatorio en los judíos y atacarles con violencia irracional. Miles de judíos se convirtieron al cristianismo--sólo por ser sospechados de herejía.

Unidad 11: Los Reyes Católicos: la Inquisición

En 1469, la reina Isabel de Castilla y el rey Fernando de Aragón se unieron en matrimonio. Dos monarcas fuertes lograron unificar a España. Durante su reino, estatutos proclamando la pureza de la sangre y la ortodoxia de la fe como criterios de hispanidad permitieron a la Inquisición fortalecerse persiguiendo a un número creciente de supuestos herejes.

En 1492, los Reyes Católicos expulsaron a los judíos. Con la comunidad hebrea, se fueron muchos de los talentos que España pronto necesitaría para administrar su imperio mundial. Sólo 500 años más tarde, España volvió a abrirles los brazos a sus judíos sefardíes.

Pero en lugares como la Universidad de Salamanca los intelectuales trataban de crear una alternativa pluralista y cuestionante a la creciente ortodoxia de la Corona. ¿Tolerancia o intolerancia? Es decir, ¿respeto hacia el punto de vista ajeno, derecho a criticar y a inquirir o la Inquisición pura y simple? ¿El mundo de Fray Luis de León o el mundo de Torquemada? ¿La mezcla cultural y étnica o la raza pura? Es decir, ¿en España judíos, moros y cristianos, o sólo cristianos limpios de toda mancha? Y en el Nuevo Mundo, ¿indios, africanos y europeos, o sólo europeos? ¿Autoridad central o local--es decir, la Corona o las Comunidades? ¿El poder desde arriba o el poder desde abajo? Y quizá la cuestión que las contiene a todas: ¿tradición o cambio? Estas alternativas habrían de dividir durante siglos a los mundos hispánicos, en España y en las Américas. Mucha sangre sería derramada a causa de ellos. Y quizás sólo ahora nos estamos dando cuenta de que nuestra verdadera fuerza reside en la continuidad a través del cambio.

Pero en 1492 Isabel y Fernando fueron movidos por una visión implacable de unidad cristiana, Reconquista y expansión. Los moros tenían que ser vencidos a fin de que la Reconquista terminase de una vez por todas y España asumiese su legítimo lugar entre las naciones estado de la Europa emergente. 1492 se convirtió en el año crucial de la historia de España.

Los monarcas españoles iniciaron su ataque contra el último reino moro de la península--Granada. A la cabeza de su ejército triunfal, los Reyes Católicos recibieron las llaves de la ciudad. Bajo los estandartes de la Virgen María y de Santiago Matamoros, Isabel y Fernando habían logrado la victoria final de la Reconquista.

Aquí, en el corazón de la mezquita de Córdoba, una iglesia cristiana se introduce como una quilla gigantesca, simbolizando la derrota del islam en España.

Unidad 12: Renacimiento y descubrimiento

A mediados del siglo XV, era evidente que una gran revolución se gestaba en Europa. El progreso en la navegación incrementó el comercio y el contacto entre los pueblos en tanto que la invención de la imprenta causó una enorme curiosidad y un afán de saber más y más. Los hombres de ciencia se preguntaron si nuestro pequeño planeta podía seguir siendo considerado el centro del universo. Se preguntaron también acerca de la forma de la tierra y los artistas humanistas se interrogaron a su vez acerca de la forma de la presencia humana en la tierra, incluso acerca de la forma de los cuerpos de los hombres y las mujeres, tratando de establecer una nueva perspectiva acerca de nuestra residencia en la tierra, celebrando el "aquí" y el "ahora," más que el destino eterno. El cambio estaba en el aire. Un sentido de inminente descubrimiento, expansión, renovación obligó a cada estado europeo a hacer un balance de sí mismo y preguntarse qué función, qué posición iban a asumir los estados nación en el nuevo orden internacional creado, definido por una sola palabra--El Renacimiento.

Estamos en Cabo de Roca, en Portugal, la punta más occidental del continente europeo, porque después de todo fueron los portugueses quienes inauguraron la gran era de las exploraciones y descubrimientos en busca de nuevas rutas hacia el oriente. Gracias a hombres como el Infante Enrique "el Navegante," quien acumuló todo el saber marítimo de su época, perfeccionó la cartografía e inventó barcos de traslado, de diseño y de maniobra más fáciles como la caravela, los portugueses pudieron descender hacia el sur por la costa de Africa, dar la vuelta al cabo de Buena Esperanza y llegar hasta el océano Indico. Pero la ruta seguía siendo sumamente larga.

"Yo lo puedo acortar," dijo un marinero fogoso y testarudo proveniente de Génova. "Yo puedo navegar hacia el occidente y llegar al oriente. ¿Por qué? Simplemente porque la tierra es redonda."

Su nombre era Cristòforo Colombo, Cristóbal Colón. La corte de Portugal no le hizo caso. Pero los Reyes Católicos de España, Fernando e Isabel, después de la gran victoria sobre los moros en Granada, decidieron apoyarlo y le permitieron llevar a cabo el tercer gran evento de ese año crucial de la historia de España, 1492: el llamado descubrimiento de América.

Todo descubrimiento es mutuo y si los europeos descubrieron el continente americano, también es cierto que los indígenas americanos descubrieron a los europeos. Y se preguntaron si estos hombres blancos y barbados eran dioses o eran mortales, tan compasivos como sus cruces los proclamaban o tan despiadados como sus espadas lo demostraban.

En todo caso, para estos hombres salidos de los pueblos de la España medieval el descubrimiento de un nuevo mundo fue un acontecimiento que llegó al alma misma de su experiencia histórica. Ellos eran, al fin y al cabo, los portadores de la energía de la Reconquista--700 años de lucha contra el infiel.

Pero por el otro lado eran herederos de la más extraordinaria experiencia policultural de la Europa medieval--la coexistencia, en tensión y en creación, también durante siete siglos entre cristianos, moros y judíos. Ahora España se enfrentaba a lo radicalmente "otro:" gente, hombres y mujeres de otra raza, de otra cultura. ¿Quiénes eran? ¿Cuál era la forma de su alma? ¿Tenían siquiera un alma? Estas preguntas dividieron el corazón de España. Y si una mitad de ese corazón le decía a España "conquista," la otra mitad le recordaba "no te dejes conquistar por nada, salvo tu propia alma."

Conquista de América. Descubrimiento. Invención. Encuentro con América. Llamémoslo como lo llamemos, fue una gran empresa épica, compasiva a veces, otras veces cruel y sanguinaria, pero en todo caso conflictiva.

FIN PROGRAMA I

PROGRAMA II

La batalla de los dioses

UNIDAD 1

La Ciudad de México: los antepasados

Resumen

Carlos Fuentes camina por el Zócalo, la plaza central de México, y describe cómo fue construida esta ciudad sobre las ruinas del imperio azteca. También nota que en México el pasado sigue vivo.

Antes del video

VOCABULARIO

el/la antepasado/a	*ancestor*
el fantasma	*ghost*
los restos	*remains*
borrar	*to erase*

FRASES UTILES

...hacia el oriente...	*. . . toward the east . . .*
...nos dimos cuenta de que...	*. . . we realized that . . .*
...por azar descubrieron aquí mismo...	*. . . by chance they discovered right here . . .*

PARA PENSAR ANTES DE MIRAR

1. ¿En qué continente está México?
2. Explique el significado de las siguientes palabras.
   a. plaza
   b. templo
   c. iglesia
   d. catedral
   e. casa
   f. palacio
   g. museo

Después del video

¿A qué edificio o lugar se refiere cada descripción?

____ 1. Borró toda traza de los templos indígenas.

____ 2. Ocupó el sitio de los palacios de Moctezuma.

____ 3. La gran plaza central de la Ciudad de México

____ 4. Descubierto por trabajadores municipales en 1977

____ 5. Rodeado de la arquitectura colonial española

a. la gran catedral católica
b. el Palacio de Bellas Artes
c. el palacio virreinal
d. el Templo Mayor
e. la Torre Latinoamericana
f. el Zócalo

Más adelante

PREGUNTAS

1. ¿Dónde se construyó el palacio virreinal español?
2. ¿Dónde se construyó la catedral católica?
3. ¿Dónde estaba sepultado el Templo Mayor?

SU OPINION PERSONAL

1. ¿Cuál fue la actitud de los conquistadores hacia la civilización azteca?
2. ¿Por qué creía Carlos Fuentes que sus antepasados indígenas estaban «sepultados» para siempre?
3. ¿Qué significado tiene para Carlos Fuentes el descubrimiento del Templo Mayor?

PARA COMENTAR

1. El Templo Mayor es ahora un museo histórico. ¿Qué valor cultural tienen los museos?
2. ¿Qué importancia puede tener para un mexicano conocer la historia de su pasado indígena?
3. ¿Qué sabe Ud. del pasado indígena de la civilización norteamericana?

LECTURA SUGERIDA

José Emilio Pacheco, «Ruinas del Templo Mayor» (poema) en *Tarde o temprano.* México: Fondo de Cultura Económica, 1980, pág. 128.

UNIDAD 2

Otras culturas, otros dioses

Resumen

Carlos Fuentes describe el origen de las civilizaciones indígenas de América. Habla de los primeros pobladores, probablemente procedentes de Asia y de cómo éstos poco a poco se fueron desplazando al sur, hacia las regiones cálidas de lo que hoy llamamos Centro y Sur América. Comenta la relación que tenían los primeros pobladores con la naturaleza.

Antes del video

VOCABULARIO

el desfile	*parade*	el terremoto	*earthquake*
la selva	*jungle*		
agónico/a	*dwindling*	disminuido/a	*decreased*
desplazarse (c)	*to be displaced*	remontar a	*to date back to*

PARA PENSAR ANTES DE MIRAR

Averigüe el significado de cada palabra en los siguientes grupos.

GRUPO 1

a. antiguo
b. primitivo
c. indígena

GRUPO 2

d. antepasados
e. parientes
f. familia

Después del video

A. Busque el sinónimo y ponga la letra correspondiente.

____ 1. **aborígenes** a. salvajes b. extranjeros c. indígenas d. habitantes

____ 2. **estrecho** a. alto b. angosto c. ancho d. largo

____ 3. **sepultar** a. enterrar b. llevar c. sembrar d. acabar

B. Conexiones. Ponga la letra de la columna B que se relaciona con la descripción de la columna A.

A

____ 1. «Mis antepasados indígenas estaban sepultados para siempre bajo mis pies».

____ 2. La gran plaza central de la Ciudad de México

____ 3. Unos trabajadores descubrieron los restos del Templo Mayor de los aztecas.

____ 4. «...olmecas, mayas, zapotecas, toltecas y finalmente los aztecas»

____ 5. «Los primeros hombres y mujeres probablemente llegaron desde Asia».

____ 6. «El pasado vive y la historia es presente».

B

a. en 1977
b. las civilizaciones de Mesoamérica
c. hace cuarenta o cincuenta mil años
d. en México
e. Carlos Fuentes
f. el Zócalo

C. Conexiones. Complete las oraciones con las palabras de la lista.

1. Los primeros habitantes de las Américas llegaron desde ______________________.
2. Cruzaron el estrecho de ______________________.
3. Estos inmigrantes poco a poco se desplazaron hacia ______________________.
4. Unos cuantos capturados en el pasado remoto, viven aún en ______________________.

Bering
Egipto
Centro América
Mesopotamia
el Amazonas

Más adelante

PREGUNTAS

1. ¿De dónde llegaron los primeros pobladores de América?
2. ¿En qué dirección se fueron desplazando los primeros habitantes nativos, según Carlos Fuentes?
3. ¿Dónde se encuentran los pueblos aborígenes más antiguos, según Carlos Fuentes?

SU OPINION PERSONAL

1. ¿Cómo describen los libros sagrados el comienzo del mundo? Compare esta descripción con lo que cuenta la Biblia.
2. ¿Por qué le temían a la naturaleza los primeros habitantes indígenas?

PARA COMENTAR

1. Carlos Fuentes vuelve a afirmar que todos han llegado como «inmigrantes» a las nuevas tierras de América. ¿Qué entendemos en nuestra época por «inmigrante»?
2. ¿Qué sabe Ud. de los indígenas que habitan en las selvas del Amazonas? ¿Le parece que viven en el pasado, fuera de la historia?
3. Escriba una composición de media página sobre las diferencias entre los conceptos de «emigración», «inmigración» y «exilio», dando algún ejemplo en cada caso.

LECTURAS SUGERIDAS

Pablo Neruda, «Los hombres», en *Canto general, Obras completas,* 2a. ed. Buenos Aires : Editorial Losada, 1962: 307-311.

Ernesto Cardenal, «Las ciudades perdidas», en *Homenaje a los indios americanos.* Barcelona: LAIA, 1979, pp. 14-16.

UNIDAD 3

Los mayas y los zapotecas

Resumen

Carlos Fuentes visita las ruinas mayas y describe los grandes monumentos construidos en Palenque, Monte Albán y Chichén Itzá por esa civilización indígena. Comenta lo que estas obras—las pirámides, los murales, el observatorio y el calendario—nos comunican hoy del concepto indígena del mundo.

Antes del video

VOCABULARIO

el apoyo	*support*	la escalera	*stairway*
el asombro	*astonishment*	la joya	*jewel*
el bosque	*forest*	la tregua	*truce*
la corona	*crown*		
acaso	*perhaps*	apenas	*hardly*
realizar (c)	*to accomplish*	sobrevivir	*to survive*

FRASES UTILES

Es como si las estructuras fuesen...	*It is as if the structures were . . .*
...tanto agrícolas como políticos...	*. . . as much agricultural as political . . .*

PARA PENSAR ANTES DE MIRAR

1. Averigüe dónde estaba situado el imperio maya. ¿En qué países hay ruinas mayas en la actualidad?
2. ¿Qué es una pirámide?
3. ¿En qué lugares hay pirámides?

Después del video

Busque el antónimo y ponga la letra correspondiente.

____ 1. **bello**	a. bonito	b. feo	c. nuevo	d. negro
____ 2. **lucha**	a. guerra	b. desayuno	c. paz	d. oscura
____ 3. **descubrir**	a. escoger	b. esconder	c. proteger	d. abrir

Más adelante

Conexiones. Identifique las siguientes descripciones.

____ 1. «El mundo maya no tiene corona más espléndida...»

____ 2. «Una serie de murales perfectamente conservados... cuenta sus historias en imágenes...»

____ 3. «grandes monumentos... construidos por los zapotecas... es como si fuesen una réplica de las montañas»

____ 4. donde «los astrónomos mayas establecieron un calendario solar preciso...»

____ 5. «representan la continuidad de la cultura popular... reflejada en la dignidad y el aspecto de sus descendientes»

a. Bonampak
b. Chichén Itzá
c. las estatuillas de Jaína
d. Monte Albán
e. Palenque

Palenque

PREGUNTAS

1. ¿Qué nos muestran los murales de Bonampak?
2. ¿Qué simboliza la gran pirámide de Chichén Itzá?
3. ¿Cuándo desaparecieron los antiguos reinos mayas, toltecas y zapotecas? ¿Por qué?
4. ¿Qué representan las estatuillas de Jaína, según Carlos Fuentes?

SU OPINION PERSONAL

1. ¿Existían divisiones según la clase social o profesión entre los mayas?
2. ¿Qué creaciones culturales de los mayas le parecen más «modernas»? ¿Por qué?

PARA COMENTAR

1. Carlos Fuentes compara a los astrónomos mayas con los científicos Newton y Einstein. ¿Qué le parece esta comparación? Comente.
2. ¿Qué impresión tiene Ud., en general, de la antigua civilización maya?
3. Escriba una composición de media página comentando a qué se debió, según su imaginación, la desaparición de las antiguas ciudades mayas. ¿Qué explicación podría Ud. dar para aclarar este misterio?

LECTURAS SUGERIDAS

José Emilio Pacheco, «Ciudad maya comida por la selva» (poema), en *Tarde en temprano*. México: Fondo de Cultura Económica, 1980, pág. 159.

José Emilio Pacheco, «La cabeza olmeca», op. cit. pág. 83.

Ernesto Cardenal, «Oráculos de Tikal», op. cit. pp. 91-95.

UNIDAD 4

Los aztecas

Resumen

Carlos Fuentes visita el Templo Mayor de la Ciudad de México, el Palacio Nacional, donde están las pinturas de Diego Rivera, y luego el templo de Quetzalcóatl en Xochicalco. Describe el origen de la civilización azteca, su organización social y las historias míticas de los principales dioses de la religión azteca.

Antes del video

VOCABULARIO

el águila (*f.*)	*eagle*	la balsa	*raft*
el algodón	*cotton*	el ombligo	*navel*
la amenaza	*threat*	el rostro	*face*
veloz	*rapid*		
emborracharse	*to get drunk*	rehusar	*to refuse*

FRASES UTILES

...a través del tiempo...	*. . . through time . . .*
...pegándole gritos...	*. . . shouting at him . . .*
...rumbo al oriente...	*. . . (with) a course toward the east . . .*
...sino que se ha convertido en...	*. . . but rather, it has changed into . . .*

PARA PENSAR ANTES DE MIRAR

1. Averigüe quiénes fueron los aztecas y dónde estaba situado el imperio azteca.
2. Los dioses de las religiones primitivas representaban el poder de la naturaleza. Averigüe cuáles son los cuatro elementos principales que han sido representados como dioses vinculados a la Naturaleza.

Teotihuacán

Después del video

A. Identifique los siguientes dioses.

____ 1. la diosa madre

____ 2. la serpiente emplumada

____ 3. el dios de la guerra

____ 4. «el espejo humeante»

____ 5. la diosa de la luna

a. Coatlicue
b. Coyolxauhqui
c. Huitzilopochtli
d. Quetzalcóatl
e. Tezcatlipocha

B. El mundo de los aztecas era una sucesión de Cinco Soles. ¿Cuáles eran los cuatro primeros? Ponga los números para indicar su orden.

____ el Sol del Tigre ____ el Sol del Agua ____ el Sol del Fuego

____ el Sol del Viento ____ el Sol de la Nieve ____ el Sol de la Lluvia

C. ¿Verdadero (V) o falso (F)?

____ 1. El nombre **México** significa «el ombligo de la luna».

____ 2. Los toltecas veían a los aztecas como gente superior.

____ 3. El sacrificio humano era una práctica privativa de los aztecas.

____ 4. El dios de la guerra mató a su propia hermana, la diosa de la luna.

____ 5. Diego Rivera pintó murales que muestran la crueldad de los aztecas.

____ 6. Los muertos llevaban una máscara para protegerse contra los demonios.

____ 7. Quetzalcóatl se fue porque vio su propio rostro en un espejo.

Más adelante

Conexiones. Ponga la letra de la columna B que se relaciona con la descripción de la columna A.

A

____ 1. «la vida diaria de los aztecas le inspiró en sus murales»

____ 2. «el nombre que le dieron su capital porque allí encontraron un lago con una roca donde un águila posada en un nopal devora a una serpiente»

____ 3. «Somos implacables. Mantenemos el orden del mundo. No puedes rehusarnos tu sacrificio».

____ 4. Los aztecas fueron amenazados con la extinción si no lo practicaban.

____ 5. «se embarcó en una balsa de serpientes rumbo al oriente, prometiendo regresar...»

____ 6. Crearon «un imperio fundado en el tributo, el miedo y la institución de *la guerra florida*».

B

a. los aztecas
b. Diego Rivera
c. los dioses aztecas
d. México
e. Quetzalcóatl
f. los sacrificios humanos

PREGUNTAS

1. ¿De dónde eran originarios los aztecas, y qué pensaban de ellos los antiguos habitantes del valle de México?
2. ¿A qué llamaban *la guerra florida*?
3. ¿Qué representaban, en la mitología azteca, los dioses Huitzilopochtli y Coyolxauhqui?
4. ¿Qué representaba Quetzalcóatl en la religión azteca?
5. ¿Qué hicieron los dioses menores para destruir el poder de Quetzalcóatl?

SU OPINION PERSONAL

1. ¿Con qué propósito se hacían los sacrificios humanos?
2. ¿En qué se diferenciaban fundamentalmente entre ellos los dioses Huitzilopochtli y Quetzalcóatl?
3. ¿Cómo aparece representada la diosa de la Luna en el disco que se conserva en el Templo Mayor? ¿Por qué dice Carlos Fuentes que es una «composición moderna»?

PARA COMENTAR

1. Carlos Fuentes explica: «El poder azteca era respaldado por un panteón del miedo. Dioses del viento y del fuego: protección y amenaza simultánea». ¿Qué relación ve Ud. entre el sistema político de los aztecas y la religión?
2. Exprese su opinión sobre la práctica de los sacrificios humanos.
3. En la mitología azteca, Quetzalcóatl era un dios que tenía un «rostro» y un «destino» humanos. ¿Sabe Ud. de dioses con características similares en otras religiones?

LECTURAS SUGERIDAS

Ignacio Bernal, «Los mexicas», en *Tenochtitlán en una isla*. México: Lecturas Mexicanas, 1984, pp. 141-161.

Miguel León-Portilla, *Trece poetas del mundo azteca*. México: Lecturas mexicanas, 1975. «Vinimos a soñar», p. 131; «Las flores y los cantos», pp. 205-207.

Ernesto Cardenal, «Cantares mexicanos I», «Cantares mexicanos II», op. cit. pp. 17-24.

Julio Cortázar, «La noche boca arriba» (cuento).

UNIDAD 5

Cortés y Moctezuma

Resumen

Carlos Fuentes visita el puerto de Veracruz y describe el origen social del conquistador Hernán Cortés, su viaje al Nuevo Mundo y su voluntad para emprender la conquista de México. Cuenta cómo la llegada de Cortés a la costa mexicana llegó a oídos de los aztecas en el interior.

Antes del video

VOCABULARIO

el alivio	*relief*	el obsequio	*gift*
el augurio	*sign, omen*	la pata	*foot (of animal)*
el cacique	*chief, leader*	el relámpago	*lightning bolt*
el colmenar	*group of beehives*	la ventaja	*advantage*
la mezcla	*mix*	la viña	*vineyard*
el molino	*mill*		
jamás	*never*	otrora	*formerly*
anclar	*to anchor*	fracasar	*to fail*
arder	*to burn*		

FRASES UTILES

a bordo	*on board*
De algo no cabe duda.	*Of one thing there is no doubt.*
...mediante la determinación personal...	*. . . by means of personal determination . . .*
...se hubiese hundido desde hace tiempo...	*. . . would have sunk a long time ago . . .*

PARA PENSAR ANTES DE MIRAR

1. Identifique en un mapa los siguientes lugares.
   España   Cuba   Veracruz, México y la Ciudad de México

Después del video

A. ¿Verdadero (**V**) o falso (**F**)?

____ 1. La primera tierra de México que vio Cortés fue la costa de Acapulco.

____ 2. La ciudad de Veracruz se fundó en nombre del emperador español Carlos V.

____ 3. Los aztecas creían que los españoles tenían dos cabezas y seis patas.

____ 4. Hay muchos monumentos públicos dedicados a Cortés en México.

____ 5. Cortés pertenecía a una familia de la emergente clase media española.

____ 6. Cortés tenía 34 años cuando embarcó rumbo a las Indias.

B. Las oraciones a continuación describen sucesos que ocurrieron en la vida de Cortés. Póngalas en orden cronológico.

____ Asistió a la Universidad de Salamanca.

____ Llegó a México.

____ Recibió un pedazo de tierra e indios para trabajarlo.

____ Recibió obsequios de oro de los caciques de la costa.

____ Salió de España para el Nuevo Mundo.

____ Zarpó de Cuba.

La llegada de Cortés

C. Conexiones. Ponga la letra de la columna B que se relaciona con la descripción de la columna A.

A

____ 1. «había combatido a los moros, y ahora era dueño de un molino, una viña y un colmenar»

____ 2. «los dioses han regresado, sus lanzas escupen fuego, sus guerreros tienen dos cabezas y seis patas, y viven en casas flotantes»

____ 3. «tenía sólo 34 años de edad. Provenía de la ciudad de Medellín, en Extremadura»

____ 4. «un regalo muy especial que le dieron a Cortés en Tabasco»

____ 5. «se hubiese hundido desde hace tiempo a no ser por el sostén de un árbol»

____ 6. El emperador recibió con asombro la noticia de la llegada de los conquistadores.

B

a. la casa de Cortés
b. los españoles
c. Hernán Cortés
d. Moctezuma
e. el padre de Cortés
f. veinte muchachas indígenas

Más adelante

PREGUNTAS

1. ¿De qué clase social provenía Cortés?
2. ¿Qué pensó Moctezuma de la llegada de Cortés a México?
3. ¿Cómo recibieron a los españoles al comienzo los indios de la costa?

SU OPINION PERSONAL

1. ¿Qué aspiraciones tenía Cortés al viajar al Nuevo Mundo?
2. ¿Por qué cree Ud. que no existen monumentos públicos a Cortés en México?

PARA COMENTAR

1. Describa la personalidad de Cortés. ¿En qué sentido era su actitud diferente de la de Moctezuma?
2. ¿Qué ventajas materiales tenían los conquistadores que llegaron a México?

LECTURAS SUGERIDAS

Pablo Neruda, «Cortés», en *Canto general,* op. cit. pág. 328.
José Emilio Pacheco, «Presagio» (poema), en *Tarde o temprano.* México: Fondo de Cultura Económica, 1980, pág. 157-158.
José Emilio Pacheco, «Crónica de Indias», en *Fin de siglo y otros poemas,* op. cit. pág. 29.
Carlos Monsiváis, «El hechicero del emperador», en *Nuevo catecismo para indios remisos.* México: Siglo XXI, 1982, pp. 47-48.

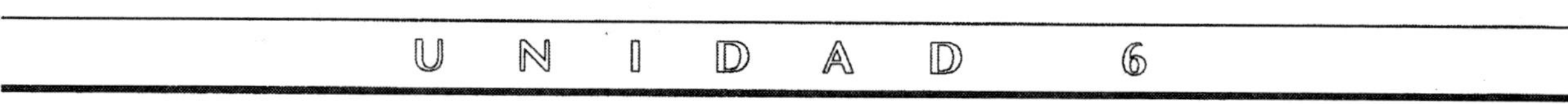

La Malinche

Resumen

Frente a un retrato de la Malinche, Carlos Fuentes describe el papel que tuvo esta mujer indígena en la conquista de México y la forma en que ayudó a Cortés. Explica que la Malinche rápidamente aprendió a hablar español y que a través de ella, Cortés supo lo que pasaba en el interior.

Antes del video

VOCABULARIO

el barro	*clay*	la nave	*ship*
la exigencia	*demand*	la queja	*complaint*
la falla	*defect*	la voluntad	*will*
el/la mensajero/a	*messenger*		
entrometido/a	*meddlesome*		
bautizar (c)	*to baptize*	secuestrar	*to kidnap*
encabezar (c)	*to lead*	sobresalir (*irreg.*)	*to stand out*
enterarse de	*to become aware of*		

PARA PENSAR ANTES DE MIRAR

Averigüe el significado de las siguientes palabras.

GRUPO 1

a. llamar
b. nombrar
c. bautizar

GRUPO 2

d. indicar
e. ayudar
f. colaborar

Después del video

A. La Malinche se conoce por varios nombres. Indique con «X» los nombres que se le atribuyen.

____ Macarena

____ Malintzin

____ María

____ Marina

____ Marinera

____ Marea

Más adelante

PREGUNTAS

1. ¿Qué simbolizan los tres nombres que le dieron a la intérprete de Cortés?
2. ¿Cómo ayudó la Malinche a Cortés?
3. ¿Por qué detestaban algunos reyes vasallos al emperador Moctezuma?

SU OPINION PERSONAL

1. ¿Por qué dice Carlos Fuentes que el reino de Moctezuma «era un coloso con los pies de barro»?
2. Exprese su opinión sobre la importancia que puede tener el trabajo de un traductor o intérprete.

PARA COMENTAR

La Malinche se ha convertido en uno de los personajes más controvertidos de la historia de México. Los mexicanos llaman «malinchismo» a la mentira o la traición. ¿Cómo valora Ud. su papel histórico: fue «traidora» o «víctima»?

Moctezuma, Cortés y la Malinche

UNIDAD 7

Tenochtitlán

Resumen

Apoyándose en las escenas que muestran los códices aztecas, Carlos Fuentes cuenta cómo Cortés obligó a sus soldados a iniciar la marcha hacia México. También describe su encuentro con Moctezuma, la violencia de los conquistadores contra los indígenas y las batallas.

Antes del video

VOCABULARIO

el acero	*steel*	el humo	*smoke*
la fiebre	*fever*	la pólvora	*gunpowder*
el hecho	*fact*	la virtud	*virtue*
codicioso/a	*greedy*		
apoderar	*to empower*	cargar (gu)	*to carry, bear*
aprovechar	*to take advantage of*	quejarse	*to complain*
arrojar	*to throw*		

FRASES UTILES

Le hizo trampas en el juego...	*He cheated him in the game . . .*
La Malinche da a luz al primer mexicano...	*Malinche gives birth to the first Mexican . . .*
Tuvo lugar un gran encuentro...	*An important meeting took place . . .*

PARA PENSAR ANTES DE MIRAR

Averigüe quiénes fueron los siguientes personajes históricos.

1. Hernán Cortés
2. Moctezuma
3. Bernal Díaz del Castillo

Después del video

A. Identifique a cada persona por su profesión o título.

____ 1. Pedro de Alvarado

____ 2. Bernal Díaz

____ 3. Cuauhtémoc

____ 4. Hernán Cortés

____ 5. La Malinche

____ 6. Moctezuma

a. capitán general
b. emperador
c. cronista
d. navegante
e. príncipe
f. intérprete
g. lugar teniente

B. Complete las oraciones con las palabras de la lista.

1. ____________________ se resistió a seguir adelante.
2. Los españoles se dividieron entre su ____________________ y su miedo de la muerte.
3. Al quemar las naves, no les quedó ____________________ a los conquistadores.
4. Cortés pagó ____________________ de Moctezuma secuestrándole.
5. La corona española le negó a Cortés ____________________.

capital azteca
deseo de fama
la tropa española
la hospitalidad
poder político
retirada
voluntad

Más adelante

Conexiones. ¿A quién(es) se refieren las siguientes frases u oraciones?

____ 1. «Le ofrecieron grandes regalos de oro y le pidieron que se fuera».

____ 2. «Tomemos las naves. Regresemos a Cuba».

____ 3. «Escribió que los españoles se quedaron admirados de la maravillosa ciudad del lago»

____ 4. Para Moctezuma el capitán español era este dios que regresaba en la fecha prevista.

____ 5. un oficial español que «mandó matar a los danzantes del gran festival de Tlaltelolco»

____ 6. el joven príncipe que encabezó a los aztecas

____ 7. «fue reducido al silencio por las piedras de su propio pueblo, que lo mataron»

____ 8. «es quien da a luz al primer mexicano y establece a través de ello el hecho central del mestizaje»

a. Bernal Díaz
b. Cuauhtémoc
c. los emisarios de Moctezuma
d. la Malinche
e. Moctezuma
f. Pedro de Alvarado
g. Quetzalcóatl
h. los soldados de Cortés

SU OPINION PERSONAL

1. ¿A qué se debió la victoria de los conquistadores?
2. ¿Qué actitud tuvieron los españoles hacia la cultura indígena?

PARA COMENTAR

1. Refiriéndose al encuentro entre Cortés y Moctezuma, Carlos Fuentes dice: «La voluntad venció a la fatalidad». Comente el significado de esta frase.
2. Comente la visión que da Carlos Fuentes del significado simbólico que tiene la Malinche en la historia de México.

LECTURAS SUGERIDAS

Bernal Díaz del Castillo. «De cómo el gran Moctezuma nos envió otros embajadores con un presente de oro y mantas, y lo que dijeron a Cortés y lo que les respondió»; «Del grande y solemne recibimiento que nos hizo el gran Moctezuma a Cortés y todos nosotros en la entrada de la gran ciudad de México», en *Historia de la conquista de la Nueva España.* México: Porrúa, 1966: 145-148; 148-150.

Miguel León-Portilla, «Tres cantos tristes de la conquista», en *Visión de los vencidos.* México: UNAM, 1982, pp. 164-170.

José Emilio Pacheco, «Lectura de los Cantares Mexicanos: manuscrito de Tlatelolco», en *Fin de siglo y otros poemas*, op. cit. pp. 26-27.

Pablo Neruda, «Cuauhtémoc», en *Canto general*, op. cit. pp. 335-336.

La conquista: Pizarro y los incas

Resumen

Carlos Fuentes describe el viaje de Francisco Pizarro hasta Perú, su encuentro con Atahualpa y la prisión y muerte del emperador inca. Esta sección presenta una recreación histórica de la caída del imperio incaico.

Antes del video

VOCABULARIO

la argamasa	*mortar*	el quechua	*Andean language and people (descendants of the Incas)*
la derrota	*overthrow*	el recurso	*resource*
la merced	*mercy*	el sacerdote	*priest*
ahorcar (qu)	*to hang*	emprender	*to undertake*
desplegarse (ie) (gu)	*to unfold*	quemar	*to burn*
empeñar	*to pledge*	toparse con	*to chance upon*

PARA PENSAR ANTES DE MIRAR

1. ¿Dónde estaba el imperio incaico?
2. ¿Qué es Machu Picchu y dónde está situado?

Después del video

¿Verdadero (V) o falso (F)?

____ 1. El Pacífico fue descubierto por Vasco Núñez de Balboa.

____ 2. Atahualpa era el legítimo emperador inca.

____ 3. Para el pueblo quechua, el Inca era un dios.

____ 4. Pizarro mandó quemar vivo a Atahualpa.

____ 5. Los españoles nunca encontraron Machu Picchu.

____ 6. Los españoles encontraron El Dorado en Ecuador.

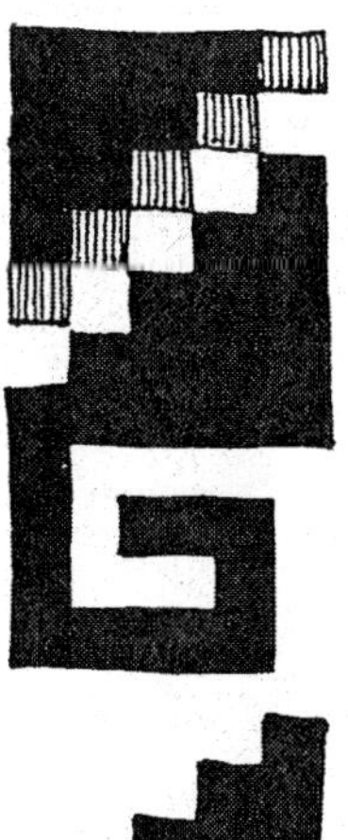

Más adelante

Conexiones. ¿A qué o a quién(es) se refieren las siguientes descripciones?

____ 1. un soldado brutal e iletrado que emprendió la conquista del Perú

____ 2. «hubo de escoger entre ser quemado como pagano o convertirse al cristianismo primero y luego ser ahorcado»

____ 3. «la ciudadela (inca) escondida que los españoles nunca encontraron»

____ 4. «empeñados en encontrar las ciudades de oro... hubieron de aprender que... El Dorado era una ilusión»

a. Atahualpa
b. los conquistadores
c. Francisco Pizarro
d. Machu Picchu

PREGUNTAS

1. ¿Qué les ofreció Atahualpa a los españoles como precio por su libertad?
2. ¿Qué buscaban los españoles en el Nuevo Mundo?

SU OPINION PERSONAL

1. ¿Cómo era la situación política del imperio incaico a la llegada de Pizarro?
2. ¿Cuál fue la actitud del conquistador Pizarro hacia la cultura indígena?
3. ¿Qué representa la ciudadela de Machu Picchu?

PARA COMENTAR

1. Compare al conquistador Hernán Cortés con Francisco Pizarro.
2. Comente la actitud de Pizarro al hacer bautizar al emperador Atahualpa.

LECTURAS SUGERIDAS

Jesús Lara, *La poesía quechua*. México: Fondo de Cultura Económica, 1979. (Selección)
Ernesto Cardenal, «Economía de Tahuantinsuyu», op. cit. pp. 37-44.
Pablo Neruda, «Las agonías», «La línea colorada», «Elegía», en *Canto general*, op. cit. pp. 337-340.
Pablo Neruda, «Alturas de Machu Picchu» (poema). Selección.

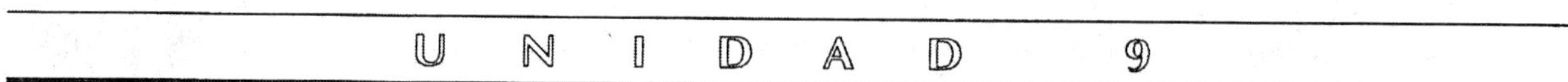

Buenos Aires

Resumen

Sentado en un café de Buenos Aires, Carlos Fuentes cuenta la historia de la doble fundación de la ciudad de Buenos Aires, y la dura realidad que encontraron los españoles en ese territorio.

Antes del video

VOCABULARIO

el anillo	*ring*	el saco	*looting, plunder*
la orilla	*shore*		
atraer (*irreg.*)	*to attract*	disfrazar (c)	*to disguise*

PARA PENSAR ANTES DE MIRAR

1. ¿Dónde queda Buenos Aires?
2. Averigüe el significado de los siguientes términos.
   a. ilusión
   b. fantasía
   c. leyenda
   d. mito

Después del video

Complete las oraciones con las palabras de la lista.

el camino
El Dorado
el estuario
Hernán Cortés
Juan de Garay
Pedro de Mendoza
la prosperidad
la singularidad

1. En 1536 una expedición entró por ______________________ del río de la Plata.
2. ______________________ de Buenos Aires es que fue fundada dos veces.
3. Buenos Aires fue fundada en 1536 por ______________________, un cortesano español.
4. Los soldados vinieron al Nuevo Mundo atraídos por el mito de ______________________.
5. En 1580, ______________________ refundó la ciudad con perfecto orden.

Más adelante

PREGUNTAS

1. ¿Por qué aumentó el interés de los españoles por venir al Nuevo Mundo? ¿Qué buscaban?
2. ¿Qué problemas encontraron los españoles en estas tierras?
3. ¿Cómo reaccionaron los indios de Argentina ante la invasión de los españoles?

SU OPINION PERSONAL

1. Compare la conquista del territorio argentino con la conquista de México y Perú. ¿En qué se diferencian?
2. ¿Qué opina Ud. del destino que tuvo Pedro de Mendoza, el primer fundador de Buenos Aires?

PARA COMENTAR

1. ¿En qué se diferencia un hecho histórico de una leyenda?
2. ¿Qué sabe Ud. de la leyenda de El Dorado?

UNIDAD 10

Ciudades nuevas

Resumen

Carlos Fuentes visita San Juan, la capital de Puerto Rico; describe los tipos de ciudades que fueron fundando los españoles en el Nuevo Mundo.

Antes del video

VOCABULARIO

el baluarte	*bastion*
el capricho	*whim*
el desafío	*challenge*
la fortaleza	*fort*
extranjero/a	*foreign*
concebir (i, i)	*to conceive*

PARA PENSAR ANTES DE MIRAR

Averigüe el significado de las siguientes palabras.

1. construir
2. edificar
3. fundar
4. crear

Después del video

¿Verdadero (V) o falso (F)?

____ 1. España fundó cientos de grandes ciudades en el Nuevo Mundo.

____ 2. La mayoría de las construcciones fueron hechas por esclavos negros traídos de Africa.

____ 3. Las primeras fundaciones fueron ciudades fortaleza.

____ 4. Muchas de las ciudades funcionaban como puertos de tránsito para el oro y la plata.

____ 5. Las ciudades mantenían el estilo y la atmósfera del pasado indígena.

Más adelante

PREGUNTAS

1. ¿Qué función cumplían las primeras «ciudades fortaleza»?
2. ¿Quiénes hicieron el trabajo de construcción de esas ciudades?
3. ¿Dónde estaban situadas las grandes capitales virreinales?

PARA COMENTAR

Comente el significado simbólico que tiene la entrada principal del palacio de Montejo, en Mérida.

UNIDAD 11

Los indígenas: servidumbre y esclavitud

Resumen

Carlos Fuentes describe la situación de servidumbre a que fueron sometidos los indios durante el período colonial y el debate que se produjo tanto en el Nuevo Mundo como en España sobre los derechos de los pueblos indígenas.

Antes del video

VOCABULARIO

el aliado	*ally*	el lema	*slogan*
el auditorio	*audience*	la ley	*law*
la capilla	*chapel*	el ocio	*free time*
la cima	*summit*	la servidumbre	*servitude*
la imprenta	*printing*	el súbdito	*royal subject*
aterrador(a)	*terrifying*	jurídico/a	*legal*
súbitamente	*suddenly*		
destacarse (qu)	*to stand out*	someter	*to submit*
diezmar	*to decimate*	traducir (zc) (j)	*to translate*

FRASES UTILES

sin embargo...	*nevertheless . . .*
mano de obra	*manual labor*

PARA PENSAR ANTES DE MIRAR

Averigüe el significado de cada palabra o frase en los siguientes grupos.

GRUPO 1	GRUPO 2
a. esclavitud	d. tributo
b. servidumbre	e. impuesto
c. trabajo asalariado	f. compensación

Después del video

A. Conexiones. ¿A quién(es) se refiere cada frase u oración?

____ 1. «¿Qué habéis hecho de los Indios? ¿No son éstos súbditos del rey?»

____ 2. «La ley se obedece, pero no se cumple»

____ 3. «necesitaban muchos hombres que les sirvieran»

____ 4. «me hubiera gustado a mí invadir y conquistar a España»

____ 5. «¿qué nos parecería si los indios se comportaran con nosotros, los españoles, como nosotros con ellos...»

a. el cacique Caupolicán
b. Fray Bartolomé de las Casas
c. Carlos Fuentes
d. los colonizadores españoles
e. el padre Francisco de Vitoria
f. los virreyes

B. Relacione las personas con los sucesos.

____ 1. Abolió las encomiendas y estableció colegios para los indios.

____ 2. Afirmó la humanidad de los pueblos sometidos.

____ 3. Cacique araucano que fue empalado.

____ 4. Escribió un libro que ilustró las crueldades de los españoles.

____ 5. Encabezó una revolución india contra los españoles.

____ 6. No tenían interés en que los indios fueran educados.

____ 7. Preguntaron con qué derecho los españoles mantenían a los indios en servidumbre.

a. Antonio de Montesinos
b. Bartolomé de las Casas
c. Carlos V
d. Caupolicán
e. los colonizadores
f. Francisco de Vitoria y Francisco Suárez

C. Complete las oraciones con palabras de la lista.

clases medias ascendientes
hidalgos
instrucción religiosa
monasterios y capillas
palacios elegantes
salarios bajos
sus derechos imperiales
un libro por Fray Bartolomé de las Casas

1. La mayoría de los españoles que llegaron al Nuevo Mundo provenían de ______________________.
2. Los recién llegados querían ser lo que sus padres no habían sido: querían ser ______________________.
3. Por su trabajo y tributo, los indios recibieron ______________________.
4. La creación de la *Leyenda negra* se debe mucho a ______________________.
5. A Fuentes le parece raro que España tuviera dudas sobre ______________________.
6. El clero utilizó el trabajo del indio para levantar ______________________.

Más adelante

PREGUNTAS

1. ¿Qué aspiraciones tenían los españoles que llegaron a vivir al continente americano?
2. ¿En qué consistía la encomienda?
3. ¿Quién era Fray Bartolomé de las Casas?
4. ¿Cuál fue la actitud de la monarquía española frente al debate sobre los derechos de los indios?

SU OPINION PERSONAL

1. ¿Quiénes se destacaron en América por su defensa de los indios?
2. ¿Qué simboliza históricamente la capilla de la Virgen de los Remedios, construida en Cholula?

PARA COMENTAR

1. Explique la contradicción que existía entre los intereses de los colonizadores y los principios humanistas de la Iglesia.
2. Carlos Fuentes afirma: «El imperio británico, el francés, el portugués o el holandés, no tuvieron duda alguna acerca de sus derechos imperiales. España los tuvo». ¿En qué se diferencia la actitud de la monarquía española de la que tuvieron los ingleses en los Estados Unidos respecto a los derechos de los indígenas?

LECTURA SUGERIDA

Ernesto Cardenal, «Doña Beatriz la sin ventura», en *Nueva antología poética*. México: Siglo XXI, 1983, pp. 113-120.

UNIDAD 12

La Virgen de Guadalupe

Resumen

Carlos Fuentes visita algunos centros religiosos de México y describe la manera en que las culturas indígenas fueron adaptando el cristianismo impuesto por los colonizadores a sus antiguas ideas religiosas, para producir finalmente una visión mestiza del mundo y de la religión.

Antes del video

VOCABULARIO

la colina	*hill*
el grabado	*engraving*
el paraíso	*paradise*
el testigo	*witness*
moreno/a	*dark*

PARA PENSAR ANTES DE MIRAR

Averigüe el significado de las siguientes palabras.

GRUPO 1

a. imagen
b. retrato
c. grabado

GRUPO 2

d. rito
e. concepto
f. símbolo

Después del video

A. Indique qué ocurrió en los sitios nombrados en la columna A.

A

____ 1. Huejotzingo

____ 2. el Nuevo Mundo

____ 3. la Ciudad de México

____ 4. la capilla de Tonantzintla

____ 5. Puebla

____ 6. una colina donde había antes un templo azteca

B

a. la aparición de la Virgen
b. Se construyó un importante monasterio.
c. un gran festival de la Virgen de Guadalupe
d. Encontró a un padre espiritual en Jesús.
e. Se hundieron tres barcos con tesoros.
f. Llegaron doce frailes franciscanos.
g. Los indios hicieron las imágenes.
h. Se descubrió una rica mina de plata.

B. Complete las oraciones con las palabras de la lista.

1. La Virgen de Guadalupe es un símbolo de ______________________________.
2. El Cristo crucificado recuerda ______________________________.
3. Juan Diego era ______________________________.
4. Los frailes que llegaron de España trajeron consigo ______________________________.
5. En la capilla de Tonantzintla se ve a los españoles como ______________________________.

antiguos ritos sacrificiales
conquistador español
demonios
dioses omnipotentes
enfermedades
ideas utópicas
la crueldad de los españoles
la unidad mexicana
un humilde trabajador

Más adelante

PREGUNTAS

1. ¿Cómo celebran en México el festival de la Virgen de Guadalupe?
2. ¿Cómo están representados los españoles y los indios en los grabados de la capilla de Tonantzintla?

SU OPINION PERSONAL

1. ¿Por qué se venera a la Virgen de Guadalupe como símbolo de la unidad nacional de México? ¿A quiénes representa?
2. ¿Con qué dios antiguo identificaban los indígenas a Cristo?
3. La celebración del primero de noviembre se llama «Día de los Muertos» y también «Día de Todos los Santos». ¿Qué tradiciones culturales se unen aquí?

PARA COMENTAR

1. Basándose en algunas escenas del video, explique cómo se presenta en ellas el sincretismo religioso del pueblo mexicano.
2. A partir de la información histórica que nos da *El espejo enterrado*, ¿puede explicar en qué consiste la idea de «mestizaje» que ha usado Carlos Fuentes?

LECTURAS SUGERIDAS

Bartolomé de las Casas, *Brevísima relación de la destrucción de las Indias* (Selección).
Pablo Neruda, «Las haciendas», *Canto general*, op. cit. pp. 371-372.
Carlos Monsiváis, «El placer de los dioses», *Nuevo catecismo para indios remisos*, op. cit. pp. 82-83.

UNIDAD 13

La muerte y lo sagrado

Resumen

Carlos Fuentes presenta una ceremonia religiosa que se practica en una aldea del altiplano del Perú, donde los indígenas suben hacia la cordillera llevando una imagen de Cristo, que simboliza el renacimiento del mundo.

Antes del video

VOCABULARIO

la aldea	*village*
la llama	*flame*
la ofrenda	*offering*
el techo	*roof*

PARA PENSAR ANTES DE MIRAR

Averigüe el significado de las siguientes palabras.

1. tradición
2. adaptación
3. cambio
4. resistencia
5. revolución

Después del video

¿Verdadero (**V**) o falso (**F**)?

____ 1. El Día de los Muertos se celebra el 30 de noviembre.

____ 2. Para escapar de la persecución, muchos indígenas huyeron hacia la costa.

____ 3. La conquista fue un desastre para los pueblos indios.

____ 4. La mayoría de los habitantes del altiplano del Perú son paganos.

____ 5. De la catástrofe de la conquista nació la conciencia hispánica.

Más adelante

PREGUNTAS

1. ¿Es católica o indígena la ceremonia que practican los indios del altiplano?
2. ¿Cuáles son las «cuestiones de la justicia» que se han preguntado los hispanoamericanos?

SU OPINION PERSONAL

1. ¿Por qué llevan los indios del altiplano a su Cristo hacia la cordillera y no a una iglesia del pueblo?
2. ¿Qué simboliza, en su opinión, esta ceremonia religiosa?
3. ¿Por qué los hispanoamericanos se han tenido que preguntar desde el principio cuál es su identidad?

PARA COMENTAR

1. Comente la siguiente oración de Carlos Fuentes sobre la población indígena del continente americano: «Nos están diciendo que son parte de nuestra comunidad cultural. Nos advierten que si los olvidamos a ellos, nos olvidamos a nosotros mismos».
2. Escriba una composición de media página sobre el valor que puede tener la tradición indígena en la comunidad cultural de los Estados Unidos. ¿Qué ideas valiosas puede ofrecer el mundo indígena a la sociedad contemporánea?

EN FIN

En el programa II Fuentes relata la conquista del Nuevo Mundo por los españoles. Fuentes titula este programa «La batalla de los dioses». Escriba un breve ensayo sobre el significado de este título. En su ensayo deberá considerar las siguientes cuestiones.

1. ¿Quiénes eran «los dioses» a que se refiere Fuentes?
2. ¿Qué papel tuvo la religión en la conquista?
3. ¿De qué manera pudo sobrevivir la religión de los pueblos indígenas?

LECTURA SUGERIDA

Ernesto Cardenal, «Tahirassawichi en Washington», op. cit. 62-65.

En antiguas tumbas de las Américas se han encontrado espejos. El espejo es poderoso: concentra la fuerza del sol y revela nuestra identidad.

Unidad 1: La ciudad de México: los antepasados

Estamos en el Zócalo, la gran plaza central de la ciudad de México, construida por los conquistadores españoles sobre las ruinas de la capital azteca, vencida en 1521.

Siendo un joven estudiante de Derecho, yo cruzaba el Zócalo todas las mañanas, rodeado de la arquitectura colonial española, pero convencido de que los fantasmas de mis antepasados indígenas estaban sepultados para siempre bajo mis pies.

Hacia el oriente, el palacio virreinal español ocupó el sitio de los palacios del emperador Moctezuma. Hacia el norte, la gran catedral católica borró toda la traza de los templos indígenas.

Pero en 1977, por azar, unos trabajadores municipales descubrieron aquí mismo los restos del Templo Mayor de la capital azteca, sus altares intactos, sus dioses mirándonos fijamente desde las profundidades del tiempo.

Nuestros fantasmas estaban aquí. Nos dimos cuenta de que lo que creíamos parte de un pasado muerto estaba vivo: con nuestra imaginación era real y que en México el pasado vive y la historia es presente.

Unidad 2: Otras culturas, otros dioses

Mil años antes de Cristo, un desfile de civilizaciones se sucedieron en la región mesoamericana: olmecas, mayas, zapotecas, toltecas y finalmente los aztecas. Artistas, arquitectos, artesanos, guerreros--sus magníficas culturas pueden compararse a las de Egipto y Mesopotamia.

Los libros sagrados nos recuerdan que sus memorias se remontaban a los orígenes, a un tiempo en el que reinaba sólo la noche. Entonces los dioses se reunieron en la oscuridad y dijeron: "¡Que aclare! ¡Que amanezca en el cielo y en la tierra! ¡No habrá gloria ni grandeza hasta que exista la criatura humana!"

¿Cuándo aparecieron los primeros hombres en el hemisferio occidental? Nadie lo sabe con certeza, pero alguna vez este fue un continente vacío. Los primeros hombres y mujeres de las Américas probablemente llegaron desde Asia, cruzando el estrecho de Bering, hace cincuenta o cuarenta mil años.

Nómadas, cazadores, todos y cada uno inmigrantes a estas nuevas tierras, poco a poco se desplazaron hacia el sur, hacia las regiones cálidas de lo que hoy llamamos Centro y Sur América.

Unos cuantos, capturados en el pasado remoto, viven aún en las agónicas selvas del Amazonas. Como todos los pueblos aborígenes, cercanos a la naturaleza pero disminuidos por ella, los primeros pobladores de América temían la catástrofe imprevista, la sequía o el diluvio, el terremoto y el fuego.

Unidad 3: Los mayas y los zapotecas

¿Cómo dominar la naturaleza? Pues si la naturaleza puede alimentarnos y protegernos, también puede abandonarnos y agredirnos. Acaso fue este sentimiento radical el que impulsó a los pueblos indígenas a levantar palacios y templos magníficos, dedicados a los dioses, invocando el apoyo divino en la lucha interminable contra los elementos.

El mundo maya no tiene corona más espléndida o respuesta más bella a la selva circundante que el sitio ceremonial de Palenque. Construido durante la Edad Media europea, esta joya de la arquitectura americana permaneció olvidada en el corazón del bosque tropical.

¿Quiénes fueron los creadores de esta extraordinaria cultura? La respuesta acaso se encuentre en el sitio de Bonampac, una serie de murales perfectamente conservados, apenas descubiertos en 1946. Casi como en un noticiero de cine, Bonampac cuenta sus historias en imágenes interconectadas, un festival, un ataque guerrero, una ceremonia sacrificial.

Estamos en un mundo ritual, dominado por una casta emergente de príncipes lujosamente ataviados. Pero un grupo de esclavos, o quizás de prisioneros desnudos deben tributar su trabajo e incluso sus vidas para mantener a la burocracia, el sacerdocio y el ejército. Tal era el rostro demasiado humano de la vida maya.

Pero es aquí, en la altura que domina a la ciudad colonial de Oaxaca, donde se siente con más fuerza la presencia de las cualidades compartidas por todas las civilizaciones indígenas. Los grandes monumentos de Monte Albán fueron construidos por los zapotecas, pero reflejan los sentimientos de asombro y veneración tan característicos del mundo indígena.

¿Cómo fue concebido este lugar? ¿Como un centro ceremonial, como un santuario, como una fortaleza, como un monumento a los caídos en las guerras civiles del valle de Oaxaca? En realidad no lo sabemos. Lo que existe es una evidencia visual, sumamente elocuente, acerca de la conexión, la equivalencia, entre la arquitectura y las montañas.

Es como si las estructuras de Monte Albán fuesen una réplica de las montañas, de las montañas que vemos desde aquí. La naturaleza ha sido dominada por el arte. Por un momento se establece una tregua entre el hombre y la naturaleza con una caravana, claro está, hacia los dioses. Una tregua: ¿pero cuánto tiempo durará? ¿Cuánto tiempo? Pues los pueblos indios creían que el mundo había sido creado no una, sino varias veces. De manera que era necesario dominar el tiempo para asegurar la continuidad de la vida.

En Chichén Itzá, en Yucatán, los astrónomos mayas establecieron un calendario solar preciso: 365 días, simbolizados por la estructura de la gran pirámide. Nueve terrazas y cuatro escaleras representan los nueve cielos y los cuatro puntos cardinales. Cada escalera tiene 91 escalones, un total de 364, más la plataforma de la cumbre: 365, el número de los días del calendario solar.

Aquí, los mayas construyeron un observatorio tan avanzado como cualquiera en la Europa de ese tiempo. En este "caracol," los Newtons y Einsteins del mundo maya perfeccionaron sus calendarios con propósitos tanto agrícolas como políticos. Pues como dijo un poeta maya, "Quienes tienen el poder de contar los días, tienen el derecho de hablarles a los dioses."

"Piedra en la piedra," escribió el poeta chileno Pablo Neruda, "pero, ¿dónde estuvo el hombre?" Mucho antes de la conquista española, los reinos de los mayas, los toltecas y los zapotecas misteriosamente desaparecieron. Pero el pueblo sobrevivió. El pueblo se hizo visible en estas bellísimas estatuillas de Jaina. Oradores, mujeres fértiles, vendedores, sembradores, mendigos y fanfarrones--aquí están todos los personajes de la vida diaria. Representan la continuidad de la cultura popular, reflejada hasta el día de hoy en la dignidad y el aspecto de sus descendientes. Esta es la respuesta del pueblo al poder de dioses y príncipes: los valores de la comunidad, el trabajo, el amor a la tierra y el respeto mutuo.

Unidad 4: Los aztecas

Las antiguas ciudades murieron pero en el mundo de la política y el poder los vacíos siempre se llenan. Obedeciendo a su dios de la guerra, el feroz Huitzilopochtli, los aztecas emigraron desde el norte hasta encontrar un lago con una roca donde un águila posada en un nopal devora a una serpiente. Allí, fundaron su ciudad y la llamaron "México, que significa "el ombligo de la luna." Establecida en 1325, es la más antigua ciudad viva de las Américas.

Los habitantes anteriores del valle de México, descendientes de la civilización tolteca, consideraron a los aztecas como bárbaros. Eran los últimos en haber llegado. Nadie quería recibirlos; fueron llamados "el pueblo sin rostro." Pero los aztecas querían poder y lo obtuvieron mediante la fuerza y la astucia, creando un imperio fundado en el tributo, el miedo y la institución de "la guerra florida."

Para los aztecas, el propósito de estas guerras no era matar o siquiera vencer a sus enemigos, sino obtener prisioneros vivos y ofrecerlos como víctimas en los altares. El sacrificio humano no fue una práctica privativa de los aztecas aunque estos le dieron tanta importancia que casi crearon una cultura del consumo sacrificial.

Para los aztecas, el mundo era una sucesión de Cinco Soles. Cuatro de ellos ya habían sido destruidos por las fuerzas naturales: Sol del Tigre, del Viento, de la Lluvia y del Agua. Ahora, el mundo vivía bajo el Quinto Sol, amenazado también por la extinción si el sacrificio humano no lo alimentaba.

El poder azteca era respaldado por un panteón del miedo. Dioses del viento y del fuego, protección y amenaza simultáneas. Dioses gemelos de la inmundicia y la purificación. Dioses que cada primavera cambiaban de piel, como las serpientes. Dioses guardianes de las almas en su camino al reino silencioso de la muerte. Y todos ellos proclamando: "No somos humanos. Somos divinos. Somos implacables. Mantenemos el orden del mundo. No puedes rehusarnos tu sacrificio. Tu muerte es el precio que le pagas a los dioses que te crearon."

La Diosa Madre, Coatlicue, la Señora de la Falda de Serpientes, los domina a todos. De su vientre surgió el dios de la guerra, Huitzilopochtli, y asesinó a su propia hermana, la diosa de la luna, Coyolxauhqui.

De acuerdo con la mitología azteca, el feroz dios de la guerra arrojó a su hermana, la diosa de la luna, a un abismo, por haber acusado a la madre de ambos, la diosa de la tierra, de practicar la promiscuidad sexual.

Bueno, aquí yace la diosa de la luna, Coyolxauhqui, fragmentada, en este maravilloso disco descubierto en el Templo Mayor de México. Pero nacida de un mito, esta escultura ya no cumple una función religiosa, sino que se ha convertido en parte de la imaginación artística. Ha transcendido sus orígenes sagrados para revelarse ante nuestros ojos hoy como una composición moderna, ambivalente, ligeramente cubista, seguramente surreal, pero que como todo gran arte, no sólo refleja una realidad sino que añade algo nuevo a la realidad misma.

Como sus contemporáneos góticos en Europa, estos escultores anónimos de las Américas, al imaginar a los dioses, crearon obras de arte imperecederas. Sus imágenes nos hablan a través del tiempo y han influido en los artistas de nuestro propio siglo.

Civilizaciones jóvenes que avanzaban probándose a sí mismas, descubriendo poco a poco su propia humanidad, conscientes del paso veloz del tiempo y de la caída inevitable del poder. "Vivimos un solo día," advirtió el poeta azteca. "Nuestras vidas son como flores. Vivamos en concordia, vivamos en paz."

La vida diaria de los aztecas inspiró al muralista mexicano Diego Rivera. En sus pinturas del Palacio Nacional de México, vemos un mundo creado por la comunidad de los educadores, los poetas, los artistas y los artesanos. Durante los escasos días de una frágil primavera, el pueblo creó una cultura opuesta a las exigencias de la sangre y de la muerte.

Pero aun en medio de la vida, los aztecas estuvieron siempre obsesionados con la idea de su mortalidad. Estas máscaras eran colocadas sobre los rostros de los muertos para que los demonios del inframundo no los reconocieran. Pero además, la máscara servía para darle a cada cadáver su rostro mágico, ideal para el viaje al paraíso.

Y durante su tiempo en la tierra la criatura humana tenía otro protector en Quetzalcóatl, la serpiente emplumada, el dador de la vida, inventor del tiempo y de la escritura, de las artes y de los oficios, y el portador del regalo del maíz, el pan del Nuevo Mundo.

En el paisaje intemporal de Xochicalco, la serpiente emplumada, la deidad benévola de la creación y de la paz, tiene uno de sus santuarios. La gloria de Quetzalcóatl llenó de envidia a los dioses menores del panteón indígena. Uno de ellos, Tezcatlipoca, cuyo nombre significa "el espejo humeante," reunió a los demonios y les propuso: "Visitemos a Quetzalcoatl y entreguémosle un regalo."

Viajaron hasta el palacio del dios, le entregaron el regalo envuelto en algodones, el dios lo recibió, desenvolviéndolo se preguntó: "¿Qué será?"

Era un espejo. El dios se vio por primera vez reflejado en un espejo. Sabiéndose dios, creía que no tenía un rostro. Ahora descubrió que tenía un rostro y precisamente un rostro humano, temiendo en consecuencia tener también un destino humano.

Los dioses menores, los demonios, abandonaron a Quetzalcóatl pegándole gritos alegremente y esa noche el dios se emborrachó y cometió incesto con su hermana. Al día siguiente se embarcó en una balsa de serpientes rumbo al oriente, prometiendo regresar para ver si los hombres habían cuidado de la tierra. Prometió regresar en una fecha fija: Xeácatel, el año de la caña, llenando de premonición al mundo indígena.

Unidad 5: Cortés y Moctezuma

En la primavera de 1519, una expedición española de once navíos zarpó de Cuba. A bordo viajaban 508 soldados, 16 caballos y varias piezas de artillería. La primera tierra que divisaron fue la costa de Yucatán, otrora el corazón del imperio maya.

El jefe de la pequeña compañía española era un joven capitán llamado Hernán Cortés. Jamás imaginó que su arribo coincidía precisamente con la promesa del regreso del dios Quetzalzcóatl.

El jueves santo, Cortés ancló sus barcos frente a la costa del golfo y fundó la ciudad de Veracruz en nombre del emperador Carlos V.

Otro emperador, llamado Moctezuma, recibió la noticia con asombro y con alivio. Los dioses han regresado, sus lanzas escupen fuego, sus guerreros tienen dos cabezas y seis patas y viven en casas flotantes. Los augurios habían llenado de temor al mundo azteca, los cometas cruzaban el cielo en pleno día, las aguas del lago ardían. Ahora no, la profecía se cumplió.

No existen monumentos públicos a Hernán Cortés en México. Incluso esta casa arruinada, que se dice fue la de Cortés en Veracruz. Se hubiese hundido desde hace tiempo a no ser por el sostén que le dan las raíces del árbol de la ceiba, venerado por los indios.

Pero de algo no cabe duda: Hernán Cortés fue la encarnación misma del conquistador español, el enérgico e impaciente heredero de la Reconquista.

Al llegar a México, Cortés tenía sólo 34 años de edad. Provenía de la ciudad de Medellín, en Extremadura, donde su padre había combatido a los moros y ahora era dueño de un molino, una viña y un colmenar.

Su madre era una mujer religiosa. Se trataba, en suma, de una familia de la emergente clase media española. Reunieron sus ahorros y enviaron al joven Cortés a estudiar a Salamanca, donde fracasó como estudiante, pero leyó las fabulosas historias del descubrimiento de América, y su cabeza se llenó para siempre con el sueño del Nuevo Mundo.

A los 19 años se embarcó rumbo a las Indias y en Cuba, recibió una encomienda, un pedazo de tierra e indios para trabajarla. Pero Cortés no había venido al Nuevo Mundo a repetir el destino de su padre en el Viejo Mundo. Había venido a crear su propio destino, un destino de gloria y de riqueza, pero obtenidas no a través de la herencia, sino mediante la determinación personal y un poco de buena suerte. Hernán Cortés se convirtió en una de las figuras representativas del Renacimiento europeo, la perfecta mezcla maquiavélica de la buena fortuna y de la voluntad, al embarcarse en una de las grandes aventuras épicas de todos los tiempos: la conquista de México.

Unidad 6: La Malinche

Los caciques de la costa no pudieron detener a los españoles. La noticia llegó a oídos de los aztecas en el interior. Estos extranjeros estaban armados con relámpagos, y cubiertos con escudos de plata y roca. Para aplacarlos los pueblos les entregaron obsequios de oro y otros objetos preciosos. Pero un día, en Tabasco, Cortés recibió un regalo muy especial: veinte muchachas indígenas fueron entregadas como esclavas.

El 15 de marzo de 1519, Hernán Cortés desembarcó en Tabasco y recibió regalos de los caciques locales--oro y 20 esclavas. Entre ellas, sobresalía una muchacha particularmente bella y entrometida, dice el cronista Bernal Díaz del Castillo.

Malintsin era su nombre, un nombre que significaba "guerra, discordia, mala suerte." Marina, fue bautizada por los españoles, Malinche la llamaron los indios, "traidora" a su pueblo. Hernán Cortés la llamó "mi lengua." La convirtió en su amante e intérprete.

Y esta mujer abocada a este destino extraordinario fue utilizada por Hernán Cortés para oír las voces de la tierra, para oír las voces del descontento, para oír las voces de los hombres, para enterarse finalmente de las fallas del Imperio y del hecho de que el reino de Moctezuma era un coloso con pies de barro.

A través de la Malinche, quien rápidamente aprendió a hablar español, Cortés se entrevistó con los mensajeros que llegaron hasta su campamento. Así supo que un gran rey llamado Moctezuma vivía en una espléndida ciudad de las montañas y que sus ejércitos, alineados en un campo, lo cubrirían como las olas del mar. Pero también se enteró de que muchos reyes vasallos de Moctezuma lo detestaban secretamente y con gusto se unirían a quien los liberase del dominio azteca y las exigencias de tributos y sacrificios humanos.

Unidad 7: Tenochtitlán

Pero si los reyes vasallos estaban listos para marchar contra los aztecas, la tropa española se resistió a seguir adelante. Muchos habían muerto en los combates; el pan, la sal y el tocino se volvían escasos. Unos temían el frío de las montañas; otros se quejaban del peso de las armas. Pero Cortés se negó a regresar con las manos vacías.

Los emisarios de Moctezuma visitaron a Cortés, le ofrecieron grandes regalos de oro y le pidieron que se fuera. Los soldados españoles se dividieron entre su deseo de fama y fortuna, y su miedo de la derrota y la muerte. "Somos sólo quinientos," dijeron algunos. "Pero sus corazones son valerosos," contestó Cortés. "Estamos muriendo de fiebres y ataques de indios," se quejaron otros.

"Entonces enterremos a los muertos de noche para que nuestros enemigos crean que somos inmortales," contestó Cortés. Y otros amotinados dijeron: "Tomemos las naves y regresemos a Cuba." "Pero ya no hay naves," contestó Cortés, "Las he barrenado aquí mismo. No tenemos retirada, no tenemos más camino que hacia adelante, hacia México, para ver a este gran Moctezuma a la cara y saber si es tan grande como se proclama." Entonces los soldados aclamaron a Cortés, lo proclamaron su Capitán General y todos gritaron "A México, a México."

El 16 de agosto de 1519, se inició la gran marcha. La ciudad de México se encontraba a 400 kilómetros al oeste, más allá de los grandes volcanes, Popocatépetl e Ixtaccíhuatl.

En sus códices, los indios dejaron sus propias impresiones de la expedición en su paso por la montaña. Cortés descubrió que sus nuevos aliados indígenas podían caminar veinte kilómetros diarios cargando equipajes de más de cien kilos. Y al menos uno de los españoles, por lo visto, se dejó cargar cómodamente. Muchos pueblos se unieron a los españoles, aprovechando la oportunidad de rebelarse contra Moctezuma. Pero para Cortés y sus hombres, la verdadera recompensa fue mirar, al fin, la maravillosa ciudad del lago. "Nos quedamos admirados"--escribió Bernal Díaz--"y decíamos que si aquello que veíamos, si no era entre sueños."

En una de las calzadas que conducían a la ciudad, tuvo lugar uno de los grandes encuentros de la historia. Cortés, el hombre de acción, no tenía más virtud que su propia voluntad. Pero para Moctezuma, el capitán español era un dios, Quetzalcóatl, que regresaba en la fecha prevista. "Bienvenido," le dijo el emperador azteca. "Te hemos estado esperando. Esta es tu casa. Ahora descansa." La voluntad venció a la fatalidad: Cortés pagó la hospitalidad de Moctezuma secuestrándole, mientras los españoles destruían las imágenes de los dioses y en sus lugares levantaban altares cristianos.

Pedro de Alvarado, uno de los oficiales de Cortés, primero le hizo trampas en el juego a Moctezuma y luego mandó matar a los danzantes del gran festival de Tlatelolco. La duda se apoderó de los aztecas: ¿Eran estos hombres, crueles y codiciosos, realmente dioses? Pues si eran hombres, podían ser derrotados.

Durante la batalla de la Noche Triste, la resistencia indígena arrojó a los españoles fuera de la ciudad.

Pero Cortés regresó, construyó barcos en el lago y se apoyó totalmente en la superioridad de su tecnología militar: caballos, pólvora y acero.

Los aztecas, encabezados por el joven príncipe Cuauhtémoc, combatieron con coraje. Pero el suyo era un mundo sagrado, cuya caída había sido prevista por los viejos libros de la memoria. "¡Preparaos, hermanitos míos! Ya viene el blanco gemelo del cielo. ¡Ay, será de noche para nosotros cuando vengan! ¡Ay, hermanitos mios, viene el peso del dolor y el tiempo de la miseria: el hombre blanco ha venido a castrar el sol!"

La capital azteca cayó al fin, después de un sangriento sitio, en 1521. El último poeta azteca se preguntó sin esperanzas: "¿Adónde iremos, mis amigos? El humo se levanta, la niebla se extiende, las aguas de la laguna están rojas. Llorad, oh llorad, pues hemos perdido la nación azteca."

El tiempo del Quinto Sol había concluido.

Cuando todo terminó, cuando Moctezuma fue reducido al silencio por las piedras de su propio pueblo, que lo mataron, cuando Hernán Cortés fue reducido al silencio por la Corona española, que le negó poder político, quedó finalmente la voz de Marina, la voz de la Malinche, la voz de Malintzin, voz de la tierra, voz genésica, voz del sexo y del lenguaje porque ante todo, Marina, la Malinche, Malintsin, es quien da a luz al primer mexicano, simbólicamente, al hijo del conquistador y de la Malinche, el primer mexicano, español e indio, europeo y americano, y establece a través de ello el hecho central del mestizaje, que caracteriza nuestra civilización multirracial.

Unidad 8: La conquista: Pizarro y los incas

El descubrimiento del Pacífico por Vasco Núñez de Balboa abrió el camino para nuevas conquistas hacia el sur. Zarpando del istmo de Panamá, las flotas españolas llegaron cada vez más lejos, hasta toparse con el otro gran bastión del poder indígena, el imperio de los incas.

En 1530, nueve años después de la derrota de los aztecas, Francisco Pizarro, un soldado brutal e iletrado, desembarcó en el Ecuador con 180 hombres y emprendió la conquista del Perú. Encontró un país devastado por la guerra civil. Huáscar, el legítimo emperador, había sido derrocado por su medio hermano Atahualpa. Pizarro invitó a Atahualpa a una reunión en la ciudad de Cajamarca. La situación era ideal para la conquista: un río revuelto.

Para el pueblo quechua, el Inca era un dios, el descendiente del sol. Dentro de la ciudad, se encontró a la merced de Pizarro. Desarmados, los guardias de Atahualpa trataron desesperadamente de proteger al Inca; algunos perdieron las manos, cortadas mientras portaban la litera imperial.

Ni un solo soldado español murió o fue herido.

Como precio de su libertad, Atahualpa ofreció llenar una gran sala con oro, hasta la altura de un hombre. Pero Pizarro no cumplió su promesa con el Inca. Atahualpa hubo de escoger entre ser quemado como pagano Ao convertirse al cristianismo primero y luego ser ahorcado. El emperador pidió que se le bautizara.

Se dice que sus últimas palabras fueron: "Mi nombre es Francisco. Ese es mi nombre para la muerte."

Piedra en la piedra, pero el hombre, ¿dónde? La ciudadela escondida de Machu Picchu, que los españoles nunca encontraron, se levanta como el testigo final de la gloria de los incas.

Maravilla la precisión con la que los muros fueron ensamblados, sin beneficio de argamasa. Cuando las piedras eran demasiado pesadas, eran abandonadas en el camino y llamadas "piedras cansadas." No más fatigadas, sin duda, que los hombres que las acarrearon.

Ante los ojos de los españoles, un inmenso paisaje, una riqueza inmensa se desplegaba ahora hacia el norte y hacia el sur del Ecuador. Empeñados en encontrar las ciudades de oro, los conquistadores hubieron de aprender que la riqueza del Nuevo Mundo sólo provendría de los ilimitados recursos de la tierra misma. El Dorado era una ilusión.

Unidad 9: Buenos Aires

Pero la ilusión nunca muere. En 1536, una expedición entró por el estuario del Río de la Plata y fundó en sus orillas la ciudad de Buenos Aires. La singularidad de Buenos Aires es que es una ciudad que fue fundada dos veces. Buenos Aires, o dos historias para una ciudad. Primero la ciudad fue fundada en 1536 por Pedro de Mendoza, un cortesano español que había amasado una pequeña fortuna durante el saco de Roma por Carlos V. Llegó aquí con 1500 hombres, tres veces más que para la conquista de México con Hernán Cortés, simplemente porque ahora todos los soldados querían venir al Nuevo Mundo, atraídos por la leyenda de El Dorado, el mito de que aquí el oro se encontraba a la mano.

Bueno, no encontraron oro. Encontraron, en cambio, hambre y fiebre y muerte. Los indios de estos pagos eran pobres, no le tenían miedo a los caballos ni a los arcabuces y noche tras noche atacaban las empalizadas castellanas. Quizás la única consolación de los soldados españoles es que a la fundación de Buenos Aires vinieron muchas mujeres, muchas de ellas disfrazadas como hombres, pero en todo caso servían para hacer de centinelas, para mantener vivos los fuegos, y como escribió una de ellas, "las mujeres comemos menos que los hombres." Pero pronto no había nada que comer, y como en toda fiebre del oro que se respete, los expedicionarios acabaron comiendo las suelas de sus zapatos. Pedro de Mendoza murió de sífilis, fue arrojado al río, y quizá el único oro que se vio jamás en el Río de la Plata, fue el de los anillos en las manos de Pedro de Mendoza.

La ciudad fue quemada, abandonada. Fue un desastre--quizá el más grande desastre de una ciudad española fundada en el Nuevo Mundo. Pero en 1580 Juan de Garay, un administrador español, llegó y fundó la ciudad con perfecto orden, diseñándola a escuadra como un tablero de ajedrez y dedicándola al orden, al progreso y eventualmente, a la prosperidad.

Unidad 10: Ciudades nuevas

España estableció rápidamente su jurisdicción sobre el Nuevo Mundo mediante las ciudades que creó aquí: cientos de ciudades revelando una energía española sólo comparable a la de los antiguos romanos. Grandes ciudades, desde San Francisco en California hasta Santiago de Chile. Pero las primeras fundaciones fueron ciudades fortaleza como esta en San Juan de Puerto Rico, puertos concebidos como baluartes contra los ataques de piratas y los desafíos extranjeros, pero también como puertos de tránsito para el oro y la plata de México y Perú, rumbo a su destino en Sevilla.

En su mayoría, eran ciudades de provincia--elegantes, españolas en su atmósfera y estilo, pero construidas primero con brazos indios y luego mestizos, a medida que la población se volvió propiamente americana: ciudades mineras, como Guanajuato, cuya forma sinuosa seguía el capricho de las montañas de oro y plata, y desde luego, las grandes capitales virreinales como México o Lima con sus plazas centrales, sus catedrales y sus edificios de gobierno.

Unidad 11: Los indígenas: servidumbre y esclavitud

Pero los conquistadores también se construyeron sus propios palacios, reflejando una suprema confianza en sí mismos y una buena dosis de arrogancia también. Este es el palacio de Montejo en la nueva ciudad de Mérida, fundada en 1542 en Yucatán.

El salvaje carga el peso del edificio sobre sus espaldas. Los conquistadores mantienen la guardia en la entrada principal, y sus pies están firmemente plantados sobre las cabezas de los conquistados.

¿Quiénes eran, entonces, estos hombres de España que súbitamente se encontraron con todo un continente a sus pies? Algunos eran, ellos mismos, labriegos y trabajadores manuales. Otros eran nobles pobretones. Pero la mayoría provenían de las clases medias ascendientes. Ahora, en el Nuevo Mundo, querían ser lo que sus padres en España no habían sido: hidalgos--hombres de ocio más que de negocio.

Para ello, necesitaban muchos hombres que les sirvieran. Y en el Nuevo Mundo, la propiedad y el servicio se organizaron en torno a la encomienda: trabajo y tributo indígenas a cambio de instrucción religiosa. En realidad, fue una forma de esclavitud disfrazada.

Los trabajos forzados y las epidemias europeas diezmaron a las poblaciones indígenas del Nuevo Mundo. El día de Navidad de 1511, un fraile dominico, Antonio de Montesinos, subió a un púlpito en la isla de Hispaniola. "Decidme, ¿con qué derecho mantenéis a estos indios en cruel servidumbre? ¿No son éstos hombres? ¿No tienen almas racionales?"

Este llamado fue recogido por otro fraile, Bartolomé de las Casas, y su exigencia de justicia le dio la vuelta al mundo. Su estatua se levanta hoy junto a la Catedral de México.

El libro de las Casas, con las aterradoras ilustraciones por De Bry, creó la leyenda negra de una España cruel y sadista cometiendo atrocidades sin número. "¿Qué habéis hecho de las Indias?" exclamó las Casas, "¿No son éstos súbditos del rey?"

Las ilustraciones eran una distorsión de la realidad. Pero el debate desatado obligó al rey a abolir la encomienda y promulgar la legislación de Indias en 1542.

Los virreyes fueron encargados de aplicar la legislación humanitaria, aunque su lema fue: "La ley se obedece, pero no se cumple." Sin embargo, con ellos llegaron también las primeras imprentas y se fundaron las primeras universidades del Nuevo Mundo, bien anteriores a las de las colonias angloamericanas.

Pero la iniciativa más ilustrada de la Corona fue la creación de colegios para la aristocracia indígena en los que se enseñaba el castellano, el griego y el latín. Los jóvenes estudiantes indios probaron ser excelentes. Pero los colonizadores no tenían interés en indios que tradujeran a Virgilio, sino en indios que trabajasen como mano de obra barata en las haciendas y en las minas.

Hay que imaginar el debate que ocurrió en la cabeza y el corazón de la monarquía, entre su tendencia humanista, protectora de los derrotados, y las exigencias pragmáticas de tipo económico y político de los propios colonizadores. El resultado fue un compromiso que a veces favoreció a la Corona, a veces favoreció a los colonizadores, pero rara vez favoreció a los vencidos.

El poder colonial de España, apoyado en una red de fortificaciones a lo largo del continente, parecía instalado para la eternidad. Pero los indios tenían aliados dentro de la propia España. Contra la negación de la personalidad indígena se levantaron hombres como Francisco de Vitoria y su discípulo, Francisco Suárez, para negar el derecho de conquista y afirmar la humanidad de los pueblos sometidos. Fue el primer gran debate mundial sobre los derechos humanos.

Durante la conquista de Chile, el cacique araucano Caupolicán fue empalado por los conquistadores, pero no perdió su sentido del humor. Antes de morir exclamó, "Me hubiera gustado a mí invadir y conquistar España."

Desde España el padre Francisco de Vitoria, en la Cátedra de Salamanca, se hizo eco de estas palabras preguntándole a su auditorio español: "¿Y qué tal si son los indios los que descubren España?" Y "¿qué nos parecería si los indios se comportaran con nosotros, los españoles, como nosotros nos comportamos con ellos en las Indias?"

Pero a mí lo que me parece extraordinario es que España, el primer gran imperio de la modernidad, un imperio tan vasto y rico como estas tierras donde estamos hoy, regadas por el río Orinoco, haya, durante tanto tiempo, debatido de una manera tan ardua consigo mismo "¿Hago bien? o ¿Hago mal?" en la manera de tratar, de considerar estas nuevas tierras y estos nuevos hombres. El imperio británico, el francés, el portugués o el holandés, no tuvieron duda alguna acerca de sus derechos imperiales. España los tuvo, pero creo que de lo que estamos hablando es de un capítulo en la eterna historia del eterno debate de España consigo misma. Quizá la historia de España es eso: un debate de España con España de España con su propia alma.

Para la Iglesia, sin embargo, había algo más importante que el debate filosófico o jurídico, y éste era su deber de evangelizar. El clero utilizó el trabajo del indio para levantar monasterios y capillas, a veces encima de las antiguas pirámides.

¿Existe símbolo mejor de la dominación europea del Nuevo Mundo que la capilla de la Virgen de los Remedios, construida en la cima misma de la pirámide india de Cholula en México?

Unidad 12: La Virgen de Guadalupe

Todos los años, en la ciudad de México, los fieles preparan el gran festival de la Virgen de Guadalupe, universalmente venerada como el símbolo de la unidad nacional mexicana. Pero aquí somos testigos de una unidad muy distinta. Los instrumentos españoles tocan ritmos indígenas. Los guerreros aztecas se codean con centuriones romanos, mientras la figura de Cristo crucificado renueva los más antiguos ritos sacrificiales.

El 12 de diciembre de 1547, la Virgen se apareció ante un humilde trabajador indígena, Juan Diego, en una colina donde antes se encontraba el templo de una diosa azteca.

Pero para que la Virgen ocupara el lugar de la diosa, dándole a los conquistados un sentido de maternidad protectora y purificada, dos cosas tenían que ocurrir: los indios tenían que absorber y adaptar el cristianismo a su propia manera de ser y de pensar, y la iglesia tenía que admitir la presencia, disfrazada, de los ídolos detrás de los altares.

De esta manera, una mezcla de creencias se dio cita en la veneración de la Virgen humilde, mestiza y morena: la Madre de Dios, pero también de los vencidos.

Un mural en el monasterio de Huexotzingo en Puebla retrata a los primeros doce franciscanos que llegaron a México tres años después de la derrota de los aztecas. Junto con dominicos como Vasco de Quiroga, estos frailes letrados trajeron al Nuevo Mundo las ideas utópicas del Renacimiento. Su propósito era crear sociedades ideales en las Indias, darle el Evangelio al Buen Salvaje e iniciar una nueva Edad de Oro en la tierra nueva que ahora tenía un nombre: América.

Miles y miles de indígenas eran instruidos en los misterios de la religión y preparados para el bautismo. Pero todos ellos reservaron una parte secreta de sus almas, un altar interior, donde los antiguos dioses seguían siendo venerados.

Aquí en la capilla de Tonantzintla en Puebla, los misioneros cristianos mostraron grabados de los santos a los artesanos indígenas, invitándoles a decorar por sí mismos el templo. El resultado fue una visión indígena del paraíso, un despliegue colorido de todos los frutos del trópico.

De la mezcla del conquistador y el conquistado emergió lentamente una nueva sociedad, ni puramente india ni puramente europea, sino mestiza. En el barroco de Tonantzintla, esta nueva sociedad empieza a manifestarse.

Los indios se describen a sí mismos como ángeles inocentes que ascienden al cielo, en tanto que los conquistadores españoles son vistos como demonios feroces, barbados y bífidos.

El Nuevo Mundo obtuvo en la Virgen su madre, pero también necesitaba un padre y no lo encontró en la figura del conquistador, sino en la de Cristo. Imaginemos el asombro de los pueblos conquistados cuando se les pidió que adoraran a un Dios que se sacrificó a sí mismo, en vez de pedirles a los hombres que se sacrificaran por El.

El corazón, la ofrenda final del sacrificio, se la da Jesucristo a los hombres. Pero no les pide, como Huitzilopochtli, su propio corazón. Y sin embargo, la muerte hermana este Nuevo Mundo con el Viejo.

La noche del primero de noviembre, a lo largo y ancho del territorio mexicano, el pueblo se encamina a los cementerios portando comida, velas y flores amarillas. Es la vigilia del Día de Muertos, la celebración cristiana de Todos los Santos. Pero aquí el culto español de la muerte se confunde con el sentido indígena de lo sagrado.

El mundo es sagrado. Nuestras memorias son inmortales. Nuestra cultura pervive en nuestras mentes, nuestros cuerpos, nuestra manera de rezar y comer y movernos. Todo lo que vive y muere es sagrado.

Unidad 13: La muerte y lo sagrado

Algunos indígenas puros lograron resistir los peores efectos de la colonización. Muchos, despojados de sus tierras costeñas, fueron perseguidos fuera de los valles fértiles del interior y tuvieron que subir hasta arriba, cada vez más alto, para sobrevivir. Allí encontraron a los indios que jamás abandonaron el techo del continente, los Andes.

Esta aldea se sitúa en el altiplano del Perú. Cada año, sus habitantes viajan 300 kilómetros para celebrar a Taitacha, una figuración indígena de Cristo perseguido esta vez por el clero católico.

Pero lo importante es que esta ceremonia y muchas como ella mantienen viva una llama a punto de extinguirse, una sabiduría que acaso el mundo vuelva a necesitar algún día: el alma de los indios.

¿Hacia dónde se encaminan cargando su cruz? Quizás a los orígenes del tiempo, el tiempo de la creación, el renacimiento del mundo. Quizás la historia puede renovarse mediante el amor y el sacrificio. En todo caso, la población indígena de las Américas, de Alaska y Arizona a Guatemala y Bolivia, nos pide a nosotros, los hombres y las mujeres de las ciudades, que respetemos sus valores, no condenándolos al olvido, sino salvándoles de la injusticia. Nos están diciendo que son parte de nuestra comunidad cultural. Nos advierten que si los olvidamos a ellos, nos olvidamos a nosotros mismos. Nos obligan a darnos cuenta de que nunca seremos justos si no compartimos la justicia con ellos, y que nunca estaremos satisfechos si no compartimos el pan con ellos.

¿Quién ganó? ¿Quién perdió? La conquista fue un desastre para los pueblos indios. Pero una catástrofe sólo es verdaderamente catastrófica si de ella no nace nada, y de estos hechos a veces sangrientos, a veces piadosos, algo nació. Nacimos nosotros, los hispanoamericanos. Y desde el principio nos propusimos las cuestiones de la justicia. ¿Quiénes son los legítimos dueños de estas tierras vastas y ricas? ¿A quién corresponde el fruto de nuestros trabajos? ¿Por qué tantos tienen tan poco y tan pocos tienen tanto? Y también comenzamos a formularnos las preguntas de la identidad. ¿Quiénes somos? ¿Cuál es nuestro nombre? ¿Quiénes eran nuestros padres y nuestras madres? ¿Reconocemos a nuestros hermanos? ¿Qué recordamos? ¿Qué deseamos?

FIN CAPITULO II

PROGRAMA III

La Edad de Oro

Carlos V

Carlos V y el Nuevo Mundo

Resumen

A la edad de 16 años Carlos I, mejor conocido por el título de Sacro Emperador Romano Germánico Carlos V, heredó España y todas sus posesiones. El imperio español llegó a ser el más extenso y poderoso del mundo. Durante su reinado en el siglo XVI, España conquistó México y el Perú, y el oro y la plata fluyeron a España. Alrededor de la riqueza minera, basada en el trabajo indígena, creció una civilización colonial y barroca, como en Potosí, la más grande ciudad del Nuevo Mundo en el siglo XVII. El trato que recibían los mineros era terrible; sólo la coca pudo aliviarles el hambre y el cansancio de sus vidas.

Antes del video

VOCABULARIO

el estaño	*tin*	la uña	*finger or toenail*
la jornada	*working day*	la veta	*vein of ore*
el trato	*treatment*		
sometido/a a	*subjected to*		
aliviar	*to lessen*	huir (y)	*to flee*
atar	*to tie*	pisotear	*to step on*
fluir (y)	*to flow*	repartir	*to distribute*

FRASES UTILES

Las minas multiplicaron por siete...	*The number of mines increased sevenfold . . .*
Los trabajadores llevan siglos...	*The workers have spent centuries . . .*
Trabajan a cambio de dos dólares diarios...	*They work for two dollars a day . . .*

PARA PENSAR ANTES DE MIRAR

1. Busque en un mapa los siguientes países europeos: Holanda, Alemania, Austria, Inglaterra, España.
2. Busque en un mapa la región sudamericana llamada Altiplano.

Después del video

A. Conexiones. Ponga la letra de la columna B que se relaciona con la frase de la columna A.

A		B
____ 1.	«lo que le proporcionó a España, y através de España a Europa, esta gran riqueza»	a. Carlos V
____ 2.	«se convirtió en la más grande ciudad del Nuevo Mundo»	b. la coca
____ 3.	Describió las riquezas naturales del Nuevo Mundo: «parece que toda esta tierra está como sembrada de estos metales»	c. la Mita
____ 4.	«la institución colonial que ató al trabajador y a su familia a la mina durante todas sus vidas»	d. el padre jesuita Acosta
____ 5.	«el regalo de Dios para los pobres, aliviando el tedio del largo trabajo subterráneo»	e. Potosí
____ 6.	«nacido en Flandes, primogénito de la Casa de Austria, a la edad de 16 años heredó España y todas sus posesiones»	f. el trabajo indígena
		g. Neruda

B. ¿Verdadero (**V**) o falso (**F**)?

____ 1. España descubrió vastos tesoros en México y el Perú.

____ 2. Los mineros lograban vivir hasta una edad bastante avanzada.

____ 3. La coca es un alimento básico de la dieta peruana.

____ 4. «Piedras cansadas» son las que son demasiado pesadas para ser usadas en la construcción de los edificios.

____ 5. Entre los mineros, hay gran separación entre los ritos cristianos e indígenas.

____ 6. La mayoría de la riqueza del Nuevo Mundo provenía de las minas.

Potosí

C. Indique con «X» cuáles de los siguientes lugares eran posesiones de Carlos V.

____ 1. Alemania	____ 5. España	____ 9. Inglaterra
____ 2. Austria	____ 6. Filipinas	____ 10. Las Américas
____ 3. Bélgica	____ 7. Francia	____ 11. Sicilia
____ 4. Cerdeña	____ 8. Holanda	____ 12. Suecia

D. Complete las oraciones con las palabras de la lista.

1. El creador del imperio español era ______________________.
2. La civilización indígena existió mucho antes de ______________________.
3. ______________________ era un padre jesuita.
4. Las minas fueron drenadas por ______________________.
5. «Sin ______________________ el mundo perecerá».

Carlos V
la conquista
la explotación
José de Acosta
la religión
el sacrificio

Más adelante

PREGUNTAS

1. ¿Cómo era la ciudad de Potosí en la época colonial?
2. ¿Qué hicieron los españoles para extraer las riquezas de las minas?
3. ¿Qué extensión llegó a tener el imperio español de Carlos V?
4. ¿Qué importancia tiene la hoja de coca para los indígenas que trabajan en el altiplano?
5. ¿Qué rito religioso practican los mineros en la mina de Potosí?

SU OPINION PERSONAL

1. ¿En qué consistía la institución de la «mita»?
2. ¿Cómo describiría Ud. las condiciones de trabajo de los indígenas en las minas, en el pasado y en el presente?
3. Un minero le dijo al poeta Pablo Neruda: «Estoy viejo como las piedras». ¿Cómo interpreta Ud. esta frase?

PARA COMENTAR

1. Comente la importancia que tuvo el Nuevo Mundo en el fortalecimiento económico del imperio español durante el reinado de Carlos V.
2. En estos tiempos hay un gran debate sobre el problema de las drogas. Hay algunos que opinan que debe prohibirse el cultivo de la planta de coca en el Altiplano. Hay otros que se oponen a esta medida, diciendo que la hoja de coca forma parte de la tradición cultural de los habitantes nativos. Dé su opinión sobre este tema.

LECTURAS SUGERIDAS

Pablo Neruda, «José Cruz Achachalla (minero, Bolivia)», en *Canto General, Obras completas,* 2a. ed. Buenos Aires: Editorial Losada, 1962, pp. 524-525.

René Poppe, ed. *Narrativa minera boliviana.* Antología. La Paz: Ediciones Populares Camarlinghi, 1983.

Carlos V: España y Europa

Resumen

Carlos V gobernó el más grande de todos los imperios modernos. Su propósito era unificar a la cristiandad, pero los problemas del joven rey empezaron en la propia España. Su mayor dolor de cabeza fue la rebelión de las comunidades de Castilla: los comuneros. Carlos V los derrotó y el sistema autoritario se impuso en España y también en las colonias. Pero fuera de España el rey se vio constantemente empeñado en acciones contra sus rivales y contra la reforma protestante.

Antes del video

VOCABULARIO

el clero	*clergy*	el impuesto	*tax*
la fase	*phase*	el propósito	*purpose*
el flamenco	*flamenco*		
pío/a	*pious*		
apoyar	*to support*	ensayar	*to practice*
derrotar	*to defeat*	imponer (*irreg.*)	*to impose*
empeñar	*to pledge, dedicate*		

FRASES UTILES

La revolución trataba de los privilegios.	*The revolution had to do with privileges.*
La revolución trataba de mantener los privilegios.	*The revolution tried to maintain the privileges.*

PARA PENSAR ANTES DE MIRAR

Averigüe el significado de:

a. imperio
b. reino
c. colonia
d. comunidad

Después del video

A. Busque el antónimo y ponga la letra correspondiente.

____ 1. **unificar**	a. juntar	b. separar	c. acabar	d. dispensar
____ 2. **exigir**	a. aceptar	b. explicar	c. salir	d. matar
____ 3. **masa**	a. gente	b. población	c. individuo	d. comunidad

B. ¿A quién(es) o a qué se refieren las siguientes descripciones?

____ 1. sitio de una batalla

____ 2. Derrotó el imperio azteca.

____ 3. Encabezó la reforma protestante.

____ 4. sitio de un monasterio

____ 5. centro de mucha resistencia contra la Corona

____ 6. Encabezó la rebelión.

____ 7. No hablaba español.

____ 8. Luchaban por la democracia.

a. Carlos V
b. los Comuneros
c. Hernán Cortés
d. Juan Bravo
e. Martín Lutero
f. Segovia
g. Villalar
h. Yuste

C. Indique con «X» cuáles de las siguientes frases se refieren a Carlos V.

____ 1. «fue acusado de no hablar español»

____ 2. «se enfrentó a los Comuneros y los derrotó»

____ 3. «fue decapitado en una plaza de Segovia»

____ 4. «se vio constantemente empeñado en acciones guerreras contra sus rivales europeos»

____ 5. «se retiró al Monasterio de Yuste, terminando su vida en devociones pías... y, a veces, hasta ensayando su propio funeral»

Más adelante

PREGUNTAS

1. ¿Qué objetivos se proponía el rey Carlos V?
2. ¿Quién era Juan Bravo?
3. ¿Qué objetivos políticos tuvo la rebelión de los comuneros castellanos?
4. ¿Qué otros problemas debió enfrentar Carlos V durante su reinado?

SU OPINION PERSONAL

1. ¿Por qué apoyó la aristocracia al comienzo la revolución de los comuneros y luego les quitó el apoyo?
2. ¿En qué sentido puede decirse que esa revolución tenía objetivos «democráticos»?
3. ¿Piensa Ud. que Carlos V estaba preparado para gobernar España?

PARA COMENTAR

1. ¿Qué parecidos y diferencias se podrían establecer entre la revolución de los comuneros de 1512 y otras revoluciones que ocurrieron posteriormente en Europa y América?
2. Comente la siguiente opinión de Carlos Fuentes: «Me parece significativo que el mismo año en que Carlos V derrotó a las comunidades castellanas, 1521, Hernán Cortés conquistó el imperio azteca. El sistema autoritario se impuso en España pero también en sus colonias. La democracia tendría que esperar».

LECTURA SUGERIDA

José Emilio Pacheco, «Fray Antonio de Guevara reflexiona mientras espera a Carlos V», en *Fin de siglo y otros poemas*, México, Lecturas Mexicanas, 1984, pp. 48-49.

Felipe II

Resumen

Carlos V entregó su herencia a su hijo Felipe II. El nuevo monarca heredó muchos dolores de cabeza. El tesoro de las Indias se usó para pagar las interminables guerras de España de manera que muy pronto la mayor parte de esas riquezas había pasado a otros países. Pero el imperio católico de España abarcaba la mitad del mundo y el resto de Europa, amenazado por la superioridad de los españoles, se dedicó a detener esa expansión imperial. Los piratas ingleses y franceses atacaron sus barcos pero Felipe II obtuvo un gran éxito naval contra los turcos en Lepanto. El rey resolvió también imponerse a los europeos con la Armada Invencible. Su derrota fue un desastre y Felipe II se retiró al Escorial donde siguió gobernando encerrado en su cuarto.

Antes del video

VOCABULARIO

la bahía	*bay*	el hereje	*heretic*
el corsario	*pirate*	el naufragio	*shipwreck*
el éxito	*success*	la sede	*seat of power*
la flotilla	*fleet*		
creciente	*growing*	proveniente de	*originating*
amenazar (c)	*to threaten*	saquear	*to pillage*
atreverse a (*irreg.*)	*to dare*	sobrevivir	*to survive*
entregar (gu)	*to hand over*	trasladar	*to transfer*
hundir	*to sink*		

FRASES UTILES

El vio pasar la flota.	*He saw the fleet pass by.*
De manera que...	*So . . .*
Finalmente acabó siendo cierto...	*It eventually proved to be true . . .*
...del tamaño de un armario	*. . . the size of a closet*
Se dio a sí mismo...	*He gave himself . . .*

PARA PENSAR ANTES DE MIRAR

1. Averigüe cuáles eran los principales puertos que existían en el Nuevo Mundo en la época colonial.
2. Averigüe cuáles eran las rutas marítimas entre los puertos de España e Inglaterra.

Después del video

A. Conexiones. Ponga la letra de la columna B que se relaciona con la columna A.

A

____ 1. «heredó muchos dolores de cabeza, sobre todo el de la sobreextensión imperial, pero también vastas posesiones»

____ 2. «el único punto autorizado para recibir el tesoro de las Indias»

____ 3. «había pasado como agua entre las manos de España y se encontraba en cuatro grandes centros de Europa...»

____ 4. «vendámosles bienes manufacturados... y que nos paguen con oro y plata»

____ 5. «es pobre porque es rica»

____ 6. «se sintieron amenazados por España»

____ 7. «de Veracruz en México a Valparaíso en Chile, atacó, ocupó brevemente, saqueó y partió»

____ 8. «celebrada como una gran victoria de la flota española sobre el infiel»

____ 9. «sufrió un naufragio en las costas de Irlanda e Inglaterra»

____ 10. «concebido por el rey como monasterio, necrópolis y fortaleza de la fe»

B

a. la Armada Invencible
b. El Escorial
c. España
d. Felipe II
e. Francis Drake
f. Lepanto
g. Luis XIX de Francia
h. otros poderes europeos
i. Sevilla
j. el tesoro americano

B. ¿A quién se refieren las siguientes descripciones?

____ 1. Vendió bienes manufacturados a España.

____ 2. Organizó la trata de esclavos.

____ 3. Pintó fantasías de la carne y el pecado.

____ 4. Murió encarcelado por su padre.

____ 5. Fue un pirata inglés.

____ 6. Gobernó un imperio desde un cuarto pequeño.

____ 7. Recibió barcos llenos de tesoros.

____ 8. Envió una flotilla a España.

a. Carlos V
b. Don Carlos
c. Felipe II
d. Francis Drake
e. Hernán Cortés
f. Jerónimo el Bosco
g. John Hawkins
h. Luis XIX

C. Indique con «X» las terminaciones correctas.

1. El tesoro de las Américas se usó para pagar...

____ casas para los pobres

____ guerras dinásticas

____ importaciones de bienes manufacturados

____ la lucha contra los protestantes

____ el mantenimiento de la aristocracia

____ monumentos ostentosos

2. Felipe II...

____ apoyaba la Reforma protestante

____ luchó contra Holanda

____ era buen amigo de Francis Drake

____ se llamaba «Defensor de la fe»

____ era hijo de Fernando e Isabel

____ fue llamado «El Prudente»

D. Indique con «X» cuáles de las siguientes frases describen a Felipe II.

____ 1. quería «impedir que España trasladara su superioridad en América a una superioridad comparable en Europa»

____ 2. «atacó Veracruz y otros puertos... y organizó y mantuvo la trata de esclavos entre Africa y el Caribe»

____ 3. «resolvió imponerse también a sus rebeldes súbditos holandeses y a su aliada Inglaterra»

____ 4. «desde esta pequeña oficina gobernó el imperio más grande que hasta entonces había conocido la historia»

____ 5. «la idea de la muerte debió acompañarle siempre...»

Más adelante

PREGUNTAS

1. ¿Quién fue Felipe II?
2. ¿En qué gastó la Corona española el tesoro de las Indias?
3. ¿Qué hicieron las naciones europeas para impedir la superioridad del poder imperial de España?
4. ¿Quién fue Francis Drake?
5. ¿Con qué objetivos organizó Felipe II la Armada invencible? ¿Qué resultados tuvo?
6. ¿Cómo era el monasterio de El Escorial?

La Torre de Oro, Sevilla

SU OPINION PERSONAL

1. En la época de Felipe II se decía: «España es pobre porque España es rica». ¿Qué significaba esto?
2. ¿Quiénes eran los corsarios o piratas? ¿Qué intentaban?
3. ¿Por qué decidió Felipe II retirarse al palacio de El Escorial?

PARA COMENTAR

1. Describa la personalidad del rey Felipe II, llamado «El Prudente».
2. Explique de qué manera las riquezas provenientes del Nuevo Mundo contribuyeron a desarrollar el poder de las otras naciones europeas.

LECTURA SUGERIDA

Miguel de Unamuno, «Muere Felipe II en El Escorial», «Ay Escorial, las historias», en *Obras completas*, Tomo VX. Madrid: Afrodisio Aguado, 1958, pp. 248, 541.

UNIDAD 4

El Siglo de Oro: Cervantes

Resumen

Con su libro *Don Quijote de la Mancha*, publicado en 1605, Miguel de Cervantes funda la novela moderna en la nación más empeñada en negarle entrada a la modernidad. Y mientras la España de la Inquisición impone un punto de vista único, Cervantes imagina un mundo de múltiples puntos de vista. La duda y la fe, la certidumbre y la incertidumbre son los temas del mundo moderno que presenta la novela de Cervantes. Velázquez en su cuadro *Las Meninas* también nos enseña otra manera de ver la realidad en términos de la imaginación.

Antes del video

VOCABULARIO

la caballería	*chivalry*	la incertidumbre	*uncertainty*
el enano	*dwarf*	el mago	*magician*
el gigante	*giant*	el molino	*windmill*
el huérfano	*orphan*	la sombra	*shadow*
empeñado/a	*committed*		
burlar	*to make fun of*	enamorarse (de)	*to fall in love (with)*

FRASES UTILES

...dejando atrás su refugio...	*. . . leaving behind his shelter . . .*
De tal suerte que...	*In such a way that . . .*

PARA PENSAR ANTES DE MIRAR

1. ¿Qué sabe Ud. de la novela *Don Quijote*?
2. Averigüe el significado de cada palabra.

GRUPO 1	GRUPO 2
a. campesino	a. realidad
b. hidalgo	b. fantasía
c. caballero	c. verdad
d. príncipe	e. mentira
e. rey	e. sueño

Después del video

A. Conexiones. Ponga la letra de la columna B que se relaciona con la columna A.

A

____ 1. «funda la novela moderna»

____ 2. «impone un punto de vista único»

____ 3. «su lectura es su locura y para él los molinos son gigantes»

____ 4. «¿una humilde muchacha del campo o una gran princesa?»

____ 5. «a la novela de *Don Quijote* la llamó "la obra más triste que jamás se ha escrito"»

____ 6. «Cervantes nos enseña a leer de nuevo y (él) nos enseña a ver de nuevo»

____ 7. un cuadro en que «la mayoría de las figuras nos están mirando a nosotros»

B

a. Cervantes
b. Don Quijote
c. Dulcinea
d. Dostoievsky
e. la Inquisición
f. *Las Meninas*
g. Velázquez

B. Indique con «X» las oraciones que describen a Don Quixote.

____ 1. Vive en los campos de la Mancha.

____ 2. No sabe leer.

____ 3. Ataca un molino creyendo que es un gigante.

____ 4. Tiene un caballo que se llama Rocinante.

____ 5. Roba a los ricos para darles el dinero a los pobres.

____ 6. Su nombre es Alonso Quijano.

____ 7. Su dama idealizada se llama Blancanieves.

____ 8. Su mejor amigo es un campesino llamado Sancho Panza.

Miguel de Cervantes

C. ¿Cuáles de los siguientes personajes aparecen en el cuadro *Las Meninas*? Identifíquelos con «X».

____ un artista	____ un perro
____ una enana	____ una princesa
____ un gato	____ un príncipe
____ un hombre vestido de negro	____ un rey

Más adelante

PREGUNTAS

1. ¿Quién es Don Quijote de la Mancha?
2. ¿Qué hace cuando ve los molinos de viento?
3. ¿Qué personajes están representados en el cuadro *Las Meninas* de Velázquez?
4. ¿A quiénes están mirando esos personajes?

SU OPINION PERSONAL

1. ¿Por qué afirma Carlos Fuentes que el Quijote es una novela «moderna»?
2. ¿Cómo se presenta la ambigüedad o incertidumbre en la novela?
3. Carlos Fuentes dice que el cuadro de Velázquez invita a ver el mundo de múltiples maneras. ¿Cómo se presenta esta diversidad de perspectivas?

PARA COMENTAR

1. La novela *Don Quijote de la Mancha* cuenta la historia de un hidalgo pobre que cree ser un valeroso caballero andante y que sale de su aldea a luchar por la justicia. Cree que Dulcinea, una muchacha campesina de quien se ha enamorado, es una princesa. En la segunda parte de la novela, don Quijote lee lo que han escrito de él en la primera parte. Comente cómo se presenta aquí la oposición entre la *realidad* y la *ilusión* o entre la *razón* y la *locura*.
2. Describa con sus propias palabras lo que Ud. ve pintado en el cuadro *Las Meninas*. Comente qué impresión especial le produce ese cuadro.

LECTURAS SUGERIDAS

Jorge Luis Borges, «Parábola de Cervantes y de Quijote», en *El hacedor*. Buenos Aires: Emecé Editores, 1971, pág. 38.

Rubén Darío, «Letanía de nuestro señor Don Quijote», en *Poesías*. Caracas: Biblioteca Ayacucho, 1977, pp.294-96.

Rafael Alberti, «Velázquez», op. cit. pp. 757-763.

«Discurso de Carlos Fuentes en la entrega del Premio Cervantes 1987», en *Carlos Fuentes*. Barcelona: Anthropos/Ministerio de Cultura, 1988, pp. 69-80.

UNIDAD 5

El barroco

Resumen

La sociedad colonial de América buscó la manera de expresar su propia imaginación y la encontró en el barroco. La paradoja dominante del barroco hispanoamericano es que es un arte de la abundancia, pero al mismo tiempo es el arte de los que nada tienen. El barroco permitió reunir en expresión sincrética elementos del cristianismo europeo y de las culturas indígenas.

Antes del video

VOCABULARIO

la capilla	*chapel*	la paradoja	*paradox*
el cirio	*candle*	la parra	*grapevine*
la jaula	*cage*		

FRASES UTILES

...en pie de igualdad...   *. . . on equal footing . . .*

PARA PENSAR ANTES DE MIRAR

Averigüe el significado de los siguientes conceptos literarios.

1. realismo
2. barroco
3. rococó

Después del video

A. ¿Verdadero (V) o falso (F)?

____ 1. Cervantes y Velázquez presentan una visión diferente a la ortodoxia de la Contrarreforma.

____ 2. Los pueblos indígenas eran obligados a aceptar una civilización que no era la suya.

____ 3. El sueño de crear una utopía en América fue destruido por enfermedades y guerras.

____ 4. Entre los ángeles de la fachada de San Lorenzo aparecen guerreros indios.

____ 5. El arte del barroco une culturas muy diferentes.

____ 6. La religión sigue tocando todos los aspectos de la vida latinoamericana hoy en día.

____ 7. La gente de Querétaro lleva pájaros como ofrendas a la iglesia.

B. Indique con «X» cuáles de las frases indican características del barroco.

____ 1. «la sociedad colonial de las Américas buscó una manera de expresar su propia imaginación»

____ 2. «es un arte de la abundancia, pero al mismo tiempo es el arte de los que nada tienen»

____ 3. «todos los símbolos de la derrotada cultura incaica desaparecen»

____ 4. «su gloria es una versión del reino de Dios en la tierra»

Más adelante

PREGUNTAS

1. ¿Qué culturas se unen en el barroco del Nuevo Mundo?
2. ¿Qué símbolos de la cultura incaica aparecen representados en las iglesias de Potosí?
3. ¿Por qué son importantes las fiestas religiosas en las comunidades campesinas de México?

SU OPINION PERSONAL

1. ¿Qué ocurrió durante el barroco colonial con las antiguas religiones indígenas?
2. ¿En qué consiste el sincretismo religioso y cultural representado en el arte del barroco?

PARA COMENTAR

1. Carlos Fuentes dice que durante la época colonial se estaba formando en las Américas «una sociedad nueva, con su propia fe, su propio lenguaje, sus propias costumbres y sus necesidades propias». ¿Qué elementos culturales presentados en este episodio le parecen «nuevos» o propios de Latinoamérica?
2. ¿Cree Ud. que en la sociedad estadounidense se han mantenido costumbres que provienen de las tradiciones indígenas?

LECTURAS SUGERIDAS

Carlos Monsiváis, «Las dudas del predicador», en *Nuevo catecismo para indios remisos*. México: Siglo XXI, 1982, pág. 17.

Ernesto Cardenal, «El cielo cuna», en Juan Armando Epple, op. cit. pág. 165.

Arquitectura barroca

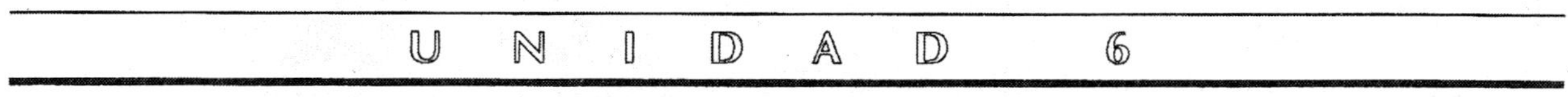

Los negros

Resumen

Junto con los europeos y los indios, los negros son el tercer gran elemento de la cultura hispanoamericana. Vinieron primero como criados pero con la extinción de la raza india en el Caribe se organizó el tráfico de esclavos de Africa. A pesar de todo, es evidente que siempre han sido un factor decisivo en la cultura del Nuevo Mundo.

Antes del video

VOCABULARIO

el/la amo/a (*f.*)	*master/mistress*	el cimarrón (la cimarrona)	*fugitive, runaway*
el capataz	*foreman*	la supervivencia	*survival*
atado/a	*tied*	ingenuo/a	*naive*

FRASE UTIL

Los negros dejaron de venir como sirvientes. — *The blacks stopped arriving as servants.*

PARA PENSAR ANTES DE MIRAR

Averigüe en qué países latinoamericanos es más predominante la presencia cultural.

1. europea
2. africana
3. indígena
4. portuguesa
5. china
6. japonesa
7. hindú

Después del video

A. Complete las oraciones con las palabras de la lista.

1. Los negros fueron traídos a ______________________.
2. América se convirtió en ______________________ con la población negra más extensa después de Africa misma.
3. Los primeros negros vinieron al hemisferio occidental como ______________________ y ______________________.
4. El tráfico de esclavos causó muchas rivalidades entre ______________________.

Africa
América
amos
centrales azucareras
el continente
criados
España
Europa
las grandes potencias
sirvientes

Más adelante

PREGUNTAS

1. ¿Cuál es la tercera gran contribución a la formación cultural del Nuevo Mundo?
2. ¿Por qué se organizó el tráfico de esclavos negros al continente americano?
3. ¿A qué regiones del continente llegó una población mayor de esclavos negros?
4. ¿Quién fue el «Alejaidinho»?

SU OPINION PERSONAL

1. Si los países hispanos de América están formados por tres grandes culturas, ¿por qué han sido llamados tradicionalmente «Hispanoamérica» o «América Latina»? ¿Cómo deberían llamarse?
2. ¿Cuáles son las principales culturas que se han reconocido en Estados Unidos?

PARA COMENTAR

1. Investigue y presente a la clase información sobre alguna manifestación artística o cultural de Latinoamérica que exprese la contribución de la población de origen africano.
2. Comente en la clase alguna contribución cultural de la población afroamericana de los Estados Unidos.

LECTURAS SUGERIDAS

Nicolás Guillén, «Canto negro», «La canción del bongó», «Sudor y látigo», en *Antología mayor*. México: Editorial Diógenes, 1981: 36-37; 41; 127.

José Luis Morales, ed. *Poesía afroantillana y negrista*. Río Piedras, P.R.: Editorial Universitaria de Puerto Rico, 1981.

Oscar Hermes Villordo, «O Aleijadinho esculpe sus profetas», en Abelardo Arias, *Infidencia (El Aleijandinho)*. Buenos Aires: Sudamericana, 1980, pp. 9-11 (poema).

U N I D A D 7

Sor Juana

Resumen

En la sociedad colonial no se oía casi nunca la voz de la mujer. Fue de gran importancia la voz de Sor Juana Inés de la Cruz, la brillante poeta del siglo XVII. Sor Juana ponderó los problemas de la fe y de la condición humana. A los 42 años fue privada de su biblioteca y de su pluma, pero logró derrotar a quienes trataron de silenciarla.

Antes del video

VOCABULARIO

la celda	*cell*	el engaño	*deceit*
el elogio	*praise*	la monja	*nun*
cauteloso/a	*cautious*	necio/a	*stupid*
quejarse (de)	*to complain (about)*		

FRASES ÚTILES

...que parecía saberlo todo. — *. . . who seemed to know everything.*
Sor Juana fue privada de su biblioteca. — *Sor Juana was denied use of her library.*

PARA PENSAR ANTES DE MIRAR

Averigüe el significado de las siguientes palabras.

GRUPO 1

1. convento
2. orden religiosa
3. iglesia

GRUPO 2

1. poesía
2. teatro
3. novela
4. cuento

Después del video

Indique con «X» cuáles de estas frases describen a Sor Juana.

____ 1. Era de una familia muy conocida.

____ 2. Gracias a su inteligencia, conoció la corte virreinal desde joven.

____ 3. Prefería estar a solas más que estar en la corte.

____ 4. Muchos de sus poemas se consideran ingenuos y juveniles hoy en día.

____ 5. Perdió su acceso a pluma, tinta y libros por sus fuertes críticas al rey.

____ 6. Su poesía abarca las formas y las palabras de la abundancia americana.

Más adelante

PREGUNTAS

1. ¿Quién era Sor Juana Inés de la Cruz?
2. ¿Por qué se hizo famosa en su tiempo?
3. ¿Qué le ocurrió al final de su vida?

SU OPINION PERSONAL

1. ¿Por qué es considerada Sor Juana como una personalidad extraordinaria?
2. Los dos grandes poderes que existían en México eran la corte virreinal y la Iglesia. ¿Por qué cree que Sor Juana eligió vivir en un convento?

PARA COMENTAR

1. Comente el poema de Sor Juana que comienza «Hombres necios que acusáis...». ¿Cree Ud. que es un poema feminista? ¿Por qué?
2. Comente el poema que comienza «Este, que ves, engaño colorido...». ¿Cómo se presenta el tema del tiempo en este poema?

LECTURAS SUGERIDAS

Sor Juana Inés de la Cruz, «Hombres necios que acusáis», «Esperanza», «A su retrato», en Angel Flores y Kate Flores, eds. *Poesía feminista del mundo hispánico.* México: Siglo XXI, 1984: 60-62; 68; 70.

José Emilio Pacheco, «Sor Juana», en *Fin de siglo y otros poemas*, op. cit., pág. 63.

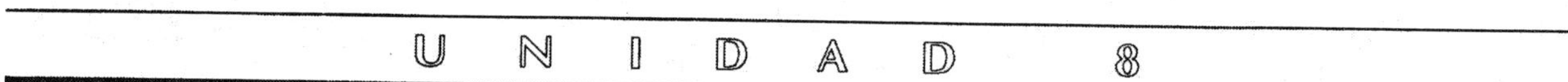

UNIDAD 8

Nuevos productos del Nuevo Mundo

Resumen

Del Nuevo Mundo venían productos jamás vistos en Europa: el tomate, el cacao, la patata y el tabaco. La riqueza de las Indias parecía inagotable, pero no la de la Casa de Hapsburgo, que empezaba a desintegrarse.

Antes del video

VOCABULARIO

amargo/a	*bitter*	envenenado/a	*poisoned*
audaz	*daring*	inagotable	*inexhaustible*
dulce	*sweet*	pródigo/a	*lavish*
pudrir	*to rot*	temer	*to fear*

FRASE UTIL

Acabaría por desintegrarse... *It would end up disintegrating . . .*

PARA PENSAR ANTES DE MIRAR

América dio al resto del mundo varios productos nuevos. Haga una lista de los productos alimenticios de uso más común en casa que Ud. piensa que son originarias del Nuevo Mundo.

Después del video

Relacione las descripciones de la columna A con los productos de la columna B.

A

____ 1. Los europeos creían que este producto estaba envenenado.

____ 2. Era una bebida sólo para los reyes.

____ 3. Los aztecas le llamaban a este producto **xitomatl.**

____ 4. Fue popularizado en Europa por Sir Francis Drake.

____ 5. El rey Jaime I dijo que este producto deja «los órganos internos del hombre como una cocina».

____ 6. Luis XIV introdujo este producto en la corte francesa.

____ 7. Sir Walter Raleigh llevó este producto a Inglaterra.

____ 8. Los italianos le llaman a este producto **manzana de oro.**

____ 9. Colón descubrió este producto en la isla de Cuba.

B

a. el arroz
b. el cacao
c. el maíz
d. la papa
e. el tabaco
f. el tomate

Más adelante

PREGUNTAS

1. ¿Qué opinión tenían los europeos del tomate?
2. ¿Qué valor tenía el cacao entre los aztecas?
3. ¿Quiénes introdujeron el tabaco y la patata en Europa?
4. ¿Cuáles son algunas comidas «típicas» de Europa en que se usan productos originarios de América?

SU OPINION PERSONAL

1. ¿Por qué cree Ud. que la patata fue recibida «con la gratitud eterna de los campesinos europeos»? ¿Por qué llegó a ser tan importante en Europa?
2. Exprese su opinión sobre el tabaco.

PARA COMENTAR

1. Comente la importancia que tuvieron algunos productos de origen americano en la cocina europea.
2. Describa su comida favorita. ¿Lleva algún ingrediente originario del Nuevo Mundo?

LECTURAS SUGERIDAS

Ernesto Cardenal, «Milpa», en *Homenaje a los indios americanos*. Barcelona: Editorial LAIA, 1979, pp. 84-85.

Pablo Neruda, «Oda al tomate», «Oda a la papa», «Oda al maíz», en *Obras completas*, op. cit. pp. 1103-1105; 1220-1222; 1390-1392.

Los Borbones

Resumen

En 1700 el último de los Hapsburgos muere sin descendencia. Y tras la guerra de la sucesión española, los Borbones franceses ganan el trono de España en la persona del rey Felipe V. Los Borbones se embarcaron en una campaña para modernizar a España después de la larga noche de El Escorial.

Antes del video

VOCABULARIO

el desarrollo	*development*	la granja	*farm*
estival	*referring to summer*	hechizado/a	*bewitched*
tras	*after, following*		
vincular	*to link*		

PARA PENSAR ANTES DE MIRAR

1. Averigüe en qué consiste la monarquía como sistema de gobierno.
2. Averigüe en qué países europeos hay todavía sistemas monárquicos.

Después del video

Identifique a los siguientes monarcas.

____ 1. último rey hapsburgo

____ 2. monarquía ilustrada

____ 3. *El hechizado*

____ 4. Abolió la inquisición.

____ 5. primer rey borbón

a. Carlos II
b. Carlos III
c. Felipe V
d. Luis XIV de Francia
e. Juan Carlos I

Más adelante

PREGUNTAS

1. ¿Qué ocurrió en Europa a la muerte de Carlos III?
2. ¿A qué país estaba vinculada la familia de los Borbones? ¿Qué se propusieron hacer estos con España?
3. ¿Qué proyectos de modernización se iniciaron durante la monarquía de Carlos III?
4. ¿Quiénes tuvieron una participación activa en la modernización de España durante el reinado de Carlos III?

SU OPINION PERSONAL

¿Qué diferencias ve Ud. entre un sistema democrático y una monarquía?

PARA COMENTAR

1. Averigüe qué sistema de gobierno hay en España actualmente. ¿Qué tiene de tradicional y qué tiene de moderno este sistema?
2. ¿Cree que puede haber sistemas que sean a la vez monárquicos y modernos?

Jovellanos y Goya

Resumen

El escritor Jovellanos encarnó la ilustración española y el gran pintor Goya representó este período elegante en sus pinturas. Pero Goya también miró críticamente a la monarquía y en sus retratos de la familia real pintó la vacuidad del poder. Cuando los ejércitos de Napoleón invadieron España, España rechazó el liberalismo francés en nombre del nacionalismo. Goya se convirtió en testigo de los desastres de la guerra.

Antes del video

VOCABULARIO

el/la consejero/a	*advisor*	la pesadilla	*nightmare*
la lechuza	*owl*	el retrato	*portrait*
la maja	*attractive young woman*	la semilla	*seed*
la mona	*monkey*	el testigo	*witness*
el papel	*role*	la vacuidad	*emptiness*
fusilar	*to shoot*		
rechazar (c)	*to reject*		
rescatar	*to ransom, rescue*		

FRASES UTILES

El se encargará de decir la verdad.	*He will take charge of telling the truth.*
Los monstruos se volvieron violenta realidad.	*The monsters became a violent reality.*

PARA PENSAR ANTES DE MIRAR

1. Averigüe quién fue Napoleón Bonaparte.
2. Explique las diferencias entre los siguientes conceptos.
   a. liberalismo
   b. tradicionalismo
   c. nacionalismo
   d. anarquía

Después del video

A. Conexiones. ¿A quién se refiere cada frase?

____ 1. «el consejero intelectual de la monarquía en busca de una revolución feliz»

____ 2. «al ser nombrado pintor de la corte en 1786,... discernió la elegancia, el fermento intelectual... pero también las semillas del engaño y la corrupción»

____ 3. «fue sucedido por su hijo superficial e inepto»

____ 4. «amante de la reina María Luisa, un disoluto oficial de 26 años»

____ 5. «montado sobre su caballo de bronce en la ciudad de México»

____ 6. «sus ejércitos invadieron España a fin de imponerle el liberalismo revolucionario a los reaccionarios borbones»

a. Carlos III
b. Carlos IV
c. Godoy
d. Goya
e. Jovellanos
f. Napoleón

B. ¿ A quién se refiere cada una de las siguientes descripciones?

____ 1. amante de la reina
____ 2. artista
____ 3. consorte inmoral
____ 4. escritor y filósofo
____ 5. general francés
____ 6. obra famosa de Goya
____ 7. rey superficial e inepto
____ 8. rey ilustre

a. Carlos III
b. Carlos IV
c. Godoy
d. Goya
e. Isabel
f. Jovellanos
g. *La Maja*
h. María Luisa
i. Napoleón

Más adelante

PREGUNTAS

1. ¿Quién fue Jovellanos?
2. ¿Quién fue Francisco de Goya?
3. ¿Cómo era el rey Carlos IV?
4. ¿Cómo reaccionaron los españoles cuando los ejércitos de Napoleón invadieron a España?
5. Carlos Fuentes dice que el retrato de la familia real pintado por Goya presenta una mirada crítica a la monarquía. ¿Por qué es un retrato crítico?
6. ¿Qué quiso mostrar Goya en su retrato de Jovellanos?

SU OPINION PERSONAL

¿Por qué cree Ud. que los españoles, que no estaban de acuerdo con la monarquía, se opusieron a los franceses gritando «¡Que vivan nuestras cadenas!»?

PARA COMENTAR

1. Comente la actitud que tuvo Goya como artista. ¿Qué opina Ud. del papel que tienen los artistas en la sociedad?
2. Exprese su opinión sobre los aspectos positivos o negativos que puede tener el nacionalismo como actitud de un país.

LECTURA SUGERIDA

Rafael Alberti, «Goya», op. cit. pp. 770-773.

UNIDAD 11

Los criollos y la independencia

Resumen

Los españoles nacidos en Hispanoamérica, llamados criollos, exigieron mayores derechos y libertad. Cuando Napoleón entró en España, secuestró a los Borbones y dejó al país sin rey. Por todo el continente americano se oyó el grito de la revolución: ¡Viva la independencia!

Antes del video

VOCABULARIO

el aymará	*South American Indian race and language*	la pradera	*prairie*
la mayoría	*majority*	el suceso	*event*
analfabeto/a	*illiterate*		
acelerar	*to hasten*	suplir	*to replace*
exigir (j)	*to demand*	trepidar	*to tremble*

PARA PENSAR ANTES DE MIRAR

1. Averigüe en qué difieren los siguientes conceptos.
   a. libertad
   b. independencia
   c. dependencia
   d. derechos
2. Averigüe cómo estaban divididas las colonias americanas antes de su independencia.

Después del video

A. ¿Verdadero (V) o falso (F)?

____ 1. Los criollos estaban contentos con su estado.

____ 2. Los hispanoamericanos empezaron a identificarse con su país de nacimiento.

____ 3. Napoleón depuso y secuestró al rey de España.

____ 4. Los españoles estaban a favor de la invasión de Napoleón.

____ 5. Los criollos temían la invasión de Napoleón.

Más adelante

PREGUNTAS

1. ¿Por qué los criollos no se identificaban con España?
2. ¿Qué oportunidades o derechos comenzaron a exigir?
3. ¿Qué estaba ocurriendo en España cuando se iniciaron las revoluciones de la independencia?

SU OPINION PERSONAL

1. ¿En qué sentido querían ser independientes los criollos? ¿Qué tipo de independencia buscaban?
2. ¿Por qué cree Ud. que las revoluciones de la independencia se iniciaron casi al mismo tiempo en la mayoría de los países latinoamericanos?

PARA COMENTAR

1. ¿Qué motivos tuvieron los colonos de los Estados Unidos para independizarse de Inglaterra? ¿Eran parecidos a los motivos que tuvieron los criollos de América Latina?
2. Comente la escena del video donde habla una mujer indígena de Bolivia. ¿De qué problemas actuales está hablando? ¿Qué derechos necesita para ser independiente?

LECTURA SUGERIDA

Pablo Neruda, «América insurrecta (1800)», en *Canto general,* op. cit. pp. 376-377.

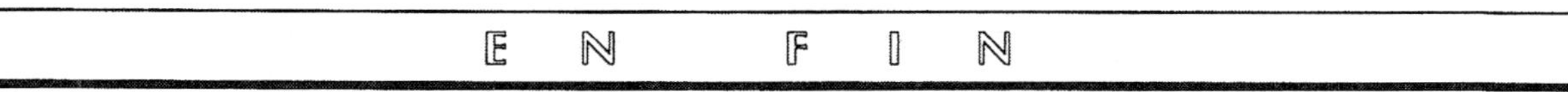

EN FIN

España mantuvo la posesión de sus colonias americanas durante tres siglos, beneficiándose de las riquezas del Nuevo Mundo y creando las bases de una compleja civilización mestiza. En este programa hemos seguido el desarrollo político y cultural de ese período histórico. Escriba un breve ensayo sobre uno de los siguientes temas.

A. el conflicto entre tradición y modernidad en España

B. la contribución del Nuevo Mundo al desarrollo de España

En antiguas tumbas de las Américas se han encontrado espejos. El espejo es poderoso: concentra la fuerza del sol y revela nuestra identidad.

Unidad 1: Carlos V y el Nuevo Mundo

Durante el reino de Carlos V, España conquistó México y el Perú y descubrió vastos tesoros en sus montañas. El oro y la plata fluyeron de las Indias a España.

Las minas del Nuevo Mundo multiplicaron por siete las reservas de plata europeas en el siglo XVI. Pero fue el trabajo indígena, forzado y decimado por la enfermedad, lo que le proporcionó a España, y a través de España a Europa, esta gran riqueza.

Las condiciones de trabajo han cambiado muy poco en estos centros mineros desde el siglo XVI. En la mina de Sierra Pelada, en Brasil, los pies de los trabajadores llevan siglos pisoteando el reino mítico de El Dorado.

En México y el Perú los exploradores españoles descubrieron nuevas minas cada día. El padre jesuita José de Acosta, que describió las riquezas naturales del Nuevo Mundo, escribió en 1591 que "parece que toda esta tierra está como sembrada de estos metales. Dios repartió sus dones como le plugo."

"Tierras altas, duras y frías, creadas por Dios, descubiertas por los hombres. Sin embargo," escribió Acosta, "el gusto del dinero las hace suaves y abundantes."

El símbolo de esta riqueza fue la gran montaña de Potosí en los Andes, intocada por los incas, pero descubierta por los españoles, con cuatro vetas principales, corriendo de norte a sur, "que es de polo a polo."

Alrededor de la riqueza minera, creció una civilización colonial y barroca. Habitada por 50,000 indios y 45,000 españoles, en el siglo XVII Potosí se convirtió en la más grande ciudad del Nuevo Mundo. Pero 14,000 indios estaban sometidos al trabajo forzado en las minas.

Ricas al principio, luego drenadas por la explotación, a veces resucitadas gracias a las técnicas modernas, las minas del Nuevo Mundo han vivido y muerto muchas veces. Sólo la montaña de Potosí es eterna.

Se necesita mucha energía para trabajar a cambio de dos dólares diarios en los túneles de Potosí. Pero si carece de alimento, el minero tiene la hoja de coca que, escribió el padre Acosta, "permite a un hombre caminar durante dos jornadas sin comer." A veces, logran vivir hasta los treinta y cinco o cuarenta años.

Son los hijos de la Mita, la institución colonial que ató al trabajador y a su familia a la mina durante todas sus vidas, incluyendo, a veces, las de sus descendientes.

"Estoy viejo como las piedras," le dijo un minero al poeta Pablo Neruda, "Que me entierren en el estaño, sólo el estaño me conoce. Lo recogí uña por uña contra la tierra."

Pero el minero también es tan viejo como la antigua civilización indígena que existió aquí antes de la conquista. Los incas construyeron sus ciudades con piedras perfectamente ensambladas, pero portadas por brazos humanos. Las piedras demasiado pesadas eran abandonadas en el camino y llamadas "piedras cansadas." Cansadas piedras, trabajadores incansables, triturándolas con métodos tan antiguos como las propias minas.

Y sin embargo, aun en el punto más alto de su productividad, las minas de México y el Perú sólo dieron cuenta de una cuarta parte de la riqueza proporcionada por la industria agropecuaria del Nuevo Mundo. Los trabajadores de las peores haciendas recibían mejor trato que los mineros. Muchos de estos huyeron de las minas a las haciendas, el mal menor.

Para los que permanecieron, la coca era ayer como hoy el regalo de Dios para los pobres, aliviando el tedio del largo trabajo subterráneo.

Pero otros ritos, más próximos a la fe, también les permitieron soportar la larga noche de la mina: rito cristiano, rito indígena, indisolublemente entrelazados. Los une la sangre del sacrificio, la sangre de Cristo que redime al mundo y la creencia indígena de que sin la sangre del sacrificio, el mundo perecerá. Durante siglos la sangre del sacrificio ha santificado esta mina en Potosí. Quizás la sangre del animal se convertirá en una vena de plata o en una lluvia de oro.

El creador del imperio español, el nuevo rey Midas de esta edad de oro, fue Carlos V. Nacido en Flandes, primogénito de la casa de Austria, a la edad de 16 años heredó España y todas sus posesiones. Adondequiera que mirase montado en su caballo, Carlos I de España, mejor conocido por su título como Sacro Emperador Romano Germánico Carlos V, adondequiera que mirase podía ver una posesión de su corona: hacia el este, Cerdeña, Nápoles y Sicilia; hacia el norte, Alemania y los Países Bajos; hacia el sur, sus dominios africanos; hacia el occidente, las Américas; y más allá del Pacífico, las Filipinas.

Unidad 2: Carlos V: España y Europa

Carlos gobernó el primero y más grande de todos los imperios modernos. Nadie antes que él, ni siquiera los Césares, habían controlado tal extensión territorial, tal variedad de pueblos y sobre todo, semejante riqueza potencial. Pero el propósito de Carlos V era unificar a la cristiandad. Quería ser el jefe político de la cristiandad de la misma manera que el Papa era su jefe religioso.

Pero los problemas del joven rey empezaron en la propia España. El joven Carlos V fue acusado de no hablar español, de rodearse de cortesanos flamencos. Pero su mayor dolor de cabeza se lo dio la rebelión de las comunidades de Castilla, encabezadas por hombres como el segoviano Juan Bravo.

Primero la revolución fue de tipo tradicionalista. Se trataba de mantener los privilegios de las comunidades, incluyendo los de la aristocracia, que fue la clase social que encabezó un poco esta etapa de la rebelión.

Pero en seguida se trató de obtener un nuevo orden constitucional, un equilibrio, un acuerdo entre las cortes y el poder real. Y a esta fase se unió la masa urbana, el bajo clero, la clase media emergente de las comunidades. Pero finalmente se convirtió en una revolución social, una revolución social que exigía el fin de todos los privilegios y con propulsiones politicas muy reconocibles: ningún impuesto sin representacion, proteccion a las minorias, y sobre todo, democracia. La palabra "democracia" que aparece constantemente en las proclamas, en las cartas y en los discursos de los líderes de la rebelión, a ella se unió la masa popular--trabajadores, artesanos--y la abandonó la aristocracia. Carlos V se enfrentó a los Comuneros militarmente en la Batalla de Villalar en 1521 y los derrotó. Los cabecillas de la revolución fueron capturados y ejecutados. Juan Bravo, aquí mismo decapitado en esta plaza de Segovia. El poder absolutista real había sido consolidado en España.

Me parece significativo que en el mismo año en que Carlos V derrotó a las comunidades castellanas, 1521, Hernán Cortés conquistó el imperio azteca. El sistema autoritario se impuso en España pero también en sus colonias. La democracia tendría que esperar.

Pero fuera de España Carlos V se vio constantemente empeñado en acciones guerreras contra sus rivales europeos, contra los turcos en el Mediterráneo. Pero sobre todo, contra la creciente marea de la reforma protestante lanzada por Martín Lutero durante el primer año del reino de Carlos.

En la cúspide de su poder, Carlos, exhausto, se retiró al Monasterio de Yuste, terminando su vida en devociones pías, arreglando sus relojes y a veces hasta ensayando su propio funeral.

Unidad 3: Felipe II

Entregó su herencia a su hijo Felipe II. El nuevo monarca heredó muchos dolores de cabeza, sobre todo el de la sobre-extensión imperial, pero también vastas posesiones y poderes territoriales fundados en la tributación sin control parlamentario, el diezmo eclesiástico y los metales preciosos de las Indias.

Gracias a estos recursos y al crédito bancario, el imperio español duraría cuatro siglos. La Torre del Oro en el Guadalquivir vio pasar las flotillas cargadas de oro y plata rumbo al único puerto autorizado para recibir el tesoro de las Indias: Sevilla.

La política española consistió en prohibir la exportación de los metales. Pero la Corona fue la primera en violar sus propias leyes. El tesoro americano tuvo que pagar las interminables guerras dinásticas de España, sus monumentos ostentosos, el lujo de su aristocracia, el pago de la inmensa burocracia imperial, la lucha contra el enemigo protestante, y la importación de bienes manufacturados. La inyección de metales americanos revolucionó la economía de Europa, trayendo la inflación, los altos precios, una demanda creciente y un sistema floreciente de bancos, muchos de ellos acreedores de la monarquía española.

De manera que muy pronto la mayor parte del tesoro americano había pasado como agua entre las manos de España y se encontraba concentrado en cuatro grandes centros del norte de Europa: Londres, Amberes, París y Rouen.

Las ironías abundaron para la España imperial. La monarquía católica de España acabó financiando sin quererlo a sus enemigos protestantes del norte de Europa y a la medida en que España capitalizaba, Europa se descapitalizaba a sí misma.

Luis XIV de Francia lo dijo de una manera más sucinta: "Vendámosles bienes manufacturados a los españoles y que nos paguen con oro y plata."

De manera que finalmente acabó siendo cierto lo que se decía en aquella época: "España es pobre porque España es rica."

¿Qué significó esto para nosotros en el Nuevo Mundo hispanoamericano? Bueno, en la medida en que España se convirtió en una colonia de la Europa capitalista, nosotros en Hispanoamérica nos convertimos en las colonias de una colonia.

Pero el imperio católico de España cubría la mitad del mundo. Los otros poderes europeos se sintieron amenazados por España--sobre todo Inglaterra, gobernada por la reina protestante Isabel I. Isabel animó a sus capitanes a enfrentarse a los españoles en el mar y en el Nuevo Mundo.

Para Inglaterra, para Francia, para el resto de Europa, detener a España se convirtió en el principal objetivo de la política exterior: impedir que España trasladara su superioridad en América a una superioridad comparable en Europa.

Fortificaciones como estas en San Juan de Puerto Rico simbolizan la defensa del imperio español en las Américas. La riqueza del vasto imperio de España en América despertó las ambiciones de las otras potencias europeas. Fortificaciones como esta fueron construidas no sólo para defensa contra los piratas, sino también como defensa contra los ataques de otras naciones europeas. Es una larga historia: piratas franceses capturaron la flotilla enviada por Hernán Cortés a Carlos V con los primeros tesoros recogidos de México, el tesoro de Moctezuma. El capitán inglés John Hawkins atacó Veracruz y otros puertos y con la plena aprobación del gobierno inglés organizó y mantuvo la trata de esclavos entre Africa y el Caribe. Pero es quizás Francis Drake quién realmente personifica al corsario actuando en nombre y en beneficio de su soberano. Aquí en Puerto Rico se tendió una cadena a lo largo de la bahía de San Juan para impedir el paso de Drake y su flota, logrando hundirle efectivamente dos de sus barcos.

De Veracruz en México a Valparaíso en Chile, Drake atacó, ocupó brevemente, saqueó y partió. No fue el primero ni sería el último pirata inglés ordenado caballero.

Drake se atrevió a atacar Cádiz, el puerto de entrada del tesoro americano, "chamuscando la barba," dijo, "de su majestad católica, Felipe II." Pero Felipe obtuvo sus propios éxitos navales. Una flota española derrotó a los turcos en Lepanto--celebrada como una gran victoria sobre el infiel--y en la euforia subsiguiente, Felipe resolvió imponerse también a sus rebeldes súbditos holandeses y a su aliado Inglaterra, todos ellos herejes protestantes. La Armada Invencible zarpó con 130 barcos, 30,000 hombres, escasa preparación y resultados desastrosos.

Sólo la mitad de los barcos y la tercera parte de los hombres sobrevivieron a la catástrofe. El naufragio de la Invencible en las costas de Irlanda e Inglaterra significó el naufragio de la visión imperial de España en Europa y el ascenso del norte protestante.

Felipe se retiró a la ciudadela de su ortodoxia, El Escorial, concebido por el rey como monasterio, necrópolis y fortaleza de la fe. Desde esta pequeña oficina, un hombre gobernó al imperio más grande que hasta entonces había conocido la historia. Y qué contraste entre un reino que sólo en el Nuevo Mundo se extendía desde California hasta el Cabo de Hornos y este espacio casi monástico, esta sede del poder del tamaño de un armario. Pero sólo aquí se sentía seguro Felipe II, lejos de su corte y sus consejeros, rodeado de sus papeles, constantemente tratando de tomar las decisiones adecuadas. Fue llamado "El Prudente" y casi todo el mundo está de acuerdo que este es un eufemismo para describir la dificultad que tenía el rey en tomar decisiones. Pero hay que comprenderlo: quizás las cargas sobre sus espaldas eran enormes y derivadas de su concepto unitario de un poder indivisible.

Felipe II se dio el título de "Defensor de la Fe" contra la herejía protestante y se propuso restaurar la unidad de la cristiandad al tiempo que mantenía el poder de España, su imperio y su dinastía.

Se dio a sí mismo también un modelo para la vida: su propio padre, Carlos V. Pero idealizó tanto a su padre que le resultó imposible estar a su altura. Prudente o inseguro, poderoso o excedido, quizás Felipe sólo podía contestar en la soledad de su recámara.

Imaginemos su angustia cuando ponderaba si su humana voluntad era suficiente para representar a Dios en la tierra o si fracasaría en su intento de restaurar la fe católica, siendo castigado por ello en la eternidad. La idea de la muerte debió acompañarle siempre--la muerte de sus tres mujeres, de casi todos sus hijos, especialmente su hijo Don Carlos, encarcelado por el propio rey.

¿Es concebible que haya encontrado consuelo mirando las fantasías de la carne y el pecado en uno de sus pintores favoritos, el artista flamenco Jerónimo el Bosco?

Durante el reino de Felipe, la iglesia de Roma lanzó la Contrarreforma como una defensa de la ortodoxia católica contra la reforma protestante. La Inquisición adquirió aun más poder, extendiendo su vigilancia y persecución no sólo contra los moros y los judíos, sino contra los conversos, sospechosos de mala fe y de prácticas secretas.

La visión de Felipe--un mundo católico con él mismo como la cabeza política--efectivamente aisló a España de la dinámica del cambio en Europa. No obstante, como en toda sociedad autoritaria, la imaginación visual y verbal logró burlar a la censura.

Unidad 4: El Siglo de Oro: Cervantes

Con su libro Don Quijote de la Mancha, publicado en 1605, Miguel de Cervantes funda la novela moderna en la nación europea más empeñada en negarle entrada a la modernidad. Pues si la España de la Inquisición impone un punto de vista único, Cervantes imagina un mundo de múltiples puntos de vista. Y lo hace mediante una sátira inocente de las novelas de caballería.

Pero Don Quijote, como Colón, descubrió más de lo que creyó: Colón, un continente nuevo; Cervantes, la novela moderna.

Don Quijote sale de su aldea a los campos de la Mancha, dejando atrás el refugio de sus libros de su biblioteca; pues ante todo, Don Quijote es un lector y es un lector que cree en lo que lee. Su lectura es su locura y para él los molinos son gigantes porque así lo indican los libros que ha leído y, cuando ataca al molino y sale volando por los aires y cae de cabeza, se levanta y sigue creyendo que es la obra de gigantes y de magos. Vuelve a montar en Rocinante y sigue adelante luchando contra follones y malandrines y protegiendo a huérfanos y viudas porque así se lo indica el código de honor que ha leído en sus libros.

De tal suerte que Don Quijote no sólo abandona su aldea, sino también el mundo bien ordenado de la Edad Media--sólido como un castillo donde todas las cosas tenían un lugar jerárquico reconocible--para entrar al valiente mundo nuevo del Renacimiento, agitado por los vientos del cambio y la ambigüedad donde todo está en duda.

Todo es incierto en Cervantes. Al principio de la novela, claro, la memoria misma es incierta. Estamos aquí en La Mancha, pero en un lugar de La Mancha "de cuyo nombre no quiero acordarme." Y continúa con la pregunta: ¿Quién es Don Quijote? ¿Un valeroso caballero andante de antaño o simplemente un hidalgo pobretón llamado Alonso Quijano, o Quesada, medio enloquecido con tanta lectura de novelas de caballería? ¿Y quién es en realidad la dama de Don Quijote, Dulcinea? ¿Una humilde muchacha del campo o una gran princesa?

La duda y la fe. La certidumbre y la incertidumbre, lado a lado. Estos son los temas del mundo moderno que Cervantes presenta en el más moderno de los géneros, la novela, producto de la nueva invención, la imprenta, el libro vendido a bajo precio, leído por todo el mundo, incluyendo a Don Quijote y Sancho Panza, que se convierten en los primeros personajes de ficción que saben que están siendo escritos y leídos en una novela. Modernidad...pero también desilusión. Dostoievsky la llamó "la obra más triste que jamás se ha escrito." Y, en efecto, es la historia de una paulatina desilusión.

Al final, Don Quijote regresa a su aldea y recupera la razón, pero para él esto es una locura. Muere. O más bien dicho, muere el viejo hidalgo Alonso Quijano, pero Don Quijote sigue viviendo para siempre en su libro: loca, heroica, cómica, galantemente.

Otra perspectiva moderna es abierta durante el Siglo de Oro español. Al entrar a esta sala del Museo del Prado en Madrid, sorprendemos a un pintor, Velázquez, haciendo lo que debe hacer, que es pintar. Pero ¿a quién está pintando Velázquez? ¿A la infanta, a sus dueñas, a la enana, a un caballero de negro que entra por un umbral iluminado, o a dos figuras apenas perceptibles en la sombra de un espejo enterrado, los padres de la princesa: el Rey y la Reina de España?

Podríamos pensar que Velázquez está pintando el mismo cuadro que en este momento estamos viendo: "Las Meninas." Hasta que nos damos cuenta de que la mayoría de las figuras, con excepción--claro está--del perro adormilado, nos están mirando a nosotros, a ti y a mí. ¿Somos nosotros los verdaderos protagonistas de <u>Las Meninas</u> de Velázquez? Velázquez y toda la corte nos invitan a ingresar al cuadro; pero al mismo tiempo el cuadro da un paso hacia adelante y se acerca a nosotros; nos incorpora. "<u>Las Meninas</u>" nos proporciona esta libertad de entrar y salir del cuadro. Y la libertad también de ver al cuadro, y por extensión al mundo, de múltiples maneras y no sólo de una manera ortodoxa o dogmática.

Cervantes nos enseña a leer de nuevo. Velázquez nos enseña a ver de nuevo, ambos creando desde el interior de una sociedad cerrada: redefinen la realidad en términos de la imaginación: Lo que imaginamos es posible, lo que imaginamos es verdadero.

Unidad 5: El Barroco

Imaginación y deseo. Pero no sólo los europeos imaginaban y deseaban. Con mucho mayor urgencia, los hombres y mujeres de la América colonial, capturados entre el mundo indígena destruido y un nuevo universo europeo y americano, querían y soñaban. Y así como la sociedad española de la Contrarreforma logró encontrar excepciones a la ortodoxia en artistas como Cervantes o Velázquez, así la sociedad colonial de las Américas buscó la manera de expresar su propia imaginación y la encontró en el barroco.

Dos fuerzas entran en conflicto en esta bellísima capilla de Ocotlán en Tlaxcala. Una es la de los pueblos indígenas, despojados de su antigua fe y de su antigua tierra y obligados a aceptar una civilización y una religión que no eran las suyas. La otra es la fuerza del sueño renacentista europeo: crear una utopía cristiana en el Nuevo Mundo.

Este sueño fue destruido por las duras realidades del colonialismo: la explotación. Entre los dos, Europa y América, nace el barroco del Nuevo Mundo. Buscando ávidamente los vacíos entre el ideal y la realidad para llenar y reservándole un espacio al pueblo conquistado para que en él pueda enmascarar y proteger su antigua fe.

En las magníficas iglesias de Potosí los artesanos indígenas emplearon el barroco como refugio del sincretismo religioso y cultural. Entre los ángeles y las parras de la fachada de San Lorenzo aparece una princesa india.

La selva americana y el jardín mediterráneo se entrelazan. Y todos los símbolos de la derrotada cultura incásica resucitan. La media luna indígena inquieta la serenidad clásica de la línea corintia. Y las sirenas de Ulises tocan la guitarra peruana. La flora, la fauna, la música y hasta el sol del antiguo mundo indio, se reflejan en los cirios de la nueva religión. Se convierten en una sola celebración. No habrá cultura europea en el Nuevo Mundo si todos estos, nuestros símbolos nativos, no son admitidos en pie de igualdad.

La paradoja dominante del barroco hispanoamericano es que es un arte de la abundancia, prácticamente sofocado por su propio exceso, pero al mismo tiempo es el arte de los que nada tienen.

Hasta el día de hoy muchísimas comunidades agrarias del centro de México invierten las ganancias de muchos meses de trabajo duro en la celebración del santo patrono del pueblo.

"Hoy vamos a realizar, una vez más, pues, este momento. Voy a rociarlos con el agua, que es signo también de purificación, y que sus familias, como tradición de nuestro pueblo, pues van a ser recibidos con esta agua que es la purificación."

La religión sigue tocando todos los aspectos de la vida. Aquí en la iglesia de Santa Rosa la gente de Querétaro viene en procesión con sus flores de papel y sus pájaros en altas jaulas para ser bendecidos.

La gloria del barroco es una versión del reino de Dios en la tierra, religa a la gente con su más antigua fe y quizás les permite lanzar una mirada cuestionante también sobre el reino de este mundo.

Pues más allá del mundo del imperio, del oro y del poder, más allá de las guerras dinásticas y religiosas, un valiente mundo nuevo se estaba formando en las Américas, con manos y voces americanas: una sociedad nueva, con su propia fe, su propio lenguaje, sus propias costumbres y sus necesidades propias.

Unidad 6: Los negros

Pero la novedad del Nuevo Mundo no estaría completa sin la tercera gran contribución a nuestra cultura: los negros y sus descendientes en las Américas. Llegaron en sacrificio y sufrimiento desde Africa y trajeron consigo una vitalidad, una memoria y un poder definitivo de supervivencia y creación.

Los negros son el tercer gran elemento de nuestra cultura, junto con los europeos y los indios. Fueron traídos a ingenios azucareros, centrales azucareras como esta en la isla de Puerto Rico para trabajar en las plantaciones. Y convirtieron a América en el continente con la población negra más extensa después de Africa misma.

En realidad, los primeros negros vinieron al hemisferio occidental como criados, como sirvientes de sus amos españoles. Habían pasado largas temporadas en España antes de venir a América: eran negros hispanizados y cristianizados. Pero una vez que ocurrió la terrible extinción de la raza india en el Caribe debido a las enfermedades y los trabajos forzados, los negros dejaron de venir como sirvientes y empezaron a venir como esclavos directamente desde Africa.

La corona organizó el tráfico de esclavos en beneficio propio. Pero la creciente población negra fue rígidamente atada a la economía de plantación, es decir, al cultivo intensivo y extensivo de los productos tropicales y subtropicales. Pero esta rígida ecuacion entre población y producción se complicó debido a las rivalidades entre las grandes potencias coloniales para controlar tanto la fuente de mano de obra en Africa como la fuente del producto americano.

Rebeldes, cimarrones, saboteadores, es cierto que rara vez encontraron su libertad aunque a veces sí se emanciparon, convirtiéndose en capataces, artesanos, labriegos. Pero en todo caso, siempre fueron, siempre siguieron siendo un factor decisivo de la cultura del Nuevo Mundo.

Voces del Nuevo Mundo... En el Brasil colonial, en una ciudad de la opulenta región aurífera de Minas Gerais, hacen guardia doce esculturas de los profetas, debidas al mulato Aleijadinho, hijo de una esclava negra y de un arquitecto portugués. Afligido de lepra, el joven artista perdió la protección de sus padres y la sociedad de los hombres y de las mujeres. En cambio, se unió a una sociedad barroca de piedra. Estas estatuas angustiadas, en movimiento, son como los testigos eternos de un mundo cambiante: el Nuevo Mundo.

Unidad 7: Sor Juana

Voces del Nuevo Mundo... En una celda de un convento como éste en el mundo enclaustrado de la Nueva España vivió y escribió uno de los grandes poetas barrocos del siglo XVII. Muchos dirían uno de los grandes poetas de todos los tiempos. Era una mujer, una monja, una intelectual que parecía saberlo absolutamente todo. Pero sobre todo un poeta, dándole una voz universal al nuevo mundo. En el mundo de la religión y de las letras se la conoció como Sor Juana Inés de la Cruz.

¿Quién era? Probablemente una niña ilegítima. Gracias a su brillante inteligencia, desde la adolescencia fue llevada a la corte virreinal. Ganó fama y elogios pero prefirió la soledad de la celda donde podía ponderar libremente los problemas de la fe y de la condición humana, incluyendo las relaciones entre los sexos.

"Hombres necios que acusáis
a la mujer sin razón,
sin ver que sois la ocasión
de lo mismo que culpáis:
¿Qué humor puede ser más raro
que el que, falto de consejo,
él mismo empaña el espejo,
y siente que no esté claro?

Con el favor y el desdén
tenéis condición igual,
quejándoos, si os tratan mal,
burlándoos, si os quieren bien."

Sor Juana propone la poesía como alternativa: como la otra voz de la sociedad. Y dado que no había nadie más silencioso en la sociedad colonial que la mujer, quizás sólo una mujer podía darle voz a esa sociedad.

"Verde embeleso de la vida humana,
loca esperanza, frenesí dorado,
el hoy de los dichosos esperado
y de los desdichados el mañana:
que yo, más cuerda en la fortuna mía,
tengo en entrambas manos ambos ojos
y solamente lo que toco veo."

La urgencia de su declaración poética es acentuada por el sentimiento barroco del rápido pasaje de todas las cosas.

"Este, que ves, engaño colorido
que del arte ostentando los primores,
con falsos silogismos de colores
es cauteloso engaño del sentido:
es un afán caduco y, bien mirado,
es cadáver, es polvo, es sombra, es nada."

Pero su celda monjil no fue protección suficiente contra la autoridad masculina y ortodoxa. A los 42 años fue privada de su biblioteca, sus instrumentos musicales, su pluma y su tinta. Arrinconada de nuevo en el silencio, murió a la edad de 43 años en 1695.

No hables ya, hermana Juana.

Pero logró derrotar a quienes la silenciaron. Su poesía abarcó para siempre las formas y las palabras de la abundancia americana, los nuevos nombres, la nueva geografía, la flora y la fauna que jamás habían visto los ojos de Europa.

Ella misma se preguntaba si su poesía no era más que un producto de la tierra.

"¿Qué mágicas infusiones
de los indios herbolarios
de mi patria, entre mis letras
el hechizo derramaron?"

Unidad 8: Nuevos productos del Nuevo Mundo

Los ingleses lo llaman "tomato," los norteamericanos "tomato," pero los aztecas lo llamaron "xitomatl" y sabían de lo que hablaban porque este es uno de los tantos productos enviados de México a Europa después del descubrimiento de América.

En el principio, los europeos temieron que este era un fruto envenenado. Luego descubrieron que era uno de los productos más deliciosos. El tomate obtuvo quizás su nombre más hermoso en Italia, donde fue llamado "pomodoro" (la manzana de oro) con su insinuación del paraíso, con su evocación paralela del pecado y el placer, como si los dos pudiesen separarse.

El cacao es otro producto, ...es otro producto azteca tan precioso y tan abundante que llegó a usarse como moneda corriente en Tenochtitlán. Precioso y abundante, fue siempre una bebida para reyes, el chocolate. El Emperador Moctezuma fue un gran bebedor de chocolate y aunque en Europa al principio se consideró que el cacao era demasiado amargo, finalmente el chocolate enloqueció a las damas españolas y el rey Luis XIV de Francia, casado con una infanta de España, lo introdujo a la Corte de Versalles.

Después de 1492, la flora y la fauna emigraban con abundancia de un continente a otro. Por supuesto, fue Colón quien primero vio a un grupo de hombres y mujeres fumando tabaco, en un día preciso, el martes 6 de noviembre de 1492, en--¿dónde más podría ser?--la isla de Cuba.

Pero fue necesaria toda la audaz galantería de Sir Walter Raleigh para que el tabaco fuese aceptado en Inglaterra, pues como dijo nadie menos que el rey Jaime I, "el tabaco convierte los órganos internos del hombre en una cocina." Pero las dulces ofrendas del Nuevo Mundo eran una delicia para la vista y para el paladar: los frutos del trópico, la riqueza pródiga de la naturaleza americana.

Pero sobre todo, América envió a Europa la patata, popularizada por Sir Francis Drake con la gratitud eterna de los campesinos europeos.

Flora, fauna, plata, oro. La riqueza de las Indias parecía inagotable. Pero la casa de Austria, sobre-extendida, endeudada, derrotada en los campos de batalla europeos, no podía ya organizar el complejo imperio que heredó. La dinastía de los Hapsburgo, junto con los restos de sus monarcas, acabaría por desintegrarse en el pudridero de El Escorial.

Unidad 9: Los Borbones

Un rey y una monarquía exhaustos. En 1700 el último de los Austrias, Carlos II, llamado "El Hechizado," muere sin descendencia, hundiendo a Europa en la guerra de la sucesión española. Una vez más Inglaterra y Francia combatieron, esta vez para decidir quién sería rey de España.

Los Borbones franceses ganaron el trono de España en la persona del rey Felipe V, mostrado aquí con su familia en este cuadro que se encuentra en el palacio estival de La Granja de San Ildefonso. Los Borbones se embarcaron en una campaña para modernizar a España y reunirla con Europa después de la larga noche de El Escorial. Todo parecía indicar que se iniciaba una nueva era.

El ímpetu modernizador alcanzó su grado más alto durante la monarquía ilustrada de Carlos III, quien autorizó a la inteligencia española para corregir los males de la Inquisición, una especie de glasnost dieciochesco. Las sociedades para la promoción del desarrollo económico, de la educación pública, de la ciencia y de las comunicaciones surgieron por todo el país.

Unidad 10: Jovellanos y Goya

La encarnación misma de la ilustración española fue el escritor Gaspar Melchor de Jovellanos, el consejero intelectual de la monarquía en busca de una revolución feliz fundada en la educación, el progreso y la industria.

Aquí, Jovellanos posa para el gran pintor de la época, Francisco de Goya. Al ser nombrado pintor de la corte en 1786, Goya inmediatamente discernió la elegancia, el fermento intelectual, las grandes ilusiones y la vitalidad sensual de la nueva sociedad española. Pero también observó en ella las semillas del engaño y la corrupción. Sol y sombra, como en el redondel. ¿Habría en España sol suficiente para disipar las sombras de la decadencia?

Llamado a darle luz y alegría a su mundo, Goya lo hizo de mil amores. Sus grandes cartones madrileños inmortalizan los cielos brillantes y las cálidas sombras de un festivo verano de Castilla. Pero la intención de Goya nunca es ilustrar, sino introducir, como dice Ortega y Gasset.

Los aristócratas y el pueblo cruzan miradas y todos juntos crean el estilo de "La Maja"...el majismo. Estilo más que contenido, culto de la juventud y de la belleza: actitud, pose, teatralidad.

Goya, el crítico social, perfora con la mirada este engañoso despliegue de vitalidad. El se encargará de decir la verdad. "Mírate en este espejo. Aunque la mona se vista de seda, mona se queda. ¿Crees que eres un pintiparado? Mírate, no eres más que un mico."

Pero Goya también miró críticamente a la monarquía cuando el ilustrado Carlos III fue sucedido por su hijo superficial e inepto, Carlos IV. No hay retrato más implacable de la vacuidad del poder que éste de la familia real por Goya.

Carlos IV era manipulado por su inmoral consorte, la reina María Luisa, quien a su vez era la prisionera de su amante, un disoluto oficial de 26 años, Godoy, que gracias a ella fue nombrado primer ministro.

Pero lo que realmente puso un "hasta aquí" a la reforma en España fue la revolución francesa. Los reyes franceses perdieron las cabezas; los reyes españoles decidieron conservar las suyas y se refugiaron en el absolutismo ultramontano. Jovellanos fue encarcelado.

"Breve y turbado sueño," escribe el filósofo en su diario. "Hasta las piedras excitan mis lágrimas." Y Goya transformó su noble retrato del filósofo Jovellanos, poniéndolo a dormir mientras los vampiros vuelan sobre su cabeza y las lechuzas y las gárgolas despojan el sueño de la razón. "El sueño de la razón produce monstruos."

Los monstruos de las pesadillas de Jovellanos se volvieron violenta realidad cuando los ejércitos de Napoleón invadieron España a fin de imponerle el liberalismo revolucionario francés a los reaccionarios Borbones.

El universo goyesco agonizó y su autor se convirtió en el testigo de los desastres de la guerra. Pero España rechazó el progreso en nombre del nacionalismo, "¡Que vivan nuestras cadenas!" gritaban los patriotas españoles mientras eran fusilados por las ilustradas tropas francesas.

Pocos imaginaban que muy pronto las mismas tácticas guerrilleras, el mismo nacionalismo, la misma resistencia a la dominación extranjera serían rescatadas por los pueblos coloniales de la América española. Montado sobre su caballo de bronce en la ciudad de México, Carlos IV estaba rodeado de una América española cada vez más poblada y más próspera. Pero los hispanoamericanos sentían que España continuaba llevándose la mayor parte de la riqueza colonial.

Unidad 11: Los criollos y la independencia

Los criollos exigieron mayores oportunidades, mayor libertad de comercio, mayor representación en los asuntos del gobierno. Más y más, los hispanoamericanos se identificaban con sus lugares de nacimiento, con sus naciones, con su geografía, con su historia--la historia de Chile, la historia de México--distintas de la historia de España. Pues, como lo dijo uno de los virreyes del Perú, "la seguridad de España depende de la sujeción de las colonias a la metrópoli. El día que las colonias puedan suplir por sí mismas todas sus necesidades, ya no necesitarán a España."

Pero cuando Napoleón depuso y secuestró a los Borbones, ya no había rey en España. ¿Necesitaba la América Española a la madre patria? ¿Podríamos ahora gritar: ¡Viva nuestra independencia!? Fue el grito de la revolución y pronto se escuchó desde los Andes, el techo de las Américas, la vieja tierra del Inca, y luego por todo el continente hacia el norte hasta México, hasta el sur, hasta el Río de la Plata. Los pueblos la esperaban, ayer y hoy, de noche y de día.

(Voz de mujer indígena en Bolivia):

"Aquí estamos en el 6 de julio y nosotros necesitamos muchas cosas en el alto de La Paz, nosotros quisiéramos alguna ayuda para alto de La Paz. Es lo más importante..."

(Voz de hombre):

¿Y porqué no lo dices en aymará? a ver...

(Voz de mujer):

¿En aymará también? Soy analfabeta, no, no sé leer. (Y lo repite en aymará.) Su voz es la de millones de mujeres y hombres.

"Pero ahora"--escribió Pablo Neruda-- "nuestra tierra, ancha tierra, soledades, se pobló de rumores, brazos y bocas...hasta que las praderas trepidaron cubiertas de metales y galopes..."

-FIN PROGRAMA 3-

PROGRAMA IV

El precio de la libertad

Simón Bolívar

La independencia

Resumen

A finales del siglo XVIII nuevas ideas de libertad e independencia comenzaron a inundar la América española. El grito de rebelión fue escuchado en todos los países del continente, desde México hasta la Argentina. En México fue lanzado por el padre Miguel Hidalgo en 1810. Todos los años los mexicanos celebran el Grito de la Independencia en el Zócalo.

Antes del video

VOCABULARIO

el aislamiento	*isolation*	el grito	*cry, yell*
la campana	*bell*	el muro	*wall*
el clero	*clergy*		
adquirir (ie, i)	*to acquire*	inundar	*to flood*
diseñar	*to design*	lanzar (c)	*to launch*

PARA PENSAR ANTES DE MIRAR

1. ¿En qué se diferencia un país independiente de un país o territorio colonial?
2. Averigüe las diferencias entre autonomía e independencia.

Después del video

A. Conexiones. ¿A qué o a quién(s) se refieren las siguientes descripciones?

____ 1. «la gran plaza central de la ciudad de México»

____ 2. «Lanzó el grito de la independencia en 1810».

____ 3. «Toca la campana de la libertad en el balcón del Palacio Nacional».

____ 4. «Querían comerciar libremente con el mundo, retener sus propias riquezas y obtener mayor representación política».

____ 5. «la poderosa fortaleza militar en Veracruz»

____ 6. «El hombre ha nacido libre pero en todas partes se encuentra encadenado».

a. los hispano-americanos
b. Padre Hidalgo
c. el presidente de México
d. Rousseau
e. San Juan de Ulúa
f. el Zócalo

B. Complete las oraciones con las palabras de la lista.

1. Peor que los ataques de los piratas eran ______________.	los bucaneros
2. ______________ de las colonias inglesas de Norteamérica fue seguida por la Revolución francesa.	la campana
3. Cada 15 de septiembre los mexicanos se reúnen en ______________ para celebrar ______________.	el ejército
	el grito de Hidalgo
	la lucha
	las nuevas ideas
	el palacio
	la pobreza
	la rebelión
	el Zócalo

4. Los muros de San Juan Ulúa fueron diseñados para resistir a ______________.
5. Para conmemorar ______________ por la libertad, el presidente de México toca ______________ de la libertad.

Más adelante

PREGUNTAS

1. ¿Cómo celebra México el día de la independencia?
2. ¿Qué aspiraciones tenían los hispanoamericanos cuando iniciaron la lucha por la independencia?

SU OPINION PERSONAL

EE.UU. ganó su independencia de Inglaterra en 1776. Poco después, a principos del siglo XIX, empezaron en Hispanoamérica los movimientos para independizarse de España. Compare Ud. estas revoluciones.

1. ¿Qué motivos tenían los norteamericanos para independizarse de Inglaterra?
2. ¿Coincidían los motivos de los hispanoamericanos con los de los angloamericanos?

El Zócalo

PARA COMENTAR

1. Inglaterra y España eran los dos países más importantes que tenían colonias en el Nuevo Mundo. A principios del siglo XIX, las dos potencias habían perdido casi todas estas posesiones. Explique a qué se debió el éxito que tuvieron las colonias en independizarse.
2. Jean Jacques Rousseau, el filósofo francés, exclamó a fines del siglo XVIII: «El hombre ha nacido libre, pero en todas partes se encuentra encadenado». Comente si esta idea es igualmente válida hoy en día.

LECTURA SUGERIDA

Cristina Peri Rossi, «El prócer», en *Indicios pánicos*. Barcelona: Bruguera, 1981, pp. 174-183.

UNIDAD 2

Simón Bolívar

Resumen

En 1808 Napoleón invadió España, secuestró a la familia real española y puso a su hermano en el trono de Madrid. La América española se preguntó: «Si no hay rey español en España, ¿puede haber dominio español en América?» La independencia había encontrado su genio en Bolívar. Bolívar soñaba no sólo con la independencia de la América española sino con su unidad.

Antes del video

VOCABULARIO

la derrota	*defeat*	la meta	*goal*
el genio	*genius*	el obsequio	*gift*
la mente	*mind*		
ardiente	*burning*	insigne	*famous*
capaz	*capable*	majadero/a	*stupid, foolish*
entregar (gu)	*to hand over*	señalar	*to indicate*
cumplir	*to fulfill*	soñar (ue)	*to dream*
perecer (zc)	*to perish*		

FRASES UTILES

...hasta que los Borbones fuesen restaurados...	*. . . until the Bourbons were restored . . .*
...pensando sus pensamientos en voz alta...	*. . . thinking his thoughts out loud . . .*
A menudo dejaban a sus prisioneros a que se pudrieran...	*Often they left their prisoners to rot . . .*

PARA PENSAR ANTES DE MIRAR

Explique el significado de las siguientes palabras.

GRUPO 1

a. dirigente
b. líder
c. caudillo
d. gobernante

GRUPO 2

a. habilidad
b. destreza
c. talento
d. genio

Después del video

A. Conexiones. Indique con «X» cuáles de las siguientes frases se refieren a Bolívar.

____ 1. «un joven aristócrata venezolano con una mente tan alerta como sus ardientes ojos negros»

____ 2. «invadió España, secuestró a la familia real y puso a su hermano en el trono de Madrid»

____ 3. «Cimentemos sin temor la piedra de la libertad. Dudar es perecer»

____ 4. «un visionario humanista capaz de hacer una guerra a muerte contra sus enemigos»

____ 5. «quería defender el imperio colonial hasta que los Borbones fuesen restaurados en España»

____ 6. a menudo dejó «a sus prisioneros a que se pudrieran atados a postes bajo el sol»

____ 7. «Jesucristo, Don Quijote y yo hemos sido los más insignes majaderos del mundo».

B. ¿Verdadero (V) o falso (F)?

____ 1. Bolívar admiró a Napoleón por su energía y voluntad.

____ 2. Napoleón nombró rey de España a su hermano.

____ 3. Bolívar venía de una familia pobre.

____ 4. El Orinoco era la capital de Venezuela.

____ 5. Además de guerrero, Bolívar era humanista y filósofo.

____ 6. El campo de batalla de Bolívar era tan grande como todos los territorios de Napoleón.

____ 7. Según Bolívar, los latinoamericanos eran más indios que europeos.

Retrato de Bolívar

Más adelante

PREGUNTAS

1. ¿Quién era Simón Bolívar?
2. ¿Qué efecto tuvo la invasión napoleónica de España en Hispanoamérica?

SU OPINION PERSONAL

1. ¿Qué quería decir Bolívar cuando se expresó así: «la guerra es mi elemento»?
2. ¿Era lógico que un aristócrata como Bolívar quisiera luchar por la independencia?
3. ¿Qué talentos poseía Bolívar que eran indispensables en ese momento de la historia hispanoamericana?

PARA COMENTAR

1. En los movimientos históricos suelen surgir líderes famosos: Defina las características que debe tener un gran líder.
2. Explique lo que quería decir Bolívar en su evaluación de sí mismo: «Jesucristo, Don Quijote y yo hemos sido los más insignes majaderos del mundo».

LECTURA SUGERIDA

Pablo Neruda, «Un canto para Bolívar», en *Canto general, Obras completas*. 2a. ed. Buenos Aires: Editorial Losada, 1962, pp. 284-285.

UNIDAD 3

San Martín: libertador del sur

Resumen

En Argentina los rioplatenses adquirieron el gusto por la victoria derrotando a los invasores ingleses. Las milicias locales se organizaron como un ejército para derrotar primero a las fuerzas realistas españolas y luego para crear el ejército profesional argentino. El gran organizador de las milicias fue José de San Martín quien, como Bolívar en el norte, era un comandante militar de genio. Se dedicó a crear un ejército para expulsar a España del cono sur del continente. Organizó el cruce de los Andes para atacar a los españoles al otro lado.

Antes del video

VOCABULARIO

el/la albañil	*bricklayer*
la barrera	*barrier*
el cruce	*crossing*
el/la demonio/a	*devil, demon*
el/la espía	*spy*
bonaerense	*from Buenos Aires*
apoyar	*to support*
atrincherar	*to entrench*
la fuente	*source*
el mareo	*nausea*
la pólvora	*gunpowder*
la tienda de campo	*tent*
rioplatense	*from the River Plate area*
emprender	*to undertake*
rendir (i, i)	*to surrender*

FRASES UTILES

Fueron los batallones de patricios y abajeños los que derrotaron a los ingleses.	*The batallions of aristocrats and lowlanders were the ones that defeated the English.*
La campaña sigue constituyendo...	*The campaign continues to constitute . . .*
Les arrancó joyas a los ricos.	*He took jewels from the rich.*

PARA PENSAR ANTES DE MIRAR

Averigüe el significado de las siguientes palabras.

1. campaña 2. expedición 3. batalla 4. guerra

Después del video

A. Conexiones. Indique con «X» cuáles de las siguientes frases se refieren a San Martín.

____ 1. «un oficial del ejército argentino... meticuloso y paciente, era un comandante militar de genio»

____ 2. «Era líder de las fuerzas realistas atrincheradas en el Virreinato del Perú»

____ 3. «les arrancó joyas a los ricos, camisas y ponchos a los pobres»

____ 4. «un espía que fue del otro lado de la montaña a Chile para propagar noticias falsas»

____ 5. «le dice a cada soldado: "Serás tu propio centinela"»

____ 6. «con él iban 5,000 hombres, mulas, caballos, 18 piezas de artillería y provisiones»

____ 7. Su «campaña sigue constituyendo un ejemplo... una fuente de orgullo para el futuro de la América Española».

B. Indique con números el orden cronológico de las oraciones.

____ Combatieron a las guarniciones realistas en los pases cordilleranos.

____ El ejército recibió un envío de provisiones del presidente de la Argentina.

____ El ejército argentino emprendió el cruce de la Cordillera.

____ La milicia de Buenos Aires derrotó a los ingleses.

____ San Martín organizó una columna de espías.

____ Se creó un ejército profesional argentino.

José de San Martín

C. Para cruzar la cordillera de los Andes, el ejército necesitó llevar consigo varios especialistas y varias cosas. Indique con «X» las provisiones nombradas por Carlos Fuentes.

____ albañiles ____ helicópteros ____ radioteléfonos

____ artillería ____ linternas ____ sables

____ aviones ____ mapas ____ tanques de agua

____ bombas ____ mulas ____ tiendas de campo

____ coches armados ____ panaderos ____ vacas

Más adelante

PREGUNTAS

1. ¿Por qué la situación geográfica protegía a las fuerzas españolas en el cono sur?
2. ¿Qué preparativos hizo San Martín para cruzar la cordillera y tomar por sorpresa a las fuerzas españolas?

OPINION PERSONAL

Fuentes dice que «la campaña de los Andes sigue constituyendo un ejemplo... una fuente de orgullo para el futuro de la América Española». ¿Qué opina Ud. de esta idea? ¿Puede un acontecimiento pasado ser parte de la conciencia actual de un pueblo o país?

PARA COMENTAR

En términos militares una barrera geográfica puede constituir un factor decisivo en una guerra. Compare Ud. la tecnología moderna de hoy con la movilidad primitiva que tenía el ejército de San Martín. Comente también si una cordillera como la de los Andes sigue siendo un factor militar, a pesar de esa tecnología.

LECTURA SUGERIDA

Pablo Neruda, «San Martín», en *Obras completas,* op. cit. pp. 379-381.

Problemas de liberación

Resumen

El ejército de San Martín, unido a las fuerzas de su aliado chileno, Bernardo O'Higgins, triunfó sobre los españoles. Del Atlántico al Pacífico, el sur del continente era libre y tres siglos de dominio español habían llegado a su fin. Pero empezaron los problemas de liberación. San Martín no quería gobernar porque no creía en un gobierno militar. En el norte, en los países gobernados por Bolívar, la mayoría era gente de color y Bolívar se atormentó buscando soluciones al problema de la desigualdad. Pero los terratenientes y los caudillos le dieron la espalda.

Antes del video

VOCABULARIO

el criollo — *Spaniard born in the New World*
la madrugada — *dawn*
la peregrinación — *pilgrimage*
calumniado/a — *slandered*
arar — *to plow*
empujar — *to push*
el rincón — *corner*
el/la terrateniente — *landowner*
el/la verdugo — *executioner*
pertinaz — *obstinate*
yacer (zc) — *to lie*

FRASES UTILES

Le dieron la espalda. — *They turned their back on him.*
Sin esperar siquiera la artillería... — *Without even waiting for the artillery . . .*
Sin regresar jamás... — *Without ever again returning . . .*
Nos encontramos a la intemperie. — *We found ourselves at the mercy of the elements.*

PARA PENSAR ANTES DE MIRAR

Averigüe el significado de las siguientes palabras.

1. controlar
2. dirigir
3. gobernar
4. mandar
5. imponer
6. acaudillar

Después del video

A. Conexiones. ¿A quién(es) se refieren las frases? A veces más de una frase puede referirse al mismo nombre.

____ 1. «rechazó cualquier honor político... eran los días de la gloria»

____ 2. «no seré yo el verdugo de mis propios compatriotas»

a. Bolívar
b. nuevos caudillos militares
c. San Martín
d. terratenientes

____ 3. «vio (el problema) claramente y dijo: "La aristocracia quiere la libertad, pero sólo para ella misma".»

____ 4. «escribió su propio epitafio: "América es ingobernable. El que sirve a una revolución ara en el mar"»

____ 5. «no habrían apoyado la revolución para ser desposeídos o gobernados por negros»

____ 6. «habían entrado en posesión de tierras que les fueron dadas por sus servicios durante la revolución»

B. Indique si los siguientes países latinoamericanos ganaron la independencia gracias a los esfuerzos de San Martín (SM) o Bolívar (B).

____ Argentina

____ Bolivia

____ Chile

____ Colombia

____ Ecuador

____ Paraguay

____ Perú

____ Uruguay

____ Venezuela

C. ¿A quién(es) se refiere cada oración? A veces más de una oración puede referirse al mismo nombre.

____ 1. Apoyaba la idea de gobiernos militares.

____ 2. Era el Director Supremo de Chile.

____ 3. Escribió que «América es ingobernable».

____ 4. Estaba en pro del «hábil despotismo».

____ 5. Estaba en contra del «soldado afortunado».

____ 6. Fue acusado de ambicionar la dictadura.

____ 7. Lucharon por la independencia de Chile.

____ 8. Murió exiliado de su propio país.

____ 9. Nombró al Director Supremo de Chile.

____ 10. Se oponía a la idea de gobiernos militares.

____ 11. Se encontraron en Guayaquil, Ecuador.

a. Bolívar
b. Bolívar y San Martín
c. O'Higgins
d. San Martín
e. San Martín y O'Higgins

Más adelante

PREGUNTAS

1. ¿Quién era Bernardo O'Higgins?
2. Al confrontar la necesidad de gobernar en sus países recién liberados, ¿en qué se diferenciaban Bolívar y San Martín?
3. ¿Qué problema fundamental encontró Bolívar al tratar de imponer gobiernos democráticos?

SU OPINION PERSONAL

Bolívar dijo: «América es ingobernable. El que sirve a una revolución ara en el mar». ¿Cree Ud. que Bolívar tenía razón? ¿Por qué?

PARA COMENTAR

Un país que recién se libera siempre debe enfrentar nuevos problemas. Compare la situación en que se encontraban los EE.UU. y los países hispanoamericanos cuando ganaron su independencia. ¿Eran similares o diferentes sus problemas antes y después de su liberación?

LECTURA SUGERIDA

Pablo Neruda, «Guayaquil (1822)», en *Canto general,* op. cit. pp. 392-394.

Las dictaduras

Resumen

La desaparición de la monarquía española creó un vacío enorme que fue llenado por dictadores militares. Un ejemplo fue Juan Manuel de Rosas en la Argentina, quien trató de intimidar a la mayor parte de la población. El general mexicano Antonio López de Santa Ana fue presidente once veces. Perdió una pierna en una batalla, pero más tarde en la guerra con EE.UU. perdió más: la mitad del territorio nacional de México. Por primera vez en México un indio de raza pura llegó a la presidencia: Benito Juárez.

El Palacio Presidencial

Antes del video

VOCABULARIO

el anillo	*ring*	la mitad	*half*
el azote	*whip*	la pampa	*Argentine plains*
la gorra	*cap*	el/la zorro/a	*fox*
colorado/a	*red*	incapaz	*incapable*
desdeñoso/a	*disdainful*		
arrastrar	*to drag*	disfrazar (c)	*to disguise*
despreciar	*to scorn*	enterrar (ie)	*to bury*

PARA PENSAR ANTES DE MIRAR

¿Cuál es la diferencia entre las siguientes palabras?

1. susto 2. temor 3. miedo 4. terror

Después del video

A. Conexiones. ¿A quién se refiere cada frase? A veces más de una frase puede referirse al mismo nombre.

____ 1. «totalmente desdeñosa de la luz, fue la encarnación de la dictadura personal»

____ 2. «mis antecesores despreciaron a las clases bajas, yo las seduzco...»

____ 3. «perdió una pierna en una batalla, la mandó enterrar...»

____ 4. «pero por desgracia perdió algo más que una pierna... la mitad del territorio nacional de México»

____ 5. «un indio de raza pura llegó a la presidencia de la República»

____ 6. «Para muchos católicos, se convirtió en el azote de la iglesia»

a. Benito Juárez
b. Juan Manuel de Rosas
c. Santa Ana

B. ¿A qué o a quién se refiere cada frase?

____ 1. ciudad de México predominantemente india

____ 2. dictador cuyas tropas impusieron el terror

____ 3. escuadrones de la muerte

____ 4. enseñó a leer y a escribir a Juárez

____ 5. estado norteño de México

____ 6. estudió para hacerse abogado

____ 7. perdió la mitad del territorio nacional de México

____ 8. pintor y muralista mexicano

a. Antonio López de Santa Ana
b. Benito Juárez
c. Diego Rivera
d. Juan Manuel de Rosas
e. gaucho
f. mazorca
g. Oaxaca
h. Padre Salanueva
i. San Martín
j. Tejas

____ 9. temió el poder del «soldado afortunado»

____ 10. vaquero de las pampas argentinas

Más adelante

PREGUNTAS

1. ¿Qué medios usó el dictador Juan Manual de Rosas en Argentina para controlar el poder?
2. ¿Qué ocurrió bajo el gobierno del General Antonio López de Santa Ana en México?
3. ¿Quién fue Benito Juárez?

SU OPINION PERSONAL

Fuentes dice que «en 1847 los EE.UU. lanzaron una guerra injusta contra México». ¿Está Ud. de acuerdo con esta opinión? ¿Hay ejemplos de guerras justas en la historia? ¿Cuál es la diferencia?

PARA COMENTAR

El dictador Rosas impuso un reino de terror en Argentina recurriendo a diferentes métodos, pero esta no ha sido la única vez que un dictador recurre a tales procedimientos. Describa algún caso de dictadura contemporánea y comente qué métodos emplea o empleó. ¿Hay ejemplos de dictadores benévolos («dictablanda»)?

LECTURAS SUGERIDAS

Esteban Echeverría, «El matadero» (cuento), en *El matadero, ensayos estéticos y prosa varia*. Edición crítica de Fernando Burgos. Hanover, NH: Ediciones del Norte, 1992, pp. 55-105.
Pablo Neruda, «Rosas (1829-1849)», en *Canto general*, op. cit. pp. 432-433.

Benito Juárez

Resumen

La presidencia de Benito Juárez fue de especial importancia para México y, en verdad, para toda la América Latina. Se enfrentó al problema central de crear un gobierno civil, no un mando militar. El resultado fue la reforma que cambió a México.

Antes del video

VOCABULARIO

la huelga	*strike*		
amenazar (c)	*to threaten*	enfrentarse a	*to confront*

FRASE UTIL

El tiempo convierte al héroe en leyenda. *Time converts the hero into legend.*

PARA PENSAR ANTES DE MIRAR

Averigüe el significado de las siguientes palabras.

1. modificar 2. reformar 3. nacionalizar 4. abolir

Después del video

A. Indique con «X» cuáles de las siguientes acciones fueron realizadas por Juárez.

____ 1. Abolió los privilegios del ejército.

____ 2. Creó un estado secular moderno.

____ 3. Llevó a cabo una reforma agraria.

____ 4. Nacionalizó los bienes amortizados por la Iglesia.

____ 5. Reformó el sistema educativo.

____ 6. Separó la Iglesia del Estado.

Benito Juárez

Más adelante

PREGUNTAS

1. ¿Qué eran las leyes de reforma?
2. ¿Por qué hubo oposición en México a estas leyes?

PARA COMENTAR

1. Fuentes opina que la presidencia de Benito Juárez fue muy importante no sólo para México sino, en verdad, para toda la América Latina. Comente su evaluación. ¿En qué se funda?
2. ¿En qué sentido fue Juárez un ejemplo para los demás países? Comente casos de reformas importantes que se hayan hecho en el sistema de los Estados Unidos.

LECTURA SUGERIDA

Pablo Neruda, «Viaje por la noche de Juárez», en *Canto general*, op. cit. pp. 397-398.

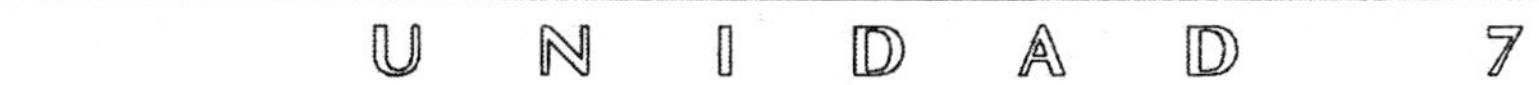

Maximiliano y Carlota

Resumen

Los franceses y sus aliados mexicanos pusieron la corona de México en la cabeza del príncipe austriaco Maximiliano de Hapsburgo. El y su esposa Carlota se instalaron en el Castillo de Chapultepec, pero la suerte de los dos sería trágica. Juárez reunió un ejército republicano para enfrentarse al nuevo imperio de Europa. Desde su «oficina sobre ruedas», su carroza, Juárez defendió con éxito la independencia de toda la América Latina.

Antes del video

VOCABULARIO

el/la bandolero/a	*outlaw*	el desafío	*challenge*
el/la cangrejo/a	*crab*	el/la dramaturgo/a	*dramatist*
la carroza	*carriage*	la marioneta	*puppet*
fusilar	*to execute*	sostener (*irreg.*)	*to support*
rendirse (i, i)	*to surrender*		

FRASE UTIL

Acaso Europa le diese la espalda. — *Possibly Europe turned her back on him.*

PARA PENSAR ANTES DE MIRAR

Averigüe el significado de las siguientes palabras.

1. reino 2. imperio 3. república 4. gobierno

Después del video

A. Conexiones. ¿A quién(es) se refiere cada frase? A veces más de una frase puede referirse al mismo nombre.

____ 1. «el príncipe austriaco de Hapsburgo, descendiente de Carlos V y de Felipe II, se instaló en el Castillo de Chapultepec»

____ 2. «la suerte de su esposa sería igualmente trágica: perdió a su marido y perdió la razón»

____ 3. «había ofrecido al pueblo mexicano la visión de una tierra libre y democrática»

a. Carlota
b. los franceses
c. Juárez
d. Maximiliano

____ 4. «desde (su) oficina sobre ruedas, estaba defendiendo la independencia de toda la América Latina»

____ 5. «la acción de las guerrillas republicanas les obligó a abandonar a Maximiliano»

____ 6. «rodeado por un pequeño grupo de fieles, se rindió después del sitio de Querétaro»

B. Ponga la letra de la columna B que se relaciona con la descripción de la columna A.

A	B
____ 1. castillo y palacio en México	a. Benito Juárez
____ 2. dramaturgo mexicano	b. Carlota
____ 3. familia real de Austria	c. Cerro de las Campanas
____ 4. ley que condenó a muerte a los republicanos	d. Chapultepec
____ 5. No mostró clemencia hacia Maximiliano.	e. Decreto Negro
____ 6. príncipe austriaco	f. Hapsburgo
____ 7. Protestó ante los cambios hechos por Juárez.	g. Maximiliano
____ 8. Se volvió loca.	h. Napoleón
____ 9. sitio de la ejecución de Maximiliano	i. El papa
	j. Rodolfo Usigli

Más adelante

PREGUNTAS

1. ¿Quién era Maximiliano?
2. ¿Por qué los franceses y los reaccionarios mexicanos le pusieron la corona de México?
3. ¿Qué tipo de persona era Maximiliano?

PARA COMENTAR

Cuando Maximiliano estaba en la cárcel bajo condena de muerte, llegaron cartas de muchas partes del mundo pidiéndole a Juárez que tuviera clemencia. Juárez se negó a hacerlo y Maximiliano fue fusilado. Comente la decisión de Juárez. ¿Se puede justificar?

LECTURA SUGERIDA

Rodolfo Usigli, «Corona de sombra» (drama), en Frank Dauster et. al. eds. *Nueve dramaturgos hispanoamericanos*, Tomo I, Ottawa: Girol Books, 1979, pp. 23-132.

Maximiliano y Carlota

La cultura europea

Resumen

La cultura europea se puso de moda en todas las grandes capitales latinoamericanas. El lema de esta cultura era «Orden y progreso». Pero las clases altas se interesaban más en imitar el consumo europeo que las formas de producción europea.

Antes del video

VOCABULARIO

el lema	*slogan*	la clase dirigente	*the ruling class*
creciente	*growing*	sombrío/a	*foreboding, grim*
concebirse (i, i)	*to conceive*		

FRASE UTIL

Hasta la muerte tenía una base económica. — *Even death had an economic base.*

PARA PENSAR ANTES DE MIRAR

Averigüe el significado de las siguientes palabras.

1. progresar 2. modernizar 3. producir 4. consumir

Después del video

A. Complete las oraciones con las palabras de la lista.

campaña del desierto
las clases dirigentes
la cultura indígena
la democracia
una nueva clase media
«Orden y progreso»
patriotas mexicanos
todo por la patria

1. A causa de las reformas modernizantes, comenzó a surgir ________________.
2. El lema de esta cultura era ________________.
3. Se creía que la prosperidad traería ________________.
4. ________________ se interesaban más en imitar las maneras del consumo europeo que en las maneras de la producción europea.

5. Un ejército argentino salió a combatir los residuos de ______________________ en la llamada ______________________.

Más adelante

PARA COMENTAR

1. Fuentes dice que «las clases dirigentes se interesaban más en imitar las maneras del consumo europeo que en las maneras de la producción europea». ¿Cómo interpreta Ud. esta afirmación? ¿Por qué cree Ud. que las clases altas no se interesaban en la producción?
2. ¿Qué entiende Ud. por «modernizar»? ¿Cree que modernidad y progreso son equivalentes? Dé ejemplos para apoyar sus ideas.

LECTURAS SUGERIDAS

Rubén Darío, «El rey burgués (cuento alegre)», en José Miguel Oviedo, ed. *Antología crítica del cuento hispanoamericano 1830-1920.* Madrid: Alianza Editorial, 1989, pp. 255-260.
Pablo Neruda, «Las oligarquías», en *Canto General,* op. cit. pp. 441-442.

La pampa y los gauchos

Resumen

El gaucho es necesario porque sabe hacer lo que hay que hacer en la pampa argentina. La vida del gaucho es el origen de la más grande obra literaria del siglo XIX en Hispanoamérica, *Martín Fierro.*

Antes del video

VOCABULARIO

el amo/a	*master/mistress*	la llanura	*plain*
el/la cacique	*local political boss*	el/la payador(a)	*minstrel*
el cimarrón (la cimarrona)	*wild horse*	el/la potro/a	*colt*
la fiera	*wild beast*	el vientre	*womb*
el/la huérfano/a	*orphan*		
salvaje	*savage*	ufano/a	*proud*
jurar	*to swear*	soltar (ue)	*to loosen, set free*

FRASE UTIL

Nunca se achican los males. *Troubles never get better (smaller).*

PARA PENSAR ANTES DE MIRAR

Averigüe la diferencia entre las siguientes palabras.

1. canto 2. poema 3. cuento 4. novela

Después del video

A. ¿Verdadero (V) o falso (F)?

____ 1. Cortés y Pizarro conquistaron a los indígenas de la Argentina.

____ 2. Los caballos salvajes se reprodujeron por millares en la pampa.

____ 3. La palabra **gaucho** significa «vaquero».

____ 4. Los gauchos representan el machismo, la independencia y la soledad.

____ 5. La canción es el periódico de la pampa.

____ 6. *Martín Fierro* es una obra clásica del siglo XIX en Hispanoamérica.

____ 7. El gaucho encarna la persistencia de la cultura popular hispanoamericana.

B. Indique con «X» cuáles de las siguientes características pueden atribuirse al gaucho.

____ 1. alegre

____ 2. celoso de su libertad

____ 3. cruel

____ 4. desdeñoso de lo material

____ 5. generoso

____ 6. hablador

____ 7. independiente

____ 8. machista

____ 9. solitario

Más adelante

PREGUNTAS

1. ¿Quiénes son los gauchos?
2. ¿Qué significa la palabra «gaucho»?

PARA COMENTAR

Los gauchos parecen tener características especiales casi míticas en la Argentina. Los «cowboys» o vaqueros norteamericanos también han gozado de una fama especial. Comente las características de ambos. ¿A qué se puede atribuir las similitudes?

LECTURAS SUGERIDAS

Jorge Luis Borges, «Martín Fierro», en *El hacedor*, op. cit. pp. 35-36.
José Hernández, *Martín Fierro* (Selección), en *Poesía gauchesca*. Caracas: Biblioteca Ayacucho, 1977.

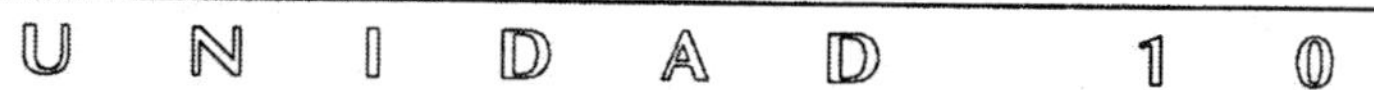

Buenos Aires

Resumen

Buenos Aires, el gran puerto de Argentina, es un imán para los inmigrantes de Europa y la gente de la pampa. Es la ciudad de Jorge Luis Borges, el renombrado cuentista, y del tango y su intérprete más famoso, Carlos Gardel. Alguien llamó al tango «un pensamiento triste que se baila». Y mientras tanto, en la Ciudad de México el artista gráfico José Guadalupe Posada veía pasar desde su imprenta las contradicciones de la realidad hispanoamericana: un continente liberado pero lleno de injusticia social.

Antes del video

VOCABULARIO

la imprenta	*printing shop*
la incertidumbre	*uncertainty*
citadino/a	*of the city*
fracasar	*to fail*
el/la marinero/a	*sailor*

FRASES UTILES

Ninguna era un imán mayor...	*None was a greater magnet . . .*
Se dan cita en Buenos Aires.	*They arrange to meet in Buenos Aires.*
Se encuentran aquí en la soledad.	*They meet here in loneliness.*
Es una fuente inagotable de mito.	*It is an inexhaustible source of myth.*

PARA PENSAR ANTES DE MIRAR

Averigüe el significado de las siguientes palabras.

GRUPO 1

a. visitar
b. emigrar
c. inmigrar
d. exiliarse

GRUPO 2

a. calle
b. barrio
c. ciudad
d. metrópoli

GRUPO 3

a. local
b. internacional
c. cosmopolita

Después del video

A. Conexiones. ¿A quién o a qué se refiere cada frase? A veces más de una frase puede referirse al mismo nombre.

____ 1. «el mejor cantante de tangos de todos los tiempos»

____ 2. «El inmigrante del interior y el inmigrante de Europa se encuentran aquí».

____ 3. Escribió: «el tango es la gran conversación de Buenos Aires».

____ 4. «Desde la ventana de su imprenta en la ciudad de México veía pasar la realidad contradictoria de esta nueva Hispanoamérica»

____ 5. «los silencios que vienen de ese mar interior...»

____ 6. «Yo creo que es una forma que sigue revelando mejor que cualquier otra las alegrías, las miserias y los misterios de nuestra vida citadina».

a. Buenos Aires
b. Carlos Gardel
c. Jorge Luis Borges
d. José Guadalupe Posada
e. la pampa
f. el tango

B. Indique con «X» cuáles palabras o frases pueden completar la oración: Buenos Aires ha sido una ciudad... .

____ 1. auténtica

____ 2. de abundancia

____ 3. de gauchos

____ 4. de gitanos

____ 5. de necesidad

____ 6. de inmigrantes

____ 7. imitativa

____ 8. de la pampa

____ 9. de silencio

C. ¿A qué o a quién se refiere cada descripción?

____ 1. cantante argentino famoso por sus interpretaciones de los tangos

____ 2. Escribió cuentos metafísicos.

____ 3. habitantes de Buenos Aires

____ 4. «la gran conversación de Buenos Aires»

____ 5. país europeo de donde llegaron seis millones de inmigrantes en 34 años

a. brasileños
b. Carlos Gardel
c. Francia
d. Italia
e. Jorge Luis Borges
f. porteños
g. la samba
h. el tango

Fuentes en un café bonaerense

Más adelante

PREGUNTAS

1. ¿De dónde procedían los inmigrantes que llegaron a Buenos Aires?
2. ¿Por qué habla Fuentes de «un doble imán» o «un doble destino» para la ciudad?
3. ¿Quiénes eran los siguientes personajes?
   a. Borges b. Carlos Gardel c. Martín Fierro d. José Guadalupe Posada

SU OPINION PERSONAL

1. ¿Cree Ud. que un baile puede tener la importancia y significado que Fuentes le atribuye al tango? ¿Hay otros ejemplos de bailes con significado especial?
2. Buenos Aires es un ejemplo de ciudad cosmopolita. ¿Conoce alguna ciudad de los EE.UU. que se pueda comparar con Buenos Aires?

PARA COMENTAR

Comente las razones que pudo tener la gente de Europa para emigrar a países americanos.

LECTURAS SUGERIDAS

Jorge Luis Borges. *Fervor de Buenos Aires*. Buenos Aires: EMECE, 1969.
Carlos Zubillaga, *Carlos Gardel*. Prólogo de Jorge Luis Borges. Madrid: Ediciones Júcar, 1976.
Francisco Díaz de León, *Gahona y Posada: grabadores mexicanos*. México: Fondo de Cultura Económica, 1968.

La revolución mexicana

Resumen

Porfirio Díaz, dictador de México durante 30 años, abrió el país a la inversión y desarrollo pero no a la democracia. Francisco Madero recibió el apoyo popular con su llamado de «no reelección» (a Díaz). Madero le dio al país un gobierno democrático pero no le dio los necesarios cambios sociales. Zapata dijo que seguiría combatiendo hasta que las demandas de los campesinos fueran satisfechas. En el norte Pancho Villa luchó contra Carranza. La legendaria División del Norte de Villa, fue destruida y Carranza se instaló en la capital. Con la revolución mexicana, México y toda la América española entraron al siglo XX.

Antes del video

VOCABULARIO

el choque	*shock*	la inversión	*investment*
la emboscada	*ambush*	el rostro	*face*
el/la funcionario/a	*bureaucrat*		
despojado/a	*stripped*	dotado/a	*gifted*
ubérrimo/a	*fertile, abundant*	vigente	*valid; in effect*
temblar (ie)	*to tremble*		

FRASES UTILES

La guardia disparó a quemarropa.	*The guards fired at point blank range.*
Era demasiado listo para dejarse sorprender...	*He was too smart to let himself be caught off guard . . .*

PARA PENSAR ANTES DE MIRAR

Averigüe el significado de las siguientes palabras.

1. cambio
2. modificación
3. transición
4. revuelta
5. rebelión
6. revolución

Después del video

A. Conexiones. ¿A quién se refiere cada frase?

____ 1. «abrió el país a la inversión extranjera en petróleo, minería, ferrocarriles...»

____ 2. «un hombre modesto y honesto, electrizó al país con su llamado a la democracia»

____ 3. «en el sur, representante de las comunidades agrarias despojadas de sus tierras, aguas y bosques»

____ 4. «en el norte (un hombre) intuitivo, a veces cruel, pero dotado de verdadero genio militar»

____ 5. «todos se unieron en torno a su figura un tanto remota, un ranchero y político del norte de México»

____ 6. «resulta que el tal coronel no era un desafectado, sino en realidad parte de un plan para matar a Zapata»

a. Emiliano Zapata
b. Francisco Madero
c. Jesús Guajardo
d. Pancho Villa
e. Porfirio Díaz
f. Venustiano Carranza

Estatua de Villa

B. ¿A qué o a quién(es) se refieren las siguientes descripciones?

____ 1. clasista y represivo

____ 2. dictador de México durante 30 años

____ 3. dictador que mandó asesinar a Madero

____ 4. intuitivo genio militar del norte de México

____ 5. presidente de un gobierno limpio y democrático

____ 6. ranchero y político

____ 7. representante de las comunidades agrarias

a. Benito Juárez
b. el ejército federal
c. Emiliano Zapata
d. Francisco Madero
e. Pancho Villa
f. Porfirio Díaz
g. Venustiano Carranza
h. Victoriano Huerta

C. Complete las oraciones con las palabras de la lista.

1. Pancho Villa luchó en ____________________ y Emiliano Zapata en ____________________.
2. La revolución mexicana de Carranza era ____________________ y ____________________.
3. La revolución mexicana de Villa y Zapata era ____________________ y ____________________.
4. Una cuestión fundamental es cómo conciliar el progreso con ____________________ y ____________________.

agraria
centralizadora
la democracia
la justicia
la libertad
modernizante
el norte
el sur
tierra
tradicionalista

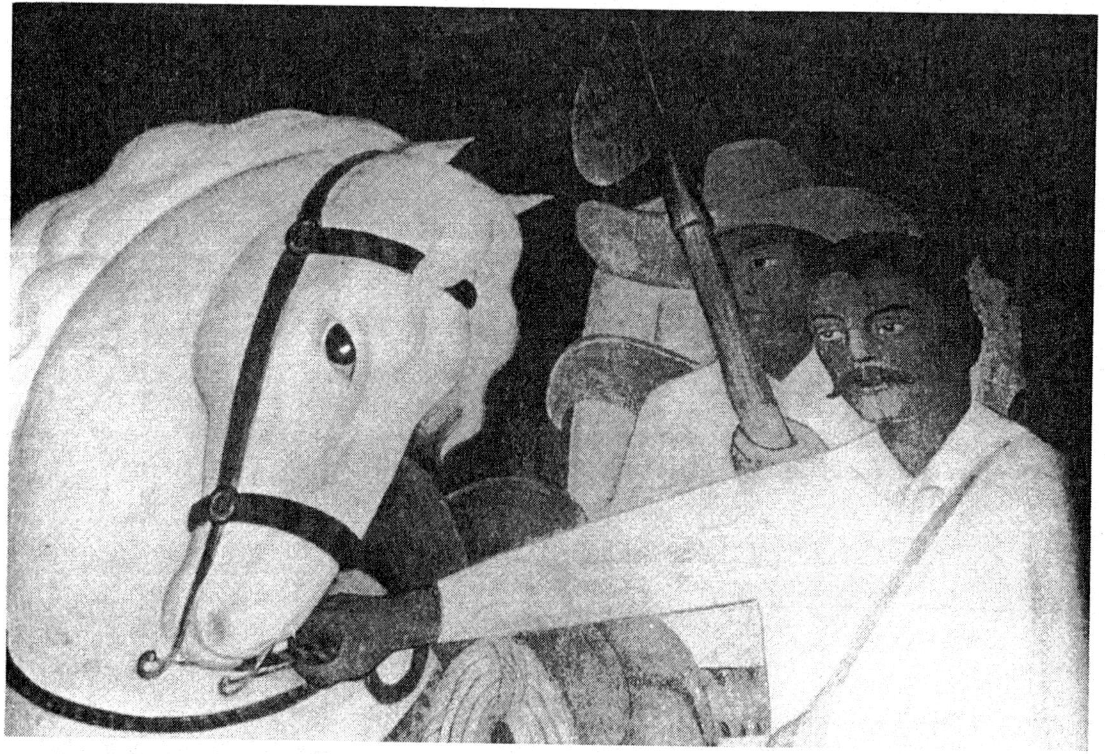

Zapata

D. Indique con números el orden cronológico en que gobernaron estos líderes mexicanos.

____ Antonio López de Santa Ana

____ Benito Juárez

____ Francisco Madero

____ Maximiliano de Austria

____ Venustiano Carranza

____ Porfirio Díaz

____ Victoriano Huerta

Más adelante

Indique con «X» cuáles de los siguientes personajes desempeñaron importantes papeles en la revolución mexicana.

____ 1. Venustiano Carranza

____ 2. Victoriano Huerta

____ 3. Francisco Madero

____ 4. Pancho Villa

____ 5. Emiliano Zapata

SU OPINION PERSONAL

1. Como explica Fuentes, Porfirio Díaz fue dictador de México durante 30 largos años. Díaz dijo: «Para gobernar a México se necesita algo más que ser honesto. Madero ha liberado a un tigre. A ver si puede controlarlo». ¿A qué se estaba refiriendo Díaz? ¿Tuvo razón en lo que dijo? ¿Qué le pasó a Madero?
2. ¿Cree Ud. que era necesaria una revolución en México? ¿Por qué?

PARA COMENTAR

1. Pancho Villa se ha convertido en una figura mítica. Comente cómo lo ven en las canciones populares mexicanas y en el cine norteamericano. ¿Hay diferencias entre la imagen mítica y el personaje histórico?
2. En general, ¿justifica Ud. las revoluciones?

LECTURAS SUGERIDAS

Alvaro Custodio, ed. *El corrido popular mexicano.* Madrid: Ediciones Júcar, 1976. Ver «Revolucionarios», pp. 104-121.

Vicente Mendoza, *Corridos mexicanos.* México: Lecturas mexicanas, 1985. Ver «Revolucionarios», pp. 31-86.

E N F I N

Escoja uno de los siguientes temas (**A** o **B**) y escriba un breve ensayo.

A. Los españoles dominaron sus colonias americanas durante tres siglos. Exprese sus ideas sobre este tema: «Los cambios políticos en Europa y su impacto en las colonias americanas». Para responder habrá que considerar los siguientes factores.

1. la revolución francesa de 1789 y las nuevas ideas liberales de la Ilustración
2. la situación de la monarquía en España durante ese período
3. la invasión de España por Napoleón
4. la política de la monarquía española hacia sus colonias americanas

B. El fin del siglo XIX encontró a la América española independiente de Europa, pero según Fuentes, «Las cuestiones fundamentales propuestas por Bolívar un siglo antes continuaban vigentes». ¿Cuáles eran estas cuestiones? (Conviene repasar la unidad 2 sobre Bolívar.) Compare la situación de los EE.UU. y Latinoamérica con respecto a tales cuestiones. ¿En qué coincidían y en qué se diferenciaban? Trate de dar una explicación de las diferencias que Ud. haya notado.

En antiguas tumbas de las Américas se han encontrado espejos. El espejo es poderoso, concentra la fuerza del sol y revela nuestra identidad.

Unidad 1: La independencia

Todos los años, la noche del 15 de septiembre, un millón de mexicanos se reúnen en la gran plaza central de la ciudad de México, el Zócalo, para celebrar el Grito de la Independencia, lanzado por el padre Miguel Hidalgo en 1810.

Un grito de rebelión, escuchado desde México hasta la Argentina, a pesar de las enormes distancias y el aislamiento, demostró que la América Española había adquirido una personalidad básica, común, durante los años coloniales.

El presidente de México sale a tocar la campana de la libertad en el balcón del Palacio Nacional. La campana recuerda que la lucha por la libertad y la independencia en Hispanoamérica ha sido larga y difícil y aún no termina.

Esta es la historia del nacimiento de las naciones de Hispanoamérica. A finales del siglo XVIII, la América española tenía la sensación de vivir encerrada detrás de los muros de una fortaleza colonial. Los hispanoamericanos querían comerciar libremente con el mundo, retener sus propias riquezas y obtener mayor representación política. Querían, sobre todo, afirmar su propia identidad después de 300 años de dominio colonial español.

Estos muros y torreones fueron diseñados para resistir a los bucaneros franceses e ingleses, pero había algo peor que los ataques de piratas: las ideas nuevas, y ni la poderosa fortaleza militar, aquí en San Juan de Ulúa, ni la no menos poderosa fortaleza espiritual de la Inquisición, fueron capaces de contener la catarata de libros prohibidos de la Ilustración que comenzaron a inundar a la América Española a partir de fines del siglo XVIII. Thomas Paine y Thomas Jefferson, la independencia, la soberanía popular, los derechos del hombre, Montesquieu, Voltaire y, sobre todo, Rousseau, Jean Jacques Rousseau, y su famosa exclamación: "El hombre ha nacido libre, pero en todas partes se encuentra encadenado."

En toda la América Española, los comerciantes, los intelectuales, el bajo clero y los oficiales de las milicias locales empezaron a discutir la manera de satisfacer sus aspiraciones.

El mundo se renovaba. La rebelión de las colonias

inglesas de Norteamérica fue seguida por la revolución francesa.

Unidad 2: Simón Bolívar

Ahora, los hispanoamericanos también se preguntaron: "¿Que nos impide ser naciones independientes y democráticas?" Es la pregunta que se hizo a sí mismo un joven aristócrata venezolano, nervioso e impaciente, con una mente tan alerta como sus ardientes ojos negros. Su nombre: Simón Bolívar.

Durante un viaje a Europa en 1804, las ideas y las metas de Bolívar empezaron a definirse.

Bonaparte dominaba la escena europea. Bolívar, al principio, admiró la energía y la voluntad con que un individuo imponía las ideas de la revolución y su propio poder. Pero la coronación de Napoleón I desilusionó a Bolívar. ¿Era fatal que el destino de la revolución fuese la traición?

La siguiente acción napoleónica transformó la vida de Bolívar y de la América Española. En 1808, Napoleón invadió España, secuestró a la familia real y puso a su hermano José Bonaparte en el trono de Madrid.

La América Española se preguntó: ¿Si no hay rey español en España, puede haber dominio español en América? Desde el Sacromonte en Roma y en presencia de su tutor, Bolívar hizo la promesa solemne de luchar sin descanso hasta romper las cadenas que unían a América con el poder español. Cumplió su palabra. Desde su base en Angostura, junto al Orinoco, Bolívar urgió a la América Española: "Cimentemos sin temor la piedra de la libertad. Dudar es perecer."

Estamos en la casa donde Bolívar preparó muchas de sus campañas y donde pensó y escribió con gran intensidad de manera que es, quizás, un buen lugar para detenernos y preguntarnos ¿quién era este hombre? ¿Quién era este aristócrata que tanto luchó por la igualdad? Este hombre, inmensamente rico, que entregó su vida a la revolución, este visionario humanista capaz de hacer una guerra a muerte contra sus enemigos: ¿Quién era este guerrero y filósofo que pasó por la historia pensando sus pensamientos en voz alta? ¿Quién era este impaciente romántico que quiso hacer tanto en tan poco tiempo: alcanzar la democracia, la igualdad, incluso la unidad latinoamericana?

El 5 de julio de 1811, sin esperar que la situación en España se aclarase, Venezuela declaró su independencia.

Semejante acto de rebeldía tenía que provocar a las autoridades españolas, empeñadas en defender el imperio colonial hasta que los Borbones fuesen restaurados en España. Pero en Bolívar la independencia había encontrado su genio, un hombre capaz de escribir constituciones con una mano y de blandir la espada con la otra.

"La guerra es mi elemento," decía Bolívar, recuperándose de cada derrota, preparando la siguiente victoria. Fue una terrible "guerra hasta la muerte." Los comandantes españoles a menudo dejaban a sus prisioneros a que se pudrieran atados a postes bajo el sol. Bolívar replicó: "Españoles, contad con la muerte si no obráis activamente en obsequio de la libertad de América."

Simón Bolívar cubrió un campo de batalla tan vasto como la Europa napoleónica, del Caribe al Pacífico. Después de tres años de incesante lucha, liberó a Colombia en Boyacá y a Venezuela en Carabobo.

El pueblo de las naciones liberadas trató a este hombre complejo y melancólico como a un santo. Bolívar, con ironía, dio otra evaluación de sí mismo: "Jesucristo, Don Quijote y yo," dijo, "hemos sido los más insignes majaderos del mundo."

Del otro lado de los Andes estaban Ecuador y Perú. Bolívar soñaba no sólo con la independencia de la América Española, sino con su unidad. "No somos indios ni europeos," dijo, "somos un pequeño género humano, poseemos un mundo aparte."

Unidad 3: San Martín: Libertador del sur

No sólo en el norte se desintegraba el imperio español de las Américas. En el sur, en Uruguay y Argentina, los grupos sociales comenzaron a agitarse, apoyados por las milicias locales.

Los rioplatenses adquirieron el gusto por la victoria en 1806 cuando una expedición naval británica invadió Buenos Aires. Pero los británicos no fueron combatidos por la guarnición real española sino por la milicia local argentina.

Aquí tenemos al general británico Beresford, rindiéndose ante el comandante argentino Santiago Liniérs, después de la invasión británica del puerto de Buenos Aires en 1806, cuando el Virrey español Sobremonte y las tropas realistas simplemente voltearon la espalda y salieron huyendo sin presentarles oposición a los ingleses. Y fueron entonces las milicias locales, los batallones de patricios y abajeños los que derrotaron a los ingleses. Se puede excusar un poco la actitud casi humillada con que el pintor ha presentado al general inglés porque este cuadro representa el nacimiento de un patriotismo local rioplatense, bonaerense, argentino, frente a la invasión británica que permitiría precisamente a las milicias locales organizarse como un ejército para derrotar a las fuerzas realistas españolas primero y, luego, para crear el ejército profesional argentino.

El gran organizador de la victoria fue un oficial del ejército argentino llamado José de San Martín. Meticuloso y paciente, San Martín, como Bolívar, era un comandante militar de genio.

La inmensa barrera de los Andes había impuesto una división inmóvil entre las fuerzas independientes de Buenos Aires y las fuerzas realistas atrincheradas en el virreinato del Perú.

San Martín decidió romper la parálisis y la indecisión. Como Aníbal en la antigüedad, se propuso guiar a sus hombres hasta el punto más alto de las montañas y tomar por sorpresa al enemigo. Desde la ciudad de Mendoza, al pie de la montaña, San Martín se dedicó a organizar un ejército capaz de expulsar para siempre a España del cono sur del continente. Les arrancó joyas a los ricos, camisas y ponchos a los pobres, y cornetas a los viejos soldados. Fabricó sus propios cañones, su pólvora y sus uniformes.

Organizó una columna de espías que fueron del otro lado de la montaña, a Chile, a propagar noticias falsas. Engañó a los españoles haciéndoles creer que iba a atacar más hacia el sur por las tierras indias de los Pechuenches. Y Puyrrendón, el presidente de Argentina, le envió 2.000 sables y 200 tiendas de campaña, con una carta diciendo: "Va el mundo, va el demonio, va la carne, y si no le mando más, carajo, es porque no tengo más que darle." Pero San Martín no necesitaba nada más. Y en enero de 1817 le dice a cada soldado: "Serás tu propio centinela." Nombra a la Virgen generala de los ejércitos e inicia el ascenso de la cordillera.

Con él iban 5.000 hombres, mulas, caballos, 18 piezas de artillería y provisiones, incluyendo una carreta llena de trigo. Todo lo había previsto el genio de San Martín. La campaña sería larga y dura: albañiles y panaderos, linternas y tanques de agua, así como un carruaje lleno de mapas.

Ascendieron 4.000 metros hasta la cumbre más alta de Sudamérica, el poderoso Aconcagua, desafiando los vientos y el hielo y la ceniza volcánica. Las avanzadas del ejército combatieron a las pequeñas guarniciones realistas en los pases de la montaña. Pero también combatieron el soroche, la enfermedad de las alturas, el mareo y el vómito.

Al llegar al punto más elevado de la cordillera, de las 10.000 mulas que iniciaron el ascenso, sólo 4.000 sobrevivían. Pero más allá del dato histórico, ¿qué significa para nosotros hoy esta gran epopeya del ejército de los Andes? Bueno, yo creo que aquí se alcanzaron no sólo grandes alturas físicas sino grandes alturas morales.

El cruce de los Andes demostró que éramos capaces de organizarnos, de actuar con puntualidad, con coraje y fortaleza. La campaña de los Andes sigue constituyendo un ejemplo, una referencia fundamental, una fuente de orgullo para el futuro de la América Española.

Unidad 4: Problemas de liberación

La madrugada del 8 de febrero de 1817, el ejército de San Martín estaba del otro lado de la cordillera, frente a Chile. Uniendo sus fuerzas a las de su aliado chileno, Bernardo O'Higgins, y sin esperar siquiera a la artillería, San Martín descendió sobre las fuerzas españolas en Chacabuco. Después de la batalla, 500 realistas yacían muertos, y sólo doce insurgentes. Del Atlántico al Pacífico, el sur del continente era libre. San Martín rechazó cualquier honor político y nombró a O'Higgins Director Supremo de Chile.

Eran los días de la gloria. El 10 de julio de 1821 los granaderos victoriosos entraron en Lima y proclamaron la independencia del Perú.

Tres siglos de dominio español habían llegado a su fin. En el puerto ecuatoriano de Guayaquil, Bolívar esperaba a San Martín. Fue el primer y único encuentro de los dos grandes libertadores. San Martín ofreció ser el segundo de Bolívar; Bolívar no aceptó ninguna diferencia entre los dos. Pero en verdad eran dos hombres sumamente distintos.

San Martín se oponía a que los militares gobernasen. El quería instituciones fuertes, no hombres fuertes, y previno a la Argentina contra el gobierno de lo que llamaba el soldado afortunado. El no quería ser ese soldado afortunado, pues sentía que el gobierno militar inevitablemente conduciría a la guerra civil. "No seré yo"--dijo San Martín--"el verdugo de mis propios compatriotas." No se había manchado las manos en la guerra, tampoco se las iba a manchar en la paz.

Su actitud fue profundamente moral, profundamente respetable por ello. Pero nos podemos preguntar: ¿tenía razón o no San Martín? ¿Debió gobernar? ¿Hubiera evitado un gobierno de San Martín precisamente lo que él temía: las dictaduras militares?

La verdad es que este hombre ético había tomado una decisión: "Quiero irme a un rincón a vivir como un hombre," dijo. Y finalmente...las dictaduras lo empujaron a ello, le pusieron espías y lo enviaron al exilio donde San Martín murió sin regresar jamás a las tierras que había liberado.

Bolívar permaneció aquí y luchó heroicamente con el problema: ¿cómo gobernarnos después de la independencia? Su ideología venía de la ilustración dieciochesca y consistía en la fe de que sólo la mayoría es soberana. Pero en los países gobernados por Bolívar de Perú a Venezuela, la mayoría era negra y mulata, india y mestiza, y la minoría blanca tenía el gobierno de estas mayorías de color. De manera que el problema se convertía realmente en un problema básico: libertad o igualdad. Bolívar lo vio claramente y en su discurso de Bucaramanga dijo: "La aristocracia quiere la libertad, pero sólo para ella misma. Quiere la igualdad, pero no con las razas que considera inferiores."

Aquí, en el Congreso de Angostura en 1819, Simón Bolívar se atormentó buscando soluciones que evitasen los extremos de la dictadura y la anarquía. Educada en la tiranía, la América Española no podía obtener la democracia milagrosamente. La libertad absoluta podía conducir a la más absoluta tiranía. Entonces, ¿qué? Bolívar sugirió la creación de un "hábil despotismo," un ejecutivo fuerte capaz de imponer la igualdad jurídica donde prevalecía la desigualdad racial. El problema es que las fuerzas liberadas por la revolución de independencia no compartieron la angustia de Bolívar. En primer lugar, los negros y mulatos que no se sentían representados aquí. En segundo lugar, los terratenientes criollos que no habían apoyado a la revolución para ser desposeídos o gobernados por negros. Y en tercer lugar y lo más importante, creo yo, los nuevos caudillos militares que habían entrado en posesión de tierras que les fueron dadas por el propio Simón Bolívar como pago por sus servicios durante la revolución. Todos ellos le dieron la espalda a Bolívar y lo abandonaron en su larga y solitaria peregrinación hacia la muerte.

En la oscuridad de la noche del 8 de mayo de 1830, Bolívar salió secretamente de Bogotá, calumniado, acusado de ambicionar la dictadura y amenazado de muerte. Semanas más tarde, mientras agonizaba en Santa Marta, Bolívar escribió su propio epitafio: "América es ingobernable. El que sirve una revolución ara en el mar." El joven idealista, el brillante general, el estadista desilusionado, había muerto a la edad de 47 años.

Después de 300 años de dominio español, nos encontramos a la intemperie. ¿Podíamos construir el techo del progreso sobre los cimientos de la autodeterminación?

Esta visión fue fomentada por los abogados, padres fundadores de nuestras patrias, que creían que razonablemente la realidad podía ser transformada mediante la ley. Pero la visión se convirtió en ilusión cuando en demasiadas ocasiones simplemente copiamos las leyes prestigiosas de Francia, Inglaterra y los Estados Unidos, creyendo que con ello instantáneamente nos convertiríamos en países democráticos y progresistas.

El hecho es que acabamos construyendo una nación legal, una fachada majestuosa de la ley, como el Congreso aquí en Buenos Aires, detrás de la cual persistía dura, pertinaz, una nación real difícil de cambiar simplemente por medios legislativos.

La resaca de la independencia fue amanecer y darnos cuenta de la enorme distancia que existía entre los ideales y la acción. Y constantemente los ideales...los ideales eran derrotados por las distancias enormes, la falta de comunicación, el aislamiento, la ausencia de instituciones, y de instituciones y prácticas democráticas sobre todo, y por una abundancia de divisiones, divisiones entre la capital y las provincias. Sobre estas diferencias y divisiones, encima de ellas, la larga guerra militar que duró 15 años.

Unidad 5: Las dictaduras

La desaparición del factor político central, que era la monarquía española, se creó un vacío enorme en nuestros países. Pero los vacíos en política no duran mucho tiempo. Son llenados pronto, y en la América Española fueron llenados por lo que San Martín más temía: el soldado afortunado, el dictador militar, el hombre fuerte.

Nadie buscó el poder con determinación más obsesiva que Juan Manuel de Rosas en la Argentina. Apoyado por la fuerza bruta, totalmente desdeñoso de la ley, Rosas fue la encarnación de la dictadura personal, gobernando el país como si fuese su propiedad privada, su estancia.

Era un zorro que explotó astutamente las diferencias entre Buenos Aires y las provincias a favor de su poder personal. Sus tropas, con sus gorras coloradas, impusieron el terror y protegieron a la nueva clase de propietarios ganaderos. Los gauchos, los desposeídos de la pampa, creyeron ver en Rosas a un amigo.

Pero a sus amigos, Rosas les confesó lo siguiente: "Saben, me parece muy importante conseguir una influencia grande sobre las clases bajas y para esto me hice gaucho como ellos, hablé como ellos para ganar su confianza y cuidar sus intereses. Mis antecesores," dice "despreciaron a las clases bajas, yo las seduzco, si es necesario me disfrazaré como un gaucho para tenerlos de mi lado."

Los que no se dejaron seducir por Rosas fueron los liberales de la clase media y Rosas los exilió, los encarceló, los mató. "Hay un momento," dice Sarmiento, "en que se puede decir que toda la ciudad de Buenos Aires pasó por las cárceles de Rosas." ¿Qué habian hecho? Nada. Precisamente de eso se trataba, de intimidar..., de intimidar a la mayor parte de la población. Creador de la Mazorca, los escuadrones de la muerte, Rosas estableció una tradición que no murió con él.

Tal fue la trágica ironía de la América Española. La tierra, la riqueza, la promesa de la vida independiente, estaban allí. Lo que no estaba allí era la cultura política, la práctica democrática. Incapaces de poner nuestras propias casas en orden, cada uno de nuestros países se movió a ciegas entre la anarquía y la tiranía.

A veces los murales del artista mexicano, Diego Rivera, parecen tiras cómicas, lo cual le viene como anillo al dedo a uno de los prototipos de la tiranía latinoamericana, el general mexicano Antonio López de Santa Ana. Once veces presidente de México, entre la independencia y mediados del siglo XIX, Santa Ana era capaz de darse golpes de estado a sí mismo. Perdió una pierna en una batalla. La mandó enterrar bajo palio y "te deum" en la Catedral metropolitana. Cuando cayó del poder la gente llegó, sacó la pierna, la arrastró por las calles; volvió al poder, volvió a enterrar la pierna con ceremonia religiosa, etc., etc. Pero por desgracia, Santa Ana perdió algo más que su propia pierna: en 1847 los Estados Unidos de América lanzaron una guerra injusta contra México, en nombre del destino manifiesto y Santa Ana perdió la mitad del territorio nacional de México, todas las provincias norteñas desde Tejas hasta California. Cuando Santa Ana se recompensó a sí mismo, después de esta derrota vergonzosa, dándose el título de Alteza Serenísima, la nación se rebeló contra él y la rebelión fue encabezada por el Partido Liberal, uno de cuyos miembros más prominentes era un abogado llamado Benito Juárez.

Por primera vez en nuestra historia independiente, un indio de raza pura llegó a la Presidencia de la República. Hasta la edad de doce años, en nada se diferencia de los niños pastores que hoy mismo vemos en los campos de Oaxaca.

Juárez pudo vivir aquí toda su vida. Pero gracias a su hermana que trabajaba en la ciudad de Oaxaca, el niño Benito fue llevado a vivir con un padre franciscano que le enseñó a leer y escribir en español.

El padre Salanueva seguramente abrigó la esperanza de que el muchacho ingresase a la iglesia. En vez, Juárez decidió ser abogado. Y para muchos católicos, se convirtió en el azote de la iglesia.

Unidad 6: Benito Juárez

El 21 de marzo es una fiesta nacional en México, es el aniversario del nacimiento de Benito Juárez. Yo recuerdo que cuando tenía 17 años estaba en una escuela católica, estudiando en una escuela católica en la ciudad de México, y a los eclesiásticos que dirigían la escuela no les gustaba celebrar el 21 de marzo. Juárez era, pues, el malo de la historia de México para ellos. De manera que un grupo de estudiantes nos reunimos y nos declaramos en huelga para no ir a la escuela el 21 de marzo y de esta manera honrar a Juárez y lo que Juárez siempre ha representado. Se nos amenazó con la expulsión pero finalmente no fuimos expulsados porque sospecho, realmente creo, que teniamos razón.

El tiempo convierte al héroe en leyenda. Pero ¿por qué fue tan importante para México y en verdad para toda la América Latina la presidencia de Benito Juárez? En primer lugar, yo creo que nadie como él intentó de tal manera, con tal seriedad, hacer realidad los sueños de Simón Bolívar y José de San Martín.

Se enfrentó al problema central de la América Latina en el siglo XIX: la creación de la nación y el estado al mismo tiempo--instituciones fuertes, no hombres fuertes; gobierno civil, no mando militar; la creación de un estado secular moderno. A fin de obtener esto, Benito Juárez separó a la Iglesia del Estado, nacionalizó los bienes amortizados por la Iglesia desde los años coloniales y los puso a circular económicamente y abolió los privilegios del ejército y de la aristocracia. El resultado, lo que obtuvo, fue el clásico doble despotón. Por un lado los conservadores hundieron al país en la guerra civil en oposición a las medidas de Juárez, a las leyes de reforma, a la Constitución del 57. Y cuando perdieron la guerra en el campo de batalla, fueron al extranjero como tantos, émulos de ellos en nuestro siglo, a buscar apoyo y lo obtuvieron en Francia con Napoleón III que soñaba con la creación de un imperio francés en las Américas.

Unidad 7: Maximiliano y Carlota

Los franceses y los reaccionarios mexicanos, los "cangrejos," pusieron la corona de México sobre la cabeza del príncipe austriaco Maximiliano de Habsburgo, descendiente de Carlos V y de Felipe II. Era, como lo diría el dramaturgo mexicano Rodolfo Usigli, una corona de sombras.

Después de un accidentado viaje desde la costa, Maximiliano y su esposa, la princesa belga Carlota, se instalaron en el Castillo de Chapultepec, en la ciudad de México.

Desde los salones del castillo, Maximiliano trató de gobernar con independencia de quienes lo apoyaban. A pesar de la ruidosa protesta del Papa, trató de mantener la confiscación de propiedades del clero decretada por Juárez.

Pero Maximiliano no era independiente. Era una marioneta sostenida por las bayonetas de Francia. Cuando se vio obligado a firmar el llamado Decreto Negro, la ley declarando bandoleros a todos los republicanos y condenándoles al fusilamiento inmediato, se condenó a sí mismo. La suerte de su esposa sería igualmente trágica: Carlota perdió a su marido y perdió la razón.

Pero la pareja imperial no impresionó al pueblo mexicano. Juárez les había ofrecido la visión de una tierra libre y democrática. Con creciente apoyo popular, Juárez reunió un ejército republicano para enfrentarse al desafío de un imperio impuesto desde Europa.

En esta carroza el presidente Juárez recorrió los desiertos del norte de México cargado de archivos sin admitir ningún compromiso con el invasor pero acaso herido y asombrado de que la Europa, la civilización europea, que él había llegado a admirar tanto, le diese la espalda negándole a México el derecho de gobernarse a si mismo. Pues, desde esta oficina sobre ruedas, Benito Juárez estaba defendiendo la independencia de toda la América Latina.

La acción de las guerrillas republicanas obligó a los franceses a abandonar a Maximiliano. Rodeado de un pequeño grupo de fieles, el emperador se rindió después del sitio de Querétaro. Juárez, "el impasible," le negó la clemencia a Maximiliano. Esta vieja fotografía muestra la ejecución de un hombre perplejo. Maximiliano decretó la muerte de miles de patriotas mexicanos. Ahora enfrentó, con dignidad, la suya. Pero si la influencia política de Europa murió con Maximiliano en el Cerro de las Campanas, la influencia cultural aumentó.

Unidad 8: La cultura europea

Modas, libros, ideas...y teatros de ópera europeos adornaban las grandes capitales de Latinoamérica. Comenzó a surgir una nueva clase media generada por las reformas modernizantes y una creciente prosperidad urbana. Abogados, empresarios, artistas, periodistas y sus familias, se concibieron a sí mismos como elementos de estabilidad contra la tiranía y contra la anarquía.

El lema de esta cultura era "Orden y progreso." Pero el siglo era romántico y las nuevas élites amaban las novelas, la música y los poemas del romanticismo. Incluso los escribían. Al mismo tiempo, depositaron su fe en la idea del libre comercio como base del desarrollo. Seguramente la prosperidad económica con el tiempo traería la democracia política.

Pero las clases dirigentes se interesaban más en imitar las maneras del consumo europeo que las maneras de la producción europea. Hasta la muerte tenía una base económica.

¿Cuántas cabezas de ganado y pacas de lana fueron necesarias para construir estas suntuosas tumbas en el cementerio de La Recoleta en Buenos Aires, donde las grandes familias de la Argentina están enterradas?

Pero el orden y el progreso tenían una cara mucho más sombría. Bajo el mando del general Roca, un ejército argentino salió a combatir los residuos de la cultura indígena en la llamada "campaña del desierto."

Unidad 9: La pampa y los gauchos

La pampa era necesaria para la inmigración europea, para el progreso, para el beneficio. Bajo las banderas de la civilización urbana contra la barbarie agraria, los civilizadores cometieron un bárbaro genocidio, demostrando que la conquista no había terminado y que nosotros, los descendientes de Cortés y Pizarro, continuábamos actuando como los conquistadores. Sólo los uniformes habían cambiado.

Desaparecido el indio, ¿sería el gaucho el amo de la pampa?

Los cimarrones, los caballos salvajes de la pampa, se reprodujeron por millares desde que los conquistadores los soltaron libres sobre estas llanuras sin límite. Pero domar a un potro salvaje resultó más fácil que domesticar a un gaucho. La palabra duele. Significa "huérfano, bastardo."

Figuras a caballo, machos, hombres independientes y solitarios en un vasto escenario de la soledad, pero siempre próximos a la violencia de la vida.

Desdeñoso de las posesiones materiales, celoso de su libertad de movimiento, el gaucho es necesario porque sabe hacer lo que hay que hacer en la pampa.

Pero su presencia independiente, imprevisible, incluso amenazante, crea una sensación de inquietud para el hombre o la civilización urbana.

El gaucho viene cantando desde el vientre de su madre. Y viene al mundo para cantar, pues sólo una canción puede aliviar su dolor. El canto de los payadores es el periódico de la pampa. La canción es el único libro de historia del gaucho. También es el origen de la más grande obra literaria del siglo XIX en Hispanoamérica, el poema de Martín Fierro. Martín Fierro primero recuerda su vida feliz cuando era un hombre libre. Luego viene el tiempo del sufrimiento a manos de los jefes militares y los corruptos caciques políticos. Desde entonces, su vida es una continua errancia violenta. Ha jurado ser "más malo que una fiera." Generoso y cruel, abrazado a lo que la vida le da porque no sabe adónde va a llevarlo la vida, el gaucho encarna la persistencia de la cultura popular hispanoamericana.

"Pues son mis dichas desdichas las de todos mis hermanos; ellos guardarán ufanos en su corazón mi historia...."

Errando, el gaucho sabe que "nunca se achican los males, van poco a poco creciendo." Las estrellas son las únicas guías que tiene en la pampa. Finalmente, las estrellas le guían hasta la ciudad.

Unidad 10: Buenos Aires

Entre todas las ciudades latinoamericanas, ninguna era un imán mayor a fines del siglo XIX que Buenos Aires. Doble imán para la gente del interior en Argentina, pero también para los inmigrantes de los ghettos y las barriadas industriales de Europa.

La esperanza de Argentina era crear una democracia

fundada en la prosperidad urbana. Pero esta es una ciudad con un inquietante doble destino. Ha sido una ciudad a veces de necesidad, a veces de abundancia. Ha sido una ciudad auténtica y una ciudad demascarada. Una ciudad que se ha buscado a sí misma pero que también ha imitado, ha tratado de ser otra cosa y fatalmente se ha convertido un poco en lo que ha querido ser. Y es, sobre todo para mí que crecí en Buenos Aires, que amo a la ciudad, una ciudad de combate entre el silencio y la voz. Los grandes silencios que llegan del vasto Atlántico por un lado, los silencios que vienen de ese mar interior que es la pampa, se dan cita en Buenos Aires y la ciudad les pide a sus habitantes: "Dame voz, dame palabra, verbalízame."

Y los porteños obedecen el llamado de la ciudad, le dan los cuentos metafísicos de Jorge Luis Borges, le dan al mejor cantante de tangos de todos los tiempos, Carlos Gardel. Pero se trata siempre de un puerto, de una ciudad de transición, de trasiego, de mercancías y de personas, de una ciudad de inmigrantes; inmigrantes que llegan de la pampa, gauchos perseguidos, solitarios, sin ley. Aquí Martín Fierro se desmonta de su caballo y se pierde en un callejón bonaerense.

Y también la inmigración que viene de Europa, sobre todo del Sur de Europa, de Italia: 6.000.000 de inmigrantes llegan a la Argentina entre 1880 y 1914. En 1900 la ciudad en un 30% está habitada por extranjeros. El inmigrante del interior y el inmigrante de Europa se encuentran aquí en la soledad, en la desesperación por abrazarse, por encontrar al otro; y así nace el tango.

"El tango," escribió Jorge Luis Borges, "es la gran conversación de Buenos Aires." Forma impura, migratoria, derivada del candombe negro, traída hasta aquí por marineros cubanos y payadores gauchos a una ciudad de inmigrantes. Hombres solos buscando a mujeres, encontrándolas en los bares y los burdeles. Música de la nostalgia, de la incertidumbre, de las frustraciones. Con razón Discépolo llamó al tango "un pensamiento triste que se baila."

Es una música, sin embargo, que le revela, yo creo, al hombre y a la mujer que lo bailan, que tienen un destino pero, por desgracia, no lo pueden controlar.

Ahora para nosotros,...para mí hoy ¿qué significa el tango? Yo creo que es una forma que sigue revelando mejor que cualquier otra las alegrías, las miserias y los misterios de nuestra vida citadina. Pero además es una fuente inagotable de mito. ¿Cómo explicar de otra manera que el más grande cantante de tangos, Carlos Gardel, haya muerto en 1935 y que, sin embargo, hoy todavía escuchamos sus discos y nos decimos: "Oigan a Gardel, cada vez canta mejor"?

Desde la ventana de su imprenta en la ciudad de México, José Guadalupe Posada veía pasar la realidad contradictoria de esta nueva Hispanoamérica, liberada pero llena de injusticia, represión y crimen. Un sueño más había fracasado. El liberalismo económico prometió que la riqueza acumulada hasta arriba, tarde o temprano descendería hasta abajo, enriqueciendo a los más pobres.

Esto no ocurrió; más bien: nunca ha ocurrido. En vez del progreso, Posada sólo vio un carnaval macabro, donde la vida y la muerte se disfrazan la una de la otra. Esta ciudad de esqueletos juguetones, surgida de la imaginación social, también recuerda el lado nocturno y violento de la humanidad que ningún progreso puede ocultar.

Unidad 11: La Revolución mexicana

Un hombre personificó la sujeción en nombre del progreso: Porfirio Díaz, dictador de México durante 30 largos años. Abrió el país a la inversión--inversión extranjera en petróleo, minería, ferrocarriles, industria, comercio, paz, orden, progreso. Bajo estos lemas México se encaminaría a un futuro de libertad ubérrima.

Pero el precio del orden y el desarrollo fue la falta de libertad política e individual. Desarrollo, sí, pero sin democracia.

En este viejo noticiero, Díaz y su comitiva parecen personajes de la Alemania del kaiser más que del Nuevo Mundo.

El pueblo buscó hombres muy distintos de los funcionarios de Don Porfirio y los encontró en el propio pueblo. En el sur, Emiliano Zapata, representante de las comunidades agrarias despojadas por Díaz de sus tierras, aguas y bosques. En el norte, Pancho Villa, intuitivo, a veces cruel, pero dotado de verdadero genio militar y voluntad de cambio.

Sufragio efectivo. No reelección. El llamado de Francisco Madero provocó el apoyo popular unánime determinando la renuncia de Díaz. Al embarcarse rumbo al exilio, Díaz profetizó años de caos y anarquía para México.

Madero fue electo por mayoría abrumadora a la presidencia. Un hombre modesto y honesto, a los 40 años, Madero electrizó al país con su llamado a la democracia. Las multitudes lo aclamaron y el día que entró a la ciudad de

México, la tierra tembló.

Hombre de fe liberal, Madero le dio a México el gobierno más democrático de toda su historia. Elecciones limpias, partidos y prensa libres. Pero los campesinos no recuperaron sus tierras. Madero no entendió las causas profundas de la revolución.

Zapata anunció que continuaría luchando hasta que todas las demandas de los pueblos fueran satisfechas. Madero tuvo que combatir a quienes no sólo lo habían apoyado sino amado.

"Para gobernar a México, se necesita algo más que ser honesto," dijo Díaz. "Madero ha liberado un tigre. A ver si puede controlarlo." Un año más tarde, el tigre andaba suelto. Durante diez días, "la decena trágica," las calles de la capital se convirtieron en un campo de batalla. Madero, el apóstol de la democracia, fue asesinado por órdenes del nuevo dictador, el general Victoriano Huerta. Madero había cometido el error de dejar intacto el ejército federal, clasista y represivo. Ahora los mexicanos combatieron a los mexicanos. Un ejército revolucionario se enfrentó al viejo ejército federal.

Pero en este violento choque, los muros del aislamiento se derrumbaron. El país, separado de sí mismo por cuatrocientos años de soledad, incomunicación, coloniaje, descubrió la totalidad de su pasado. Los mexicanos descubrieron cómo luchaban y cantaban y hablaban y soñaban, los otros mexicanos.

En la lucha contra Huerta todos se unieron en torno a la figura, un politico del norte de México. Las victorias militares de la revolución--Torreón, Zacatecas--la condujeron al centro político del país, la ciudad de México.

Fue el pueblo el que entró un día a la capital. Campesinos sin tierras, indios combatientes del norte, hombres y mujeres: los ejércitos triunfantes de Villa y Zapata llenaron las calles para celebrar una revolución nacida de la misma tierra. Rostros nuevos, asombrosos, antes invisibles, se hicieron visibles en los cafés más elegantes.

Pero aunque Villa y Zapata posaron para las cámaras en el palacio presidencial, su lugar no estaba aquí sino en el país profundo: el campo de México. A él regresaron, destruyendo las viejas haciendas, distribuyendo la tierra, creando escuelas. Pero la revolución, trágicamente, se dividió contra sí misma.

Pues la revolución mexicana fue dos revoluciones: una la de Carranza, modernizante y centralizadora; otra la de Villa y Zapata, agraria, tradicionalista, local.

En el campo de Celaya, las fuerzas de Carranza se enfrentaron a las de Villa. La legendaria División del Norte de Pancho Villa fue destruida para siempre.

Con Carranza instalado en la capital, sólo permanecía Zapata, elegido por su pueblo para combatir bajo las banderas de Tierra y Libertad. El llamado que había gobernado su vida iba a determinar ahora su destino.

El 10 de abril de 1919 Emiliano Zapata llegó aquí a la hacienda de Chinameca para reunirse con un coronel desafectado del gobierno, de nombre Jesús Guajardo. Zapata cruzó el umbral a las dos de la tarde y la guardia de Guajardo le presentó armas. Entonces, sonó la trompeta y la guardia disparó a quemarropa contra Emiliano Zapata. El general campesino cayó para siempre. En agosto habría cumplido 40 años de edad.

Resulta que el tal coronel no era un desafectado sino en realidad parte de un plan gubernamental para matar a Zapata. Fue ascendido a general y recompensado con 52.000 pesos.

El cuerpo de Zapata fue cargado sobre una mula y llevado a Cuautla. Ahí fue arrojado sobre el pavimento, su rostro fue alumbrado con lámparas, se le tomaron fotos. Había que acabar con el mito de Emiliano Zapata--Zapata estaba muerto. "¡No!," dijo toda la gente de este valle, "¡Zapata no ha muerto! Era demasiado listo para dejarse sorprender en una emboscada y además...¿No han visto ustedes su caballo blanco que lo está esperando en la montaña?"

No, Zapata no ha muerto. Es lo que creen todos los habitantes del valle de Morelos desde los viejos veteranos de la revolución hasta los niños de escuela, y quizás tengan razón. Zapata no morirá mientras haya gente dispuesta a reclamar su derecho sobre la tierra y su derecho a gobernarse a sí mismos de acuerdo con sus propios valores culturales. Ese es el significado del zapatismo.

Con la revolución mexicana, la América Española entró al siglo XX. Pero las cuestiones fundamentales propuestas por Simón Bolívar un siglo antes continuaban vigentes: ¿A quién le pertenece la tierra? ¿Cómo pueden participar todos de los frutos del progreso? ¿Cómo se concilian el progreso con la libertad y la justicia? En su inacabable viaje de autodescubrimiento, la América Española iba a enfrentarse ahora a las contradicciones y a las esperanzas de nuestro propio tiempo.

-FIN CAPITULO IV-

PROGRAMA V

Las tres hispanidades

UNIDAD 1

La Sagrada Familia: símbolo de una «obra inacabada»

Resumen

Carlos Fuentes dice que la gran catedral de Barcelona, la Sagrada Familia, todavía en construcción, puede verse como un símbolo de la obra inacabada de España y Latinoamérica.

Antes del video

VOCABULARIO

la clave	*key*	la raíz	*root*
el paisaje	*landscape*		
inacabado/a	*unfinished*	profundo/a	*deep*
ultramar	*overseas*		

FRASES UTILES

¿Qué estamos siendo?	*What are we becoming?*
El sol se puso en 1898.	*The sun set in 1898.*

PARA PENSAR ANTES DE MIRAR

Averigüe el significado de las siguientes palabras.

1. preguntar 2. inquirir 3. interrogar 4. cuestionar

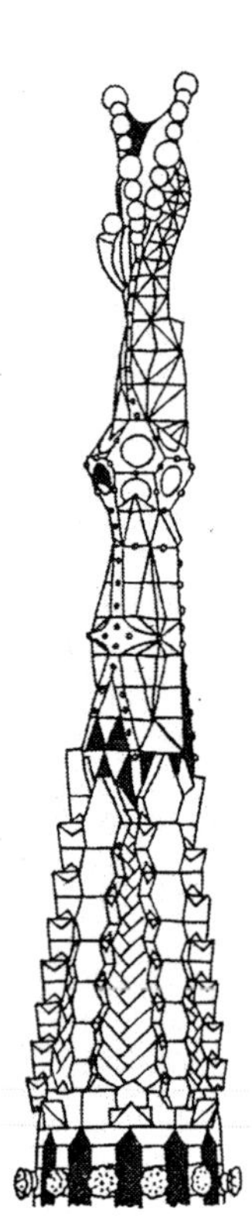

Detalle de la Sagrada Familia

Después del video

A. **Conexiones.** ¿A quién o a qué se refiere cada frase?

____ 1. «una de las tres grandes áreas hispanoparlantes»

____ 2. «su obra inacabada domina el puerto de Barcelona»

____ 3. «pasó al dominio de los EE.UU.»

____ 4. «ha estado en construcción más de un siglo»

a. Antonio Gaudí
b. Cuba
c. los EE.UU.
d. la Sagrada Familia

B. ¿Verdadero (V) o falso (F)?

____ 1. La construcción de la Sagrada Familia se terminó en el Siglo XVIII.

____ 2. La Sagrada Familia fue diseñada por Antonio Gaudí.

____ 3. Barcelona es una ciudad de Cataluña, España.

____ 4. Cuba y Puerto Rico pasaron al dominio de los Estados Unidos en 1789.

Más adelante

PREGUNTAS

1. Según Carlos Fuentes, Hispanoamérica, tal como la Sagrada Familia, es una obra inacabada. Comente esta comparación.
2. Se dice que 1898 fue un año clave para España. ¿Qué acontecimiento importante ocurrió ese año?

SU OPINION PERSONAL

1. Carlos Fuentes dice que tanto España como Latinoamérica son «obras inacabadas». ¿Podemos considerar que los Estados Unidos también es una obra inacabada?
2. España perdió sus últimas colonias de ultramar en una guerra contra los EE.UU. Económicamente, ¿qué importancia tenían esas colonias para España? ¿Cómo habrá afectado al espíritu nacional español esa pérdida?

PARA COMENTAR

1. Carlos Fuentes llama a los EE.UU. «el joven imperio emergente». ¿Está Ud. de acuerdo con esta designación? Explique por qué.
2. Explique la siguiente oración de Carlos Fuentes: «España reaccionó con un profundo cuestionamiento de sí misma».

LECTURAS SUGERIDAS

Joaquín Gomis. *La sagrada familia de Antonio Gaudí* (fotografías). Barcelona: Ediciones Omega, 1952.
Juan Perucho. *Gaudí: una arquitectura de anticipación*. Barcelona: Ediciones Polígrafa, 1967.

La Sagrada Familia

La República: la experimentación

Resumen

Después de la Primera Guerra Mundial hubo en el mundo un período de experimentación artística. En este período aparecieron en España las pinturas de Dalí, las películas de Luis Buñuel y la poesía de García Lorca. La débil república que siguió a la monarquía en 1931 inició importantes reformas pero también cometió una serie de errores.

Antes del video

VOCABULARIO

la belleza	*beauty*	la pantalla	*screen*
la lágrima	*tear*	la sombra	*shadow*
débil	*weak*	laico/a	*lay, secular*
insoportable	*unbearable*		
arrastrar	*to drag*	prever (*irreg.*)	*to foresee*
derretirse (i, i)	*to melt*		

PARA PENSAR ANTES DE MIRAR

Averigüe el significado de estos conceptos artísticos.

1. realismo
2. surrealismo

Después del video

A. Conexiones. ¿A quién o a qué se refiere cada frase?

____ 1. «el mundo estaba deformado, como un reloj derritiéndose en sus paisajes lunares»

____ 2. «un mundo escandaloso, como en sus películas»

____ 3. «en su poesía hay un mundo de belleza sensual»

____ 4. «trajo una legislación moderna a España... pero también cometió una serie de excesos»

a. García Lorca
b. Luis Buñuel
c. la monarquía
d. la República
e. Salvador Dalí

B. Complete el poema de Federico García Lorca con las palabras de la lista.

______________________ dormir un rato,	esperen
un rato, un minuto, ______________________;	no puedo
para que todos ______________________ que no he muerto....	quiero
que soy ______________________ inmensa de mis lágrimas.	sepan
	un siglo
	la sombra

Más adelante

PREGUNTAS

1. ¿En qué expresión artística se destacaron las siguientes personas?
   a. Salvador Dalí b. Luis Buñuel c. Federico García Lorca
2. ¿Cuáles son algunas de las reformas que el gobierno republicano trajo a España?

SU OPINION PERSONAL

¿A qué se refiere Carlos Fuentes cuando dice que el mundo después de la Primera Guerra Mundial era «escandaloso»?

PARA COMENTAR

1. Analice el significado y las imágenes del poema de Federico García Lorca.
2. ¿Cómo cambió la relación entre Iglesia y Estado en España bajo la Segunda República?
3. La Segunda República trajo una legislación moderna a España y logró galvanizar al país, pero al mismo tiempo tuvo que aceptar responsabilidad por haberlo fraccionado en grupos conservadores y liberales. ¿Quiénes formaron los varios grupos?
4. Comente alguno de los cuadros de Dalí y explique qué aspectos del mundo contemporáneo refleja.

LECTURAS SUGERIDAS

Federico García Lorca, «Gacela de la muerte oscura», del libro *Diván del Tamarit*. *Antología poética*, Madrid: Aguilar, 1973, pp. 188-189.

Antonio Machado, «El crimen fue en Granada», en *Antología poética*. Madrid: Editorial Bruguera, 1982, pp. 285-6.

Antonio Machado, «El mañana efímero», en *Poesías*. Buenos Aires: Losada, 1965, pp. 158-159.

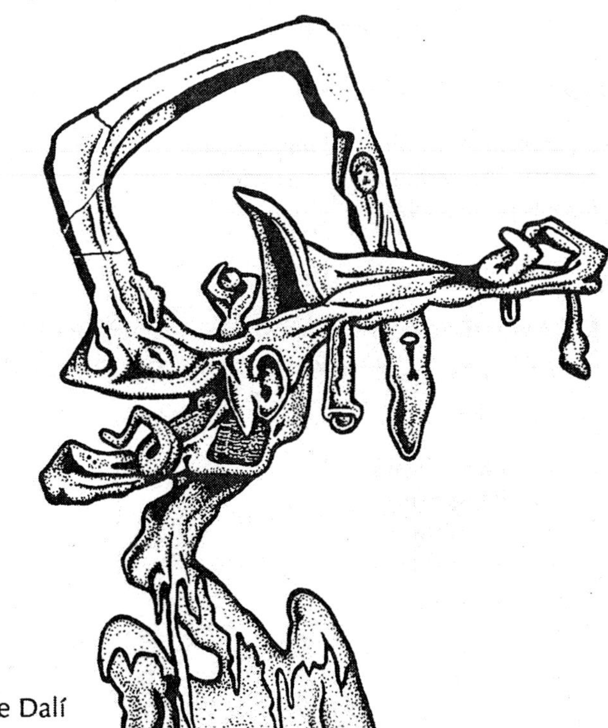

Obra de Dalí

UNIDAD 3

Franco y la guerra civil

Resumen

El General Francisco Franco fue el caudillo de la insurrección que provocó la guerra civil de España entre los años 1936 y 1939. Los republicanos recibieron ayuda pero no suficiente, y los nacionalistas triunfaron, con el apoyo de Alemania e Italia. El bombardeo de Guernica fue un presagio de los grandes ataques a ciudades que ocurrieron luego durante la Segunda Guerra Mundial. Fuentes describe las condiciones en España durante los largos años del franquismo.

Antes del video

VOCABULARIO

la fachada	*façade*	la ventaja	*advantage*
el presagio	*omen*		
desamparado/a	*abandoned*	moribundo/a	*dying*
despedazado/a	*smashed, shattered*		
adherir (ie, i)	*to adhere*	estallar	*to explode*
alcanzar (c)	*to reach*	helar (ie)	*to freeze*
ensayar	*to rehearse*	lograr	*to carry out, succeed*

FRASES UTILES

La violencia se convirtió en guerra civil.	*The violence turned into civil war.*
Ambos obtuvieron apoyo extranjero.	*Both received foreign support.*
De ahora en adelante...	*From now on . . .*

PARA PENSAR ANTES DE MIRAR

1. Averigüe qué grupos de países se enfrentaron en la Segunda Guerra Mundial.
2. Averigüe el significado de las siguientes palabras.

GRUPO 1

a. intimidación
b. beligerancia
c. conflicto
d. violencia
e. guerra

GRUPO 2

a. construir
b. erigir
c. crear

Después del video

A. Conexiones. ¿A qué o a quién(es) se refiere cada frase? A veces más de una frase puede referirse al mismo nombre.

____ 1. «uno del grupo de jefes militares que se rebelaron contra la República»

____ 2. «hombres y mujeres de todas partes del mundo llegaron a España a luchar»

____ 3. «Ensayaron la guerra mundial en las llanuras y los ríos de España»

____ 4. «destruirla fue un simple ejercicio de intimidación de la población civil»

____ 5. «nos pide que miremos el sufrimiento y la muerte a través de los símbolos eternos: el toro y el caballo»

____ 6. «el poeta, viejo y moribundo, arrojado al exilio (al otro lado de) los Pirineos»

____ 7. «durante los años de Franco, alcanzó el desarrollo económico pero sin libertad política»

a. las Brigadas Internacionales
b. España
c. Francisco Franco
d. Guernica
e. Hitler y Mussolini
f. Antonio Machado
g. Pablo Picasso

B. ¿Verdadero (V) o falso (F)?

____ 1. La guerra civil española estalló en 1936.

____ 2. El jefe de los republicanos era Francisco Franco.

____ 3. Guernica es un pueblo en el país vasco.

____ 4. El Monumento de los Caídos está en Madrid.

____ 5. Bajo Franco, España apoyó a Alemania en la Segunda Guerra Mundial.

____ 6. España alquiló bases aéreas a los Estados Unidos.

____ 7. Además del desarrollo económico, España alcanzó la libertad política durante los años de Franco.

____ 8. Durante y después de la guerra civil de España muchos españoles republicanos se exiliaron en el Nuevo Mundo.

Poster anti-fascisita en la guerra civil

C. Indique con **R** (republicanos) o **N** (nacionalistas) con qué lado fueron identificados los siguientes países o personas.

____ Alemania

____ las Brigadas Internacionales

____ Hitler

____ Italia

____ Antonio Machado

____ México

____ Mussolini

____ Pablo Picasso

____ la Unión Soviética

Más adelante

PREGUNTAS

1. ¿Quiénes apoyaron a la República durante la guerra civil?
2. ¿Quiénes apoyaron a Franco?
3. ¿Cuál fue el propósito del bombardeo de Guernica?
4. ¿Por qué Franco mandó erigir el Monumento de los Caídos? ¿Quiénes lo construyeron?
5. ¿Cuál fue la importancia de las Brigadas Internacionales? ¿Quiénes formaban parte de ellas?

SU OPINION PERSONAL

1. ¿Cuál es la importancia de la obra *Guernica* de Picasso?
2. Franco mandó construir el Monumento de los Caídos. En su opinión, ¿qué ironía hay en la idea de su construcción y en su nombre?
3. ¿Qué simbolizan el toro y el caballo en el cuadro de Picasso?
4. ¿Piensa Ud. que Franco fue un caudillo hábil? ¿Por qué?

PARA COMENTAR

1. A pesar de aceptar la ayuda y apoyo de Hitler, Franco se consideraba gran aliado de los EE.UU. poco después de terminar la Segunda Guerra Mundial. ¿Cómo pudo Franco realizar y mantener tal relación?
2. Una gran parte del milagro económico en España ocurre durante el franquismo. Sin embargo, el dictador fue resistido por varios elementos de la sociedad española durante su dictadura. ¿Por qué ocurrió esta resistencia?
3. Comente el poema de Machado que recuerda Carlos Fuentes. ¿Qué son «las dos Españas»?

LECTURAS SUGERIDAS

Rafael Alberti, «Picasso», op. cit. pp. 794-797.

Corrales Egea et. al. *Los escritores y la guerra de España.* Barcelona: Libros de Monte Avila, 1977.

J. Lechner, *El compromiso en la poesía española del siglo* XX. Antología. Leiden: Universitaire Pers Leiden, 1968.

Manuel Machado, «Francisco Franco» (poema), en Julio Rodríguez Puértolas, *Literatura fascista española,* Vol. I, Madrid: Ediciones Akal, 1986, pág. 131.

César Vallejo. *España, aparta de mí este cáliz.* (Selección)

UNIDAD 4

Obra inacabada en Latinoamérica

Resumen

En esta unidad Fuentes describe la gran crisis que caracteriza a Hispanoamérica con sus problemas de pobreza, explosión demográfica, la deuda externa y la falta de estabilidad. Habla de la parálisis que sufren las grandes ciudades y de los movimientos por la justicia social en varios países.

Antes del video

VOCABULARIO

el acontecimiento	*event*	el hogar	*home*
el desafío	*challenge*	la piel	*skin*
ancho/a	*wide*	insoluble	*unsolvable*
crecer (zc)	*to grow*	exigir (j)	*to demand*
derrochar	*to squander, waste*	revelarse	*to develop*

FRASES UTILES

Cada vez más alto, jamás terminado.	*Always higher, never finished.*
No son sino el resultado de enormes cambios.	*They are simply the result of enormous changes.*

PARA PENSAR ANTES DE MIRAR

Averigüe la diferencia entre las palabras de estos grupos.

GRUPO 1

a. aumento
b. crecimiento
c. producción

GRUPO 2

a. desarrollar
b. mejorar
c. estabilizar

Después del video

A. Conexiones. ¿A qué o a quiénes se refiere cada frase?

____ 1. «la agravan la deuda externa y la explosión demográfica»

____ 2. «la mitad tiene 15 años o menos... se duplica cada 25 años»

____ 3. «se inició un movimiento político electoral pero pronto se reveló como un movimiento social»

____ 4. «intentó obtener el progreso basándose en la riqueza generada por vastos recursos naturales»

____ 5. «gobernaron desde un balcón, derrocharon la riqueza acumulada por las exportaciones»

a. Juan y Eva Perón
b. las grandes ciudades latinoamericanas
c. la población de América Latina
d. la revolución mexicana
e. Venezuela

B. ¿Verdadero (V) o falso (F)?

____ 1. La población de Latinoamérica se duplica cada 50 años.

____ 2. Hoy en día Latinoamérica cuenta con unos 400 millones de personas.

____ 3. La mitad de la población latinoamericana tiene menos de 15 años.

____ 4. La mayoría de los latinoamericanos vive en el campo.

____ 5. La revolución mexicana se inició como un movimiento político electoral.

____ 6. Venezuela intentó obtener el progreso con justicia basándose en la riqueza generada por los recursos naturales.

Más adelante

PREGUNTAS

1. ¿Cuáles son algunos de los mayores problemas que tienen las grandes ciudades latinoamericanas?
2. ¿A través de qué tipos de reformas revolucionarias intentó México obtener el progreso con justicia?
3. ¿Cómo es el crecimiento de la población en Latinoamérica?

SU OPINION PERSONAL

1. Explique el concepto de «aldea global».
2. Según Carlos Fuentes, los problemas que se encuentran en las grandes ciudades de Latinoamérica son iguales a los de cualquier gran ciudad del mundo. ¿Está Ud. de acuerdo?

PARA COMENTAR

La edad promedio de los latinoamericanos es de menos de 15 años. ¿Cuál será en EE.UU? ¿Cuáles son algunos de los desafíos para una población tan joven? ¿Dónde podrán buscar soluciones?

LECTURAS SUGERIDAS

Emilio Carballido. *D.F. 26 obras en un acto.* México: Grijalbo, 1978.
Osvaldo Dragún. *Historias para ser contadas*. Ottawa: Girol Books, 1982.
Antonio Skármeta, ed. *Santiago, pena capital: narraciones de Santiago.* Santiago de Chile: Documentas, 1991.

Relaciones con los EE.UU.

Resumen

El tema de esta unidad es la historia de la intervención norteamericana en Latinoamérica. La política del buen vecino de la Segunda Guerra Mundial desapareció en los años de la guerra fría cuando EE.UU., en nombre del anticomunismo, suprimió varios movimientos sociales.

Antes del video

VOCABULARIO

el garrote	*club*	la potencia	*power*
el infante	*infantryman*	el vecino	*neighbor*
en seguida	*at once*		
derrocar (qu)	*to unseat, overthrow*	suprimir	*to suppress*
desatar	*to unleash*		

FRASES UTILES

Una democracia por dentro, un imperio por fuera.	*A democracy inside, an empire outside.*
Obtuvo lo que quería.	*He obtained what he desired.*

PARA PENSAR ANTES DE MIRAR

1. Averigüe quiénes son el Dr. Jekyll y Mr. Hyde.
2. Averigüe en un diccionario con referencias biográficas quiénes fueron los siguientes personajes históricos.
   a. Franklin Delano Roosevelt
   b. César Augusto Sandino
   c. Jacobo Arbenz
   d. Salvador Allende

Después del video

A. Conexiones. ¿A quién o a qué se refiere cada frase?

____ 1. «una democracia por dentro, un imperio por fuera»

____ 2. «persiguió a Pancho Villa por el norte»

____ 3. «la política del Buen Vecino»

____ 4. «fue enviado a combatir» a los infantes

____ 5. pereció en un golpe militar en Chile

____ 6. «su revolución joven y pobre mantuvo su independencia»

a. los EE.UU.
b. F. D. Roosevelt
c. Nicaragua
d. el padre de Fuentes
e. el general Pershing
f. Salvador Allende

B. Según Carlos Fuentes, Estados Unidos ha intervenido en la política interna de algunos de los siguientes países. Identifíquelos con «X».

____ Argentina
____ Chile
____ Colombia
____ Cuba
____ Ecuador
____ Guatemala
____ Haití
____ Honduras
____ México
____ Nicaragua
____ Perú
____ Venezuela

Más adelante

PREGUNTAS

1. Según Carlos Fuentes, EE.UU. se convirtió en el Dr. Jekyll y Mr. Hyde de Latinoamérica. Dé ejemplos de cómo EE.UU. manifiesta estas dos personalidades.
2. ¿En qué se diferenció la política del buen vecino hacia Latinoamérica de la política estadounidense de antes?

SU OPINION PERSONAL

1. En la opinión de Carlos Fuentes, EE.UU. sigue una «diplomacia del dólar». ¿En qué se basará esta expresión? ¿Por qué lleva una connotación negativa? En su opinión, ¿sigue en efecto esta política?
2. ¿Por qué dice Carlos Fuentes que Estados Unidos es «una democracia por dentro, un imperio por fuera»?
3. El presidente Wilson proclamaba: «Y les enseñaré a los latinoamericanos a elegir buenos gobernantes». ¿Piensa Ud. que EE.UU. tenía ese derecho? Si Ud. cree que lo tenía, ¿ha hecho realidad esas palabras en Latinoamérica?

PARA COMENTAR

1. ¿Por qué gozaba Roosevelt de tanta popularidad en Latinoamérica?
2. ¿Cómo se puede explicar el compromiso de EE.UU. con la democracia si al mismo tiempo ha apoyado a tantas dictaduras militares en Latinoamérica?
3. Comente si es legítimo o ilegítimo que Estados Unidos intervenga militarmente en otro país (o que otro país intervenga militarmente en Estados Unidos). Fundamente su opinión.

LECTURAS SUGERIDAS

Rubén Darío, «A Roosevelt», en *Poesía*. Caracas: Biblioteca Ayacucho, 1977, pp. 255-256.

Julio Cortázar, «Apocalipsis de Solentiname», en *Alguien que anda por ahí*. Madrid: Ediciones Alfaguara, 1977: 95-105.

Eduardo Galeano, «Celebración del coraje, 4», en *El libro de los abrazos*. Montevideo: Ediciones del Chanchito, 1989, pág. 248.

Steven White, ed. *Poets of Nicaragua*. Greensboro, NC: Unicorn Press, 1982.

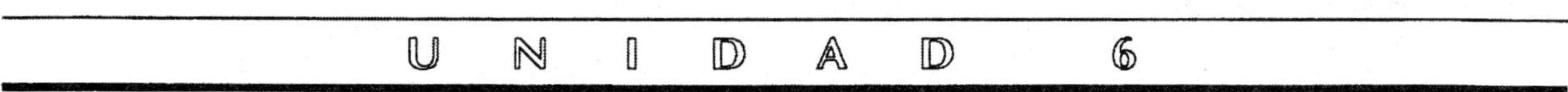

En busca de modelos

Resumen

Los modelos extranjeros tanto de la izquierda como de la derecha han fracasado en Latinoamérica. Fuentes plantea la necesidad de buscar nuevos modelos que no sean simples imitaciones de sistemas extranjeros.

Antes del video

VOCABULARIO

el lecho	*bed*	el nivel	*level*
el mármol	*marble*	el telón	*theater curtain*
estrepitosamente	*noisily*	extralógico/a	*illogical*
albergar (gu)	*to shelter, house*	mostrar (ue)	*to show*

FRASES UTILES

No habían logrado sacar de la miseria a la mayoría de la población.	*They had not managed to rescue the majority of the population from poverty.*
Se va hundiendo en el lecho esponjoso del lago.	*It keeps on sinking into the spongy lake bed.*
Y veamos de vuelta todo lo que hemos sido.	*And let's look again at what has made us a people.*

PARA PENSAR ANTES DE MIRAR

Averigüe la diferencia entre los siguientes conceptos.

1. capitalismo
2. socialismo
3. comunismo
4. democracia

Después del video

A. Conexiones. ¿A quién o a qué se refiere cada frase?

____ 1. «se ha venido hundiendo en el lecho del lago azteca»

____ 2. creó «un magnífico telón de cristal» para el teatro

____ 3. «buscando (en su cuento) ese gigantesco instante donde todos los espacios del mundo se encuentran»

a. el Palacio de Bellas Artes
b. Carlos Fuentes
c. Jorge Luis Borges
d. Tiffany

B. Complete las oraciones con las palabras de la lista.

Buenos Aires
españoles
espejo
la literatura
madera
México
precolombinos
telón

1. El Palacio de Bellas Artes en ________________ fue inaugurado en 1934. Además de sus motivos ________________ y sus audacias art-deco, contribuye a la mezcolanza arquitectónica.
2. El magnífico ________________ de Bellas Artes es de cristal. Por aquí se pueden encontrar representaciones del arte, de ________________ y de la música. Sirve como un gran ________________ de la cultura mexicana.

Más adelante

PREGUNTAS

1. ¿Qué ha ocurrido en Latinoamérica con el capitalismo y el socialismo?
2. ¿Cómo es el Palacio de Bellas Artes de México? ¿Qué problema hay en cuanto al sitio donde se construyó?

SU OPINION PERSONAL

1. En su opinión, ¿hay en los Estados Unidos problemas similares a los de Latinoamérica?
2. ¿Por qué cree que los países latinoamericanos han imitado tanto a Europa?
3. ¿Cree Ud. que Estados Unidos también imita modelos extranjeros? Fundamente su opinión.

PARA COMENTAR

1. Carlos Fuentes usa el ejemplo del Palacio de Bellas Artes de México para ilustrar la explicación de por qué no han funcionado los modelos políticos y económicos de Europa en Latinoamérica. ¿Por qué emplea Fuentes este edificio como ejemplo?
2. Exprese su opinión sobre si es conveniente o no imitar modelos de otros países. ¿Se puede ser absolutamente original en el mundo contemporáneo?

LECTURAS SUGERIDAS

Eduardo Galeano, «Crónica de la ciudad de México», en *El libro de los abrazos*. Montevideo: Ediciones del Chanchito, 1989, pág. 112.

Octavio Paz, «Ciudad de México»; «Hablo de la ciudad», en *The Collected Poems of Octavio Paz*. New York: New Directions Book, 1992: 362-370; 510-516.

La cultura: una manera de ser

Resumen

En esta unidad Fuentes comenta la importancia de la cultura en Latinoamérica como una manera de ser, de ver, de reír y de hablar. Habla de las raíces de esta cultura y de algunos de los grandes artistas que la representan: Tamayo, Botero, Frida Kahlo y Diego Rivera.

Antes del video

VOCABULARIO

la piedra	*rock*	el/la soñador(a)	*dreamer*
el retrato	*portrait*		
encadenado/a	*chained*		
reír (i, i)	*to laugh*		

PARA PENSAR ANTES DE MIRAR

Averigüe el significado de las siguientes palabras.

1. pasado 2. origen 3. raíces 4. memoria 5. tradición

Después del video

A. Conexiones. ¿A quién se refiere cada frase?

____ 1. «mira al mundo con los ojos modernos del pasado indígena»

____ 2. «España y Goya continúan en su arte»

____ 3. «la cultura es nuestra manera de reír»

____ 4. «escuché la voz del poeta»

____ 5. «un mural (en que) nos da un retrato de las riquezas del Nuevo Mundo»

a. Diego Rivera
b. Fernando Botero
c. José Luis Cuevas
d. Pablo Neruda
e. Rufino Tamayo

B. ¿De dónde son estos artistas y escritores?

____ 1. Jacobo Borges

____ 2. Fernando Botero

____ 3. Francisco Goya

____ 4. Frida Kahlo

____ 5. José Luis Cuevas

____ 6. Pablo Neruda

____ 7. Diego Rivera

____ 8. Rufino Tamayo

____ 9. Wilfredo Lam

a. Argentina
b. Chile
c. Colombia
d. Cuba
e. España
f. México
g. Perú
h. Venezuela

Mural en la Universidad de México

Más adelante

PREGUNTAS

1. ¿Qué es la cultura, según Carlos Fuentes?
2. ¿Hay herencia de la cultura española en Hispanoamérica?
3. ¿Qué raíces se ven en la obra de estos artistas latinoamericanos?
   a. Jacobo Borges
   b. Frida Kahlo
   c. Wilfredo Lam
   d. José Luis Cuevas
   e. Diego Rivera
   f. Rufino Tamayo

SU OPINION PERSONAL

1. ¿Por qué es importante que un país tenga memoria de su pasado?
2. ¿Se puede tener raíces y herencia cultural y no tener memoria o recuerdos de ellas?

PARA COMENTAR

Fuentes emplea la palabra «cultura» en el sentido más amplio. Comente este uso, dando ejemplos semejantes en la cultura de los EE.UU.. Comente también otros sentidos de la palabra «cultura», con respecto, por ejemplo, a un monumento o a una estatua.

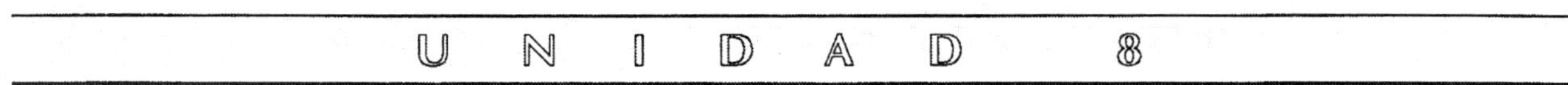

Modelos propios

Resumen

Fuentes señala las cuatro «des» de la crisis latinoamericana: deuda, droga, desarrollo y democracia. El se pregunta de dónde han de venir los nuevos modelos para el desarrollo auténtico del continente.

Antes del video

VOCABULARIO

la deuda	*debt*	el sindicato	*labor union*
el/la empresario/a	*businessperson*		
asombroso/a	*astonishing*	fallido/a	*frustrated, vain*

FRASE UTIL

A menudo mediante la cooperación... — *Often through cooperation . . .*

PARA PENSAR ANTES DE MIRAR

Averigüe la diferencia entre:

1. centralismo y autonomía
2. autoritarismo y pluralismo

Después del video

A. ¿Verdadero (V) o falso (F)?

____ 1. Las cuatro «des» que describen la crisis latinoamericana son deuda, droga, desarrollo y democracia.

____ 2. La mejor posibilidad de ameliorar la situación vendrá de los modelos europeos.

____ 3. A causa de muchos problemas hay descontinuidad cultural.

____ 4. Los sindicatos y organizaciones femeninas están jugando un papel activo en la historia latinoamericana.

____ 5. La tradición autoritaria empieza a ser transformada por la acción democrática.

B. Según Carlos Fuentes, ¿cuáles de las siguientes acciones son necesarias para que Latinoamérica ponga su casa en orden?

____ 1. aumentar las exportaciones agrarias

____ 2. crear una política pluralista

____ 3. encontrar soluciones concretas a los problemas

____ 4. propiciar la democracia en todos los países

____ 5. invertir más capital en la industrialización

____ 6. proteger el medio ambiente

Más adelante

PREGUNTAS

1. Según Carlos Fuentes, ¿de dónde tienen que venir los modelos de progreso para Latinoamérica?
2. ¿Quiénes están convirtiéndose en los protagonistas activos de la historia latinoamericana? ¿Cómo está cambiando la base del poder?

SU OPINION PERSONAL

1. En su opinión, ¿por qué pone tanto énfasis Fuentes en la necesidad de tener «nuestros propios modelos» para resolver los problemas latinoamericanos?
2. ¿Por qué es tan importante para Carlos Fuentes la cultura latinoamericana? ¿En qué ayuda al presente de estos países?

PARA COMENTAR

Fuentes dice que «la sociedad descubre sus poderes... actuando con más rapidez que el gobierno durante el terremoto de la ciudad de México en 1985». Carlos Fuentes recuerda que después del terremoto, la gente se organizó por su cuenta y actuó con más rapidez que el gobierno. Comente qué significado tiene este ejemplo.

LECTURA SUGERIDA

Eduardo Galeano, «Nosotros decimos no», en *Nosotros decimos no. Crónicas*. México: Siglo XXI Editores, 1989, pp. 387-389.

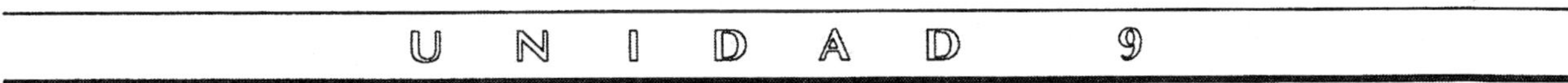

La frontera

Resumen

La frontera entre los EE.UU. y México es la única entre un mundo en desarrollo y un mundo desarrollado. Es también la división entre Angloamérica y Latinoamérica. Fuentes comenta la experiencia de los inmigrantes que, a pesar de las patrullas con su tecnología, pasan la frontera cada día. También comenta lo que les espera a los indocumentados al otro lado y lo que éstos representan para la economía estadounidense.

Antes del video

VOCABULARIO

la cicatriz	*scar*	la frontera	*border*
la esquina	*corner*	la zanja	*ditch*
alambrado/a	*with (barbed) wire*	prieto/a	*dark-skinned*
dañar	*to harm, injure*	rebasar	*to exceed*
desafiar	*to mistrust*	saborear	*to taste*
erigirse (j)	*to erect*		

FRASES UTILES

De modo que aunque no hubiese severo desempleo en México...	*So that even if there were not severe unemployment in Mexico . . .*
Bastan unos cuantos pasos...	*A few steps are enough . . .*
Una tierra de nadie...	*A no-man's land . . .*
Esperando que se les dé el trabajo...	*Hoping that they might be given work . . .*

PARA PENSAR ANTES DE MIRAR

Averigüe en qué áreas de los Estados Unidos hay más inmigrantes hispanos. ¿Hay población de origen hispano en su comunidad?

Después del video

A. Conexiones. ¿A quién(es) o a qué se refiere cada frase?

____ 1. «a dos millas de distancia... las calles norteamericanas»

____ 2. «tienen a su disposición las más modernas tecnologías»

____ 3. «se les acusa de dañar la economía de los EE.UU.»

____ 4. «donde una tercera hispanidad nos espera detrás de la larga frontera»

____ 5. «la única visible entre el mundo desarrollado y el mundo en desarrollo»

____ 6. «se agrupan en las esquinas esperando que se les dé trabajo»

a. los EE.UU.
b. la frontera
c. los inmigrantes
d. las patrullas de la Inmigración
e. un refugio anónimo

B. Indique la(s) respuesta(s) correcta(s) con un círculo. A veces una oración puede tener más de una respuesta correcta.

1. La frontera entre México y los Estados Unidos es de unos (1.000 / 3.000 / 5.000 / 10.000) kilómetros de extensión.
2. Se emplean (barreras / perros / muros / zanjas) para impedir el paso de los inmigrantes hispánicos a los EE.UU.
3. Para muchos mexicanos, la frontera es (una contusión / una cicatriz / una herida / un golpe).
4. Los inmigrantes son víctimas perfectas porque (no hablan inglés / no tienen dinero / no tienen cultura / temen a las autoridades).
5. Se acusa a los inmigrantes de (ser perezosos / dañar la economía estadounidense / ser criminales / contribuir a la sobrepoblación).
6. Los mexicanos siguen cruzando la frontera porque (los EE.UU. los necesitan / hay siempre más trabajo en la agricultura / temen a las autoridades mexicanas / quieren aprender inglés).

Más adelante

PREGUNTAS

1. ¿Qué marca la frontera entre México y los EE.UU, además de la separación política entre los dos países?
2. ¿Por qué dicen algunos que la frontera entre México y los EE.UU. no es frontera sino cicatriz?
3. ¿Por qué son los inmigrantes ilegales las «víctimas perfectas»?
4. ¿Qué ventaja tienen ellos sobre las patrullas de la inmigración?
5. ¿Qué clase de trabajo hacen cada vez más los inmigrantes ilegales en los EE.UU.?

SU OPINION PERSONAL

¿Por qué dice Carlos Fuentes que la hispanidad de los Estados Unidos «es antigua y nueva»?

PARA COMENTAR

La frontera de los EE.UU. con el Canadá no restringe el paso de la gente, incluso se puede pasar sin documentación. En contraste, la frontera con México es vigilada noche y día . Comente lo que sería necesario cambiar en los dos países—los EE.UU. y México—para que esta frontera fuera como la que tenemos con el Canadá.

LECTURAS SUGERIDAS

«La Víctima», en Jorge Huerta, ed. Necessary Theater. *Six Plays about the Chicano Experience.* Houston, TX.: Arte Público Press, 1988.

Juan Armando Epple, «El exilio hispano en Estados Unidos», en Nicolás Carellos, ed. *Handbook of the Hispanic Cultures in the United States.* Houston: Arte Público Press, 1993.

La inmigración y los EE.UU.

Resumen

Fuentes recuerda su propia experiencia de niño en Washington, D.C. en la embajada de México, donde su padre servía de consejero. Habla de lo que le decía su padre de la revolución mexicana y del presidente Cárdenas, y también de las reacciones de algunos de sus compañeros norteamericanos. Y plantea la cuestión: ¿Qué significa para la cultura de los EE.UU. su aspecto multirracial y policultural?

Antes del video

VOCABULARIO

el/la cazador(a)	*hunter*	el hueso	*bone*
el/la consejero/a	*advisor*	el/la pastor(a)	*shepherd*
la embajada	*embassy*	la tribu	*tribe*
la etapa	*stage, phase*		
fiel	*faithful*	soberano/a	*sovereign*
platicar (qu)	*to chat*		

FRASES UTILES

Hace más de dos siglos...	*More than two centuries ago . . .*
Este es mi padre a caballo.	*This is my father on horseback.*
Todo esto me hizo darme cuenta de que...	*All this made me realize that . . .*

PARA PENSAR ANTES DE MIRAR

Averigüe la diferencia entre:

1. confrontar y negociar 2. intervenir y cooperar 3. imponer e influir

Después del video

A. Conexiones. ¿A quién se refiere cada frase?

____ 1. «era consejero de la embajada de México en Washington, D.C.»

____ 2. «nacionalizó el petróleo en México»

____ 3. «decidió respetar la decisión soberana de México»

____ 4. «él se empezó a preguntar cuál era la identidad de los EE.UU.»

a. Benito Juárez
b. Carlos Fuentes
c. F. D. Roosevelt
d. Lázaro Cárdenas
e. el padre de Fuentes

B. ¿Qué cree Ud? ¿Cómo respondería a las preguntas de Carlos Fuentes?

____ 1. ¿Es EE.UU. un país multicultural?

____ 2. ¿Hay en los EE.UU. una sola cultura?

____ 3. ¿Ha asimilado EE.UU. la totalidad de su historia?

____ 4. ¿Le falta a los EE.UU. escribir su historia india, negra e hispánica?

____ 5. ¿Es la cultura de los EE.UU. blanca, anglosajona y protestante?

Más adelante

PREGUNTAS

1. Carlos Fuentes dice que América es un continente de inmigrantes. Explique por qué lo dice y a quiénes se refiere.

2. ¿Cómo afectó la revolución mexicana los intereses estadounidenses? ¿Cómo iniciaron una nueva etapa los presidentes Cárdenas y Roosevelt?
3. Fuentes dice que los EE.UU., más que una nación, es un universo. ¿A qué se refiere?

SU OPINION PERSONAL

Fuentes relata sus años escolares en Washington, D.C. donde su padre servía de consejero en la embajada mexicana. ¿Cree Ud. que tales experiencias fueron importantes en la formación del famoso autor? ¿Puede Ud. indicar el lado positivo tanto como el lado negativo de esas experiencias?

PARA COMENTAR

Exprese sus ideas a las preguntas formuladas por Fuentes.

1. ¿Hay en los EE.UU. una sola cultura blanca, anglosajona y protestante o varias?
2. ¿Ha asimilado EE.UU. la totalidad de su historia o sólo su historia blanca?

LECTURA SUGERIDA

Octavio Paz, «México y los Estados Unidos: posiciones y contraposiciones», en *Tiempo nublado*. Barcelona: Seix Barral, 1983: 139–159.

La presencia hispánica en los EE.UU.

Resumen

La minoría hispánica es la que más rápidamente crece en los EE.UU. Los Angeles es la segunda ciudad hispanoparlante del mundo. ¿Qué ofrece la presencia hispánica? Fuentes destaca como aportes: la religión, las actitudes hacia la familia y la importancia cultural de los viejos.

Antes del video

VOCABULARIO

la ascendencia	*ancestry*	el murmullo	*murmur*
el compromiso	*commitment*	la ofrenda	*offering*
el crisol	*melting pot*	el pálpito	*hunch, presentiment*
el flujo	*flow, stream*	la red	*net*
el mito	*myth*	la tregua	*truce*
hondo/a	*profound*		
aportar	*to contribute*	negarse (a) (ie) (gu)	*to refuse (to)*

FRASES UTILES

Año tras año...	*Year after year . . .*
Es además el que recuerda las historias.	*He also is the one who remembers the stories.*

PARA PENSAR ANTES DE MIRAR

Averigüe las diferencias entre las palabras de cada grupo.

GRUPO 1	GRUPO 2
a. antiguo	a. integrar(se)
b. anciano	b. asimilar(se)
c. viejo	c. segregar(se)

Después del video

A. Conexiones. ¿A qué o a quién se refiere cada frase?

____ 1. «la segunda ciudad hispanoparlante del mundo después de México»

____ 2. «su arte contribuye a la diversidad cultural del mundo moderno»

____ 3. «porta otras ofrendas... un hondo sentido de lo sagrado... que el mundo es sensual, táctil»

____ 4. «cada vez que muere... toda una biblioteca muere»

____ 5. «es casi el periódico del pueblo, el libro de historia más abierto»

a. el anciano
b. el corrido
c. la familia
d. Gilberto Luján
e. el hispánico
f. Los Angeles
g. Miami

B. Ponga la letra de la columna B que se relaciona con la descripción de la columna A.

A

____ 1. las «bibliotecas» de una tradición oral

____ 2. la canción mexicana, que es el periódico del pueblo

____ 3. los ciudadanos estadounidenses de ascendencia mexicana

____ 4. la mayor parte de los inmigrantes hispánicos

____ 5. la minoría de más rápido crecimiento en los EE.UU.

____ 6. el origen del falseto en una canción mexicana

____ 7. el porcentaje de hispanoparlantes que habrá en los EE.UU. en el siglo XXI

____ 8. la primera ciudad hispanoparlante del mundo

____ 9. la red de seguridad en tiempos difíciles

____ 10. la segunda ciudad hispanoparlante del mundo

B

a. 25 por ciento
b. 50 por ciento
c. los chicanos
d. el corrido
e. la familia
f. los hispánicos
g. Los Angeles
h. Madrid
i. los mexicanos
j. México
k. el mohecín árabe
l. los viejos

Más adelante

PREGUNTAS

1. ¿Qué es el «mito del crisol norteamericano»?
2. ¿En qué aspectos contribuye la población hispánica en los EE.UU. a la diversidad cultural?
3. Además de la religión católica, ¿qué sentidos religiosos traen los inmigrantes hispánicos?
4. Según Carlos Fuentes, ¿cuáles son las características de la familia hispánica?
5. ¿Qué es el corrido?

SU OPINION PERSONAL

1. En su opinión, ¿por qué crece la minoría hispánica más rápidamente que las otras?
2. Fuentes dice que en la cultura hispánica, cada vez que muere una persona vieja, toda una biblioteca muere también. ¿Cómo interpreta Ud. esta idea? ¿Es esto verdad sólo entre los hispanos?

PARA COMENTAR

Fuentes presenta diferentes actitudes entre los hispánicos de los EE.UU.: (1) «Quisiéramos retener la lengua española». (2) «Olvida la lengua, intégrate cuanto antes. Usa el español sólo para aprender inglés y asimilarte a la mayoría». ¿Puede Ud. imaginar los motivos que puede tener alguien para asimilarse a la mayoría? Coméntelo en un párrafo breve.

LECTURAS SUGERIDAS

Efraín Barradas, ed. *Apalabramiento: diez cuentistas puertorriqueños de hoy*. Hanover, NH.: Ediciones del Norte, 1983.

Efraín Barradas, ed. *Herejes y mitificadores: muestra de poesía puertorriqueña en Estados Unidos*. Río Piedras, PR.: Ediciones Huracán, 1980.

Nicolás Guillén, «Pequeña oda a un negro boxeador cubano», en *Antología mayor*. México: Editorial Diógenes, 1981, pp. 38-39.

Julián Olivares, ed. *Cuentistas hispanos en los Estados Unidos*. Houston, TX.: Arte Público Press, 1993.

Tino Villanueva, *Chicanos. Antología histórica y literaria*. México: Fondo de Cultura Económica, 1980.

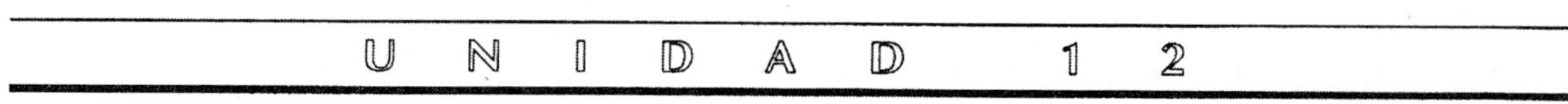

UNIDAD 12

¿Ser o no ser?

Resumen

El dilema de los hispanos es asimilarse a la cultura anglosajona o mantener la diversidad cultural. Fuentes considera las dos alternativas y presenta su propio punto de vista. Dice que es en California donde se plantea el problema universal del siglo XX: ¿cómo tratar al otro?

Antes del video

VOCABULARIO

el aislamiento	*isolation*	el toque	*touch*
llamativo/a	*flashy, illustrative*	súbitamente	*suddenly*
abrazar (c)	*to embrace*	añadir	*to add*

FRASES UTILES

Gústele o no...	*Like it or not . . .*
Constituye más bien una fuente de fortaleza.	*Rather, it constitutes a source of strength.*

PARA PENSAR ANTES DE MIRAR

Averigüe el significado de:

1. monocultural 2. bicultural 3. policultural 4. homogéneo 5. heterogéneo

Después del video

A. ¿Verdadero (**V**) o falso (**F**)?

____ 1. La ciudad de Los Angeles recibe a muchos inmigrantes todos los días.

____ 2. La decisión de mantener su propia cultura es difícil para los hispanos.

____ 3. El aislamiento hace más fuerte la raza.

____ 4. La biblioteca de San Juan Capistrano es un buen ejemplo de la arquitectura mexicana.

____ 5. Un problema universal del siglo XX es cómo tratar al «otro».

____ 6. El lenguaje de la imaginación es universal.

Más adelante

PREGUNTAS

1. ¿Cuál es el dilema cultural de los ciudadanos norteamericanos de origen extranjero?
2. ¿Quién es «el otro» de que habla Carlos Fuentes?

PARA COMENTAR

«Los Angeles plantea el problema universal del siglo XX: ¿Cómo tratar al otro y cómo tratar con él o ella, que no son como tú o yo?» Comente en qué sentido, según Fuentes, es este el problema universal del siglo XX. En su opinión, ¿será también el problema universal del siglo XXI?

La diversidad: el otro

Resumen

En esta última unidad Fuentes resume algunas de las ideas básicas de todos los programas. Habla de España, su progreso económico y político pero también de su necesidad de seguir unida a la América española. Dice que el mayor desafío es abrazar al «otro».

Antes del video

VOCABULARIO

el/la cachorro/a	*cub*		
ajeno/a	*alien, of others*	sordo/a	*deaf*
arriesgar (gu)	*to risk*	fracasar	*to fail*
desempeñar	*to carry out*	gozar (c)	*to enjoy*
ensanchar	*to broaden*	reflejar	*to reflect*

FRASES UTILES

Por lo demás...	*Furthermore . . .*
Juan Carlos fue el fiel de la balanza.	*Juan Carlos was the needle of the scale.*
Por no decir la Disneylandia europea...	*Or, in other words, the European Disneyland . . .*

PARA PENSAR ANTES DE MIRAR

1. Averigüe quiénes son los personajes mitológicos Saturno y Prometeo.
2. Averigüe el significado de cada palabra de estos grupos.

GRUPO 1

a. engaño
b. ilusión
c. sueño
d. imaginación

GRUPO 2

a. generosidad
b. complacencia
c. aceptación

Después del video

A. Conexiones. ¿A quién o a qué se refiere cada frase?

____ 1. se ve «reflejado en el espejo antes enterrado, de la diversidad cultural»

____ 2. «25% de las palabras son de origen árabe»

____ 3. «gozando del más rápido crecimiento económico de la Europa actual»

____ 4. «fue el fiel de la balanza, el punto de equilibrio» del proceso democrático

____ 5. llamó «cachorros del león español» a los hispanoamericanos

____ 6. «tan atento a presentar los más diversos perfiles de la humanidad... niega las falsas ilusiones»

____ 7. devora a sus propios hijos

____ 8. «En sus murales en Pomona, Prometeo simboliza la visión trágica de la cultura hispanoamericana»

a. Carlos Fuentes
b. el castellano
c. España
d. Goya
e. Juan Carlos
f. México
g. Orozco
h. Rubén Darío
i. Saturno

Saturno

B. Indique con «X» las culturas que forman parte de la herencia española.

____ 1. árabe	____ 7. ibérica
____ 2. china	____ 8. italiana
____ 3. fenicia	____ 9. judía
____ 4. gitana	____ 10. mexicana
____ 5. goda	____ 11. romana
____ 6. griega	____ 12. rusa

C. Complete las oraciones con las palabras de la lista.

una advertencia
comunista
democrática
la historia
libertad
los padres
un problema

1. La nueva juventud de España es ____________________.
2. En las obras de Francisco Goya, los hombres son prisioneros de ____________________.
3. Prometeo perdió su ____________________ al darle el fuego a la humanidad.
4. El arte hispano es ____________________ constante sobre la violencia.

Más adelante

PREGUNTAS

1. ¿Qué cambios se ven en España con la transición de la dictadura a la democracia?
2. ¿Qué papel juega el rey Juan Carlos en este proceso?
3. ¿En qué consistió el dilema trágico de Prometeo?
4. ¿Qué significa la frase de Carlos Fuentes «nos hemos reconocido en el otro»? ¿Quién es el «otro»?

SU OPINION PERSONAL

1. «La pobreza no hace a nadie mejor, sólo lo hace más cruel». Este sentimiento es opuesto a la defensa de la pobreza como fuente de buen juicio y otras cualidades positivas. ¿Qué opina Ud.?
2. Dé su opinión sobre esta idea expresada por Carlos Fuentes: «Pues un hombre y su cultura perecen en el aislamiento y un hombre y su cultura sólo nacen o renacen en la compañía de los demás, en compañía de los hombres y mujeres de otra cultura, de otro credo, de otra raza».

PARA COMENTAR

«La lección de España y de la América española es que no hay desafío más grande que el "otro". Desafiando nuestros prejuicios, desafiando nuestra capacidad para dar y para recibir». Explique esta idea en términos concretos, con ejemplos.

E N F I N

En este capítulo el escritor Carlos Fuentes analiza los grandes cambios políticos y sociales que han tenido lugar en España y Latinoamérica durante el siglo XX y destaca la presencia de una tercera hispanidad: el mundo hispano de los Estados Unidos. Para él, la riqueza más importante de un país es su cultura porque le permite reconocer su identidad y desarrollarse en un sentido auténtico.

Escriba un breve ensayo sobre uno de los siguientes temas.

A. El valor de la herencia indígena en la cultura mexicana actual

B. La Cenicienta frente a su espejo: ¿podrá encontrar América Latina modelos propios?

C. Relaciones entre los Estados Unidos y América Latina: ¿intervención o interdependencia?

D. La presencia hispana en los Estados Unidos

E. Estados Unidos frente a su espejo: en busca de la identidad multicultural

F. «Conozco mejor mi identidad: hablo dos idiomas».

En antiguas tumbas de las Américas se han encontrado espejos. El espejo es poderoso, concentra la fuerza del sol y revela nuestra identidad.

Unidad 1: La Sagrada Familia: símbolo de la "obra inacabada"

Las torres de La Sagrada Familia dominan el puerto de Barcelona. Como tantas cosas en España, esta obra de Antonio Gaudí apunta al cielo pero también a la tierra. Las aspiraciones celestiales deben tener raíces terrenales. La Sagrada Familia ha estado en construcción durante más de un siglo. Una obra inacabada, como el paisaje de Cataluña: la montaña, el mar. Un edificio inacabado, un proyecto, una promesa--como España, como Hispanoamérica.

La obra inacabada de Gaudí, La Sagrada Familia, nos permite no sólo preguntarnos ¿quiénes somos? sino ¿qué estamos siendo? ¿Hacia dónde vamos? No sólo en España sino en Hispanoamérica y en las comunidades hispánicas de los EE.UU.: las tres grandes áreas hispanoparlantes del siglo XX.

El sol se puso en 1898 cuando Cuba y Puerto Rico pasaron al dominio del joven imperio emergente, los Estados Unidos de America. España reaccionó con un profundo cuestionamiento de sí misma.

Unidad 2: La República: la experimentación

Después de la Primera Guerra Mundial el mundo también se cuestionó y buscó respuestas en la experimentación artística. En España, una brillante constelación de jóvenes creadores proyectaron las tradiciones hispánicas contra la pantalla del siglo XX y descubrieron que el mundo, como España, estaba deformado--como un reloj derritiéndose en los paisajes lunares de Salvador Dalí.

O un mundo escandaloso, tan escandaloso como las películas de Luis Buñuel en las que la juventud europea tiene que arrastrar el peso insoportable de las convenciones más represivas.

Pero un mundo también de belleza sensual, como la poesía de Federico García Lorca:

"Quiero dormir un rato,
un rato, un minuto, un siglo;
pero que todos sepan que no he muerto...
que soy la sombra inmensa de mis lágrimas."

Profeta de su propia muerte, García Lorca también previó la agonía de España. El poeta sería una de las primeras víctimas del fascismo español.

Una débil monarquía fue seguida en 1931 por una débil república. El impulso transformador vino de capitales regionales como Barcelona, iniciadora y receptáculo también de las reformas republicanas.

Y además trajo una legislación moderna a España, separando la Iglesia del Estado, permitiendo las leyes del divorcio y dando la educación laica. La República galvanizó al país pero también cometió una serie de excesos anticlericales. Era sólo una cuestión de tiempo antes de que las fuerzas conservadoras, reaccionarios del país, se enfrentasen al débil gobierno reformista.

Unidad 3: Franco y la guerra civil

La violencia esporádica se convirtió en guerra civil en julio de 1936 cuando un grupo de jefes militares se rebelaron contra la República. Uno de ellos, Francisco Franco, se convertería rápidamente en el caudillo de la insurrección.

Ambos contendientes, Franco y la República, obtuvieron apoyo extranjero. Los republicanos, algunas armas soviéticas y la simpatía y el asilo mexicanos. Y de todas partes del mundo, llegaron hombres y mujeres a formar las Brigadas Internacionales en apoyo de la República. Intelectuales de muchos países se adhirieron también a la causa republicana.

Pero en el otro lado, Franco obtuvo el apoyo militar absoluto de las dictaduras fascistas de Alemania e Italia. Hitler y Mussolini ensayaron la Segunda Guerra Mundial en las llanuras y los ríos de Castilla. Y el 26 de abril de 1937 los estukas de Hitler bombardearon la ciudad vasca de Guernica durante tres horas. Guernica no ofrecía objetivos militares; destruirla fue un simple ejercicio de intimidación de la población civil. Fue el presagio de los bombardeos masivos de Londres y de la destrucción de Coventry.

De ahora en adelante, los inocentes se contarían entre las primeras víctimas de la guerra. Pero de la muerte de Guernica surgió la vida de "Guernica," el cuadro emblemático del siglo XX por el gran pintor moderno, el más grande pintor moderno de España, Pablo Picasso.

Picasso nos pide que miremos el sufrimiento y la muerte a través de los símbolos eternos de la arena española: el toro y el caballo, despedazados.

La dolorosa capacidad española para transformar los

desastres de la historia en triunfos del arte se hace evidente en Guernica. Pero ahora nada nos puede proteger. Estamos fuera de la cueva de Altamira, fuera de la recámara de las Meninas, estamos en plena calle. Las bombas caen del cielo, todo es devastación y miseria y, una vez más, como en el principio, estamos desamparados.

¿Será posible reconstruir un mundo con los fragmentos del arte? Arrojado al exilio, cruzando los Pirineos, el poeta Antonio Machado, viejo y moribundo, suspiró:

"Españolito que vienes al mundo
te guarde Dios.
Una de las dos Españas
ha de helarte el corazón..."

Las dos Españas se enfrentaron, sin conciliación aparente. Sol y sombra, nuevamente. Cerca de El Escorial, Franco mandó construir su propia tumba: el Monumento de los Caídos.

Una enorme cruz se levanta sobre una gigantesca cueva perforada en la roca. Dieciséis años se necesitaron para construir el monumento con los brazos de muchísimos prisioneros políticos. Es el tipo de pesadilla fascista que Hitler se hubiese mandado construir si hubiese ganado la guerra. Franco no ganó la Segunda Guerra Mundial. Pero tampoco la perdió.

Agil y astuto, Franco no permitió que Hitler lo arrastrara a la guerra y cuando estalló la paz, la no-beligerancia española se convirtió en una ventaja estratégica para la alianza atlántica, encabezada por el presidente Eisenhower. Franco, en la puerta del Mediterráneo, le rentó bases aéreas a los EE.UU. Sus credenciales anticomunistas eran impecables.

La fachada de España bajo Franco fue monumental y uniforme. Pero el país era pobre. Necesitaba turismo, inversión, comercio y crédito, y los obtuvo. Durante los años de Franco, España alcanzó el desarrollo económico pero sin libertad política.

Franco en España nunca logró apoderarse de la totalidad de la cultura española. La poesía y la novela, las organizaciones políticas ilícitas, el periodismo--todos resistieron.

Muchos españoles republicanos se exiliaron en el Nuevo Mundo, sobre todo en México, una sociedad en pleno conflicto entre las fuerzas de la tradición y las de la modernidad.

Unidad 4: Obra inacabada en Latinoamérica

Desde muy joven, he visto la construcción interminable de este hotel en la ciudad de México--cada vez más alto, jámas terminado. Un símbolo apropiado para la América Española: creciendo, pero inacabada; enérgica, pero llena de problemas, que a veces parecen insolubles. Y sin embargo los problemas no son sino el resultado de enormes cambios y de un desarrollo enorme, caótico, a menudo injusto.

La América española cambió su piel colonial, se convirtió en parte de un mundo más ancho pero dejó atrás a muchísimos hispanoamericanos. En medio de su crisis creciente Latinoamérica fue invitada a unirse a la aldea global, el mundo de la información, la tecnología y la integración económica.

Aldea global, sí, pero también aldea local. La gangrena de las grandes ciudades latinoamericanas se puede encontrar en todas partes del mundo--drogas, crimen, gente sin hogar--pero aquí la agravan la deuda externa y la explosión demográfica.

Enorme crecimiento, enorme cambio. La población de la América Latina se duplica cada 25 años, hoy somos 400 millones. En el año 2000 habremos doblado la población de los EE.UU.

Es una población juvenil--la mitad de los latinoamericanos tiene 15 años o menos--200 millones de niños y adolescentes. Es una población ansiosa de obtener empleo, educación, servicios sociales. Los jóvenes latinoamericanos forman parte de sociedades urbanas. La mayoría de los latinoamericanos viven hoy en ciudades o en las ciudades perdidas, las villas de miseria que las circunda. ¿Cómo mejorar sus vidas? Ha habido muchas respuestas.

La revolución mexicana de 1910 se inició como un movimiento político electoral pero pronto se reveló como un movimiento social, y sobre todo, como un acontecimiento cultural, celebrado por artistas como Diego Rivera. Una clase media creciente, una clase obrera combativa, exigieron mayor riqueza pero con mayor justicia. La libertad rompió sus cadenas, como en este mural por el artista mexicano Siqueiros. ¿Pero cómo obtener el progreso con justicia?

Venezuela lo intentó basándose en la riqueza generada por vastos recursos naturales. Costa Rica, Uruguay, Chile, mediante las reformas sociales y las coaliciones políticas progresivas. Y México mediante reformas revolucionarias: reforma agraria, educación, la expropiación petrolera. Mientras que en la Argentina, dos demagogos excepcionales, Juan y Eva Perón, gobernaron desde un balcón, derrocharon la riqueza acumulada por las exportaciones agropecuarias, le dieron al pueblo un sentido de dignidad y legislación social, pero no le dieron a la nación instituciones fuertes y estables.

Unidad 5: Relaciones con los EE.UU.

Los Estados Unidos de América, la joven potencia emergente que derrotó a España en 1898, se convirtió en seguida en la gigantesca sombra proyectada sobre el destino de la América Latina. Nuestro doctor Jekyll y nuestro Mr. Hyde. Una democracia por dentro, un imperio por fuera, constantemente interviniendo en la vida de nuestros paises en nombre del destino manifiesto, el gran garrote, la diplomacia del dólar y la arrogancia puritana.

Enterradas en el espejo de nuestra memoria colectiva se encuentran estas imágenes. Los infantes de marina desembarcando en Veracruz--mi propio padre fue enviado a combatirlos. El general Pershing persiguiendo a Pancho Villa por el norte de México y los infantes de marina ocupando Santo Domingo, Haití, Honduras y Nicaragua, mientras el presidente Woodrow Wilson proclamaba: "Yo les enseñaré a los latinoamericanos a elegir buenos gobernantes."

Otro presidente, Franklin Roosevelt, abandonó estas actitudes. Su política del buen vecino respetó a la América Latina y su dinámica propia. Obtuvo lo que quería: el apoyo latinoamericano durante la Segunda Guerra Mundial.

Pero cuando terminó la guerra caliente, empezó la guerra fría. Gobiernos electos en Guatemala y Chile fueron derrocados con la ayuda norteamericana porque eran de izquierda. El presidente socialista de Chile, Salvador Allende, pereció en un golpe militar.

Las dictaduras militares torturaron y asesinaron en nombre del anticomunismo. Y en nombre del comunismo, la revolución en Cuba trató de romper la dependencia económica y política de la isla con los Estados Unidos pero creó una nueva dependencia hacia la otra superpotencia, la Unión Soviética.

Una revolución joven y pobre en Nicaragua mantuvo su independencia, a pesar de la intensa hostilidad norteamericana. La revolución educó al pueblo, creó instituciones donde antes no existían, desató las fuerzas de una nueva sociedad civil y respetó los resultados de elecciones libres.

Unidad 6: En busca de modelos

Ahora la guerra fría había terminado. Y la América Latina se encontraba en crisis, dándose cuenta de que tanto el capitalismo como el socialismo en sus versiones latinoamericanas no habían logrado sacar de la miseria a la mayoría de nuestra población.

Nuestros modelos políticos y económicos de derecha y de izquierda se habían derrumbado estrepitosamente. Pero, ¿eran realmente nuestros modelos? ¿Acaso desde la independencia no habíamos mostrado una clara tendencia a la imitación extralógica a imitar los más prestigiosos modelos económicos y políticos extranjeros? Claro, también hubo mucha imitación cultural.

A veces, de manera divertida, como en el Palacio de Bellas Artes en la ciudad de México, proyectado desde 1901 antes de la revolución e inaugurado en 1934. Desde entonces, su pesada estructura de mármol se ha venido hundiendo en el lecho esponjoso del lago azteca. Junto con sus motivos precolombinos y sus audacias art-deco, Bellas Artes contribuye a la extraordinaria mescolanza arquitectónica de México como Roma, una ciudad de infinitos niveles culturales.

El Palacio de Bellas Artes también alberga un espléndido teatro. Cada vez más encontramos esta continuidad en el arte, la literatura, la música y la representación teatral. Una continuidad que podemos descubrir acaso detrás de este magnífico telón de cristal, este espejo creado por Tiffany en el Palacio de Bellas Artes.

Como el escritor argentino Jorge Luis Borges en su cuento "El Aleph," buscando ese gigantesco instante único donde todos los espacios del mundo se encuentran sin confusión, vistos desde todos los ángulos pero con perfecta existencia simultánea. Levantemos el telón...y veamos de vuelta todo lo que hemos sido.

Unidad 7: La cultura: una manera de ser

¿Podemos ser a partir de todo lo que hemos sido? La piedra memorable del pasado indígena. La herencia española, que es cristiana pero también judía y también islámica, y que incluye la vitalidad de nuestra cultura de origen africano. La mezcla de la fe y la memoria populares. Una cultura tradicional y modernizante. La cultura como respuesta a los desafíos de la vida. La cultura como nuestra manera de amar y de hablar. Cultura es lo que comemos. Cómo nos vestimos. Nuestras memorias y deseos. La cultura como una manera de ver.

El mexicano Rufino Tamayo mira al mundo con los ojos modernos del pasado indígena. El mismo fue un gran coleccionista de arte precolombino. En tanto que el cubano Wilfredo Lam permite que sus raíces africanas crezcan dentro de sus pinturas. Y la herencia de España y de Goya continúan en el arte del mexicano José Luis Cuevas.

Cultura es nuestra manera de reír, como en las pinturas del colombiano Fernando Botero. Cultura es nuestra manera de recordar. Aquí, el venezolano Jacobo Borges imagina el túnel sin fin de la memoria. Pero sobre todo nuestra cultura es nuestro cuerpo. Cuerpos a veces sacrificados, negados, cuerpos encadenados, soñadores, carnales cuerpos, el cuerpo de esta mujer mexicana, Frida Kahlo.

Entonces escuché la voz del poeta, Pablo Neruda, exclamando a lo largo de esta visión:

"He venido a contar esta historia..."

En este mural Diego Rivera nos da un retrato de las riquezas del Nuevo Mundo, riquezas del subsuelo, riquezas de la tierra y de la capacidad humana para transformarlas en energía, en tecnología, en ciencia, en progreso.

Unidad 8: Propios modelos

Pero quizá también nos permite preguntarnos: ¿No poseemos nosotros los latinoamericanos la imaginación, la tradición, los recursos de organización, los recursos intelectuales para crear nuestros propios modelos de progreso? Modelos verdaderamente consonantes con lo que hemos sido, con lo que somos y con lo que queremos ser en medio de esta nuestra crisis de las cuatro des: deuda, droga, desarrollo y democracia. Nos dimos cuenta de que la respuesta sólo podría venir desde el interior de nuestra cultura, es decir, desde el interior de nosotros mismos. Nos dimos cuenta de que tenemos una política volcanizada, fracturada, sistemas económicos fallidos, enormes desigualdades sociales y al mismo tiempo una asombrosa continuidad cultural, de pie en medio de la debacle generalizada de nuestros sistemas.

Pero los portadores de esta cultura somos todos nosotros, los hombres y las mujeres de Iberoamérica. Creadores de nuestra civilización, nos corresponde ahora crear una política y una economía consonantes con la cultura.

Tecnócratas, empresarios, intelectuales, organizaciones femeninas, la comunidad científica, sindicatos, cooperativas agrarias, todo el espectro de la sociedad civil se está convirtiendo en el protagonista activo de nuestra historia. Ya no el Estado, la Iglesia o el Ejército, ordenándolo todo desde arriba, sino la sociedad actuando desde abajo.

Nuestra tradición centralista y autoritaria empieza a ser transformada por la acción democrática desde los márgenes de la sociedad, una sociedad que descubre sus poderes, actuando con más rapidez que el gobierno durante el terremoto de la ciudad de México en 1985.

Poner nuestras propias casas en orden: esta es nuestra obligación e incluye proteger el medio ambiente, crear una política pluralista y encontrar soluciones concretas a los problemas, creando a veces la primera escuela, el primer camino, el primer hospital, a menudo mediante la cooperación y la organización autónoma.

Unidad 9: La frontera

América Latina: una sociedad enérgica. Pero los problemas siguen creciendo y rebasando los programas sociales --poblaciones en aumento, creciente demanda de empleos, el imán de las grandes ciudades--y de la potencia vecina: los EE.UU. de América, donde una tercera hispanidad, antigua y nueva, nos espera detrás de la larga frontera de casi tres mil kilómetros entre México y los EE.UU. La frontera entre México y los EE.UU. es la única frontera visible entre el mundo desarrollado y el mundo en desarrollo. También es la frontera entre Angloamérica y Latinoamérica que empieza aquí. Es una frontera inacabada, como estas barreras, zanjas y alambradas que se erigen rápidamente para impedir el paso de inmigrantes hispánicos y luego son abandonadas, inacabadas.

A veces es fácil pasar la frontera. Bastan unos cuantos pasos para entrar ilegalmente a los EE.UU. Algunos vienen buscando trabajo. Otros huyen de los conflictos políticos de Centroamérica. Pero es difícil llegar al otro lado. En medio, una tierra de nadie en la que el inmigrante debe desafiar la vigilancia de las patrullas fronterizas norteamericanas. A dos millas de distancia el refugio anónimo de las calles norteamericanas.

Esta es la historia de un encuentro inacabado entre las culturas del Nuevo Mundo. Y la frontera méxiconorteamericana, dicen algunos al cruzarla, no es realmente una frontera; es una cicatriz. ¿Volverá a sangrar? ¿O se cerrará de una vez por todas?

Las patrullas trabajan día y noche para detener el paso de los indocumentados. Tienen a su disposición las más modernas tecnologías. El inmigrante sólo tiene la ventaja numérica y la presión de millones de seres humanos a sus espaldas. Son las víctimas perfectas. En una tierra extranjera, no hablan inglés, duermen a la intemperie, temen a las autoridades. Abogados y empleadores sin escrúpulos juegan con sus vidas y sus libertades. A veces son tratados brutalmente, a veces son asesinados. Y sin embargo, no son criminales, son sólo trabajadores.

Todos los días algunos son capturados y regresados al otro lado de la frontera. Se les acusa de desplazar a los trabajadores norteamericanos y de dañar la economía de los EE.UU. Incluso se les acusa de amenazar a la nación norteamericana a su integridad cultural. Pero siguen cruzando. Se dirigen a Los Angeles. Se agrupan en las esquinas esperando que se les dé el trabajo que necesitan para comer.

Siguen cruzando sobre todo porque los EE.UU. los necesita. Millones de trabajadores, antes de que termine el siglo, son requeridos por la economía norteamericana en la agricultura cada vez menos y cada vez más en los servicios. Hacen el trabajo que los gringos necesitan pero que no quieren hacer ellos mismos.

De modo que aunque no hubiese severo desempleo en México, los trabajadores tendrían que venir de alguna parte porque la economía norteamericana los demanda de la misma manera que los trabajadores turcos van a Alemania y los trabajadores norafricanos a Francia. Se trata de un fenómeno universal.

Pero el inmigrante hispánico sólo tiene que cruzar una frontera terrestre para entrar a los EE.UU. La frontera entre México y los EE.UU... ¿cuál frontera? se pregunta a veces el trabajador hispánico. ¿Acaso no ha sido ésta siempre nuestra tierra? ¿Quizás no hago sino regresar a ella? ¿No es ésta siempre, de algún modo, nuestra tierra? Saboréala, oye su lengua, canta sus canciones, rézales a sus santos. ¿No ha sido ésta siempre--no lo será siempre--una tierra hispánica?

(Voz de mujer que canta):

"Vengo a ver si la puedo encontrar
Para ver si me da su palabra...
Yo le digo a mi prieta Adelaida:
no te vayas por Dios a sufrir...
No hay remedio mis padres me mandan

y por tierra debo de partir..."

Unidad 10: La inmigración y los EE.UU.

El continente americano es tierra de inmigrantes. La misión de San Juan Capistrano es sólo una entre varias iglesias construidas de Texas a California, hace más de dos siglos para evangelizar a la población indígena. Todo esto fue territorio español primero y luego mexicano durante 300 años. Y todos nosotros vinimos a América desde otra parte, empezando con las tribus nómadas llegadas de Asia y que se convirtieron en los primeros americanos; cazadores, más tarde pastores y agricultores: los indios.

Un continente de inmigrantes. Luego vinieron los españoles. Dejaron aquí su lengua y su religión y a veces sus huesos. Generación tras generación de hispanoparlantes, de Texas a California, hasta el día de hoy. Y sólo más tarde, aparecieron los angloamericanos.

Aquí viví durante mi infancia. Mi padre era consejero de la Embajada de México, aquí mismo en la calle 16, y yo venía a jugar en este parque. Eran años excitantes, los años del nuevo trato norteamericano, cuando los Estados Unidos trataron de resolver sus problemas movilizando el más precioso de todos sus recursos: su capital humano, su gente.

La vieja embajada es ahora un centro cultural mexicano. Pero en 1938 este fue un centro de intensa actividad diplomática. Mi padre nos platicaba de estos asuntos a la hora de la cena y creó en todos nosotros, en nuestra pequeña familia mexicana en Washington, mi padre y mi madre, mi hermana y yo, un intenso interés y preocupación acerca de lo que ocurría en México. La revolución mexicana llegó a su apogeo bajo la presidencia de Lázaro Cárdenas, la reforma agraria distribuyó tierras, les regresó tierras a los campesinos, pero afectó muchos intereses norteamericanos. Y en marzo de 1938 el Presidente Cárdenas nacionalizó el petróleo en México. Pero esta vez, en vez de enviar los cañoneros a Veracruz, el Presidente Franklin Roosevelt decidió respetar la decisión soberana de México. Los Presidentes Cárdenas y Roosevelt iniciaron una nueva etapa de la relación entre México y los Estados Unidos. La cooperación en vez de la confrontación, la negociación en vez de la intervención. Es todo lo que hemos pedido siempre en la relación con Norteamérica. Todo esto fue celebrado aquí en la embajada en los murales por el artista mexicano Cueva del Río.

Latinoamérica y Norteamérica se dan la mano bajo la mirada aprobatoria de Juárez, Lincoln y Bolívar. Se celebra la nueva identidad de México como nación moderna--aeroplanos, fábricas y tractores.

Las lanzas de los charros tradicionales se convierten en símbolos de la cultura agraria. Este es mi padre a caballo. E incluso yo con 9 años de edad, en esa época fui incluido en esta celebración.

Pero muchos norteamericanos se oponían a la revolución mexicana y perdí a algunos amigos en la escuela. Sin embargo, todo esto me hizo darme cuenta de que yo era un ciudadano mexicano, portador de una identidad distinta de la norteamericana. Pero, ¿cúal era la identidad de los Estados Unidos?, me empecé a preguntar desde entonces.

¿Eran los Estados Unidos solamente las fachadas neoclásicas de sus edificios públicos o eran ese río multicultural de muchas corrientes que conocí en mi escuela aquí en Washington? ¿Son los Estados Unidos una sola cultura, blanca, anglosajona, protestante, o varias? Y si son más que una sola cultura predominante, ¿han asimilado los Estados Unidos la totalidad de su historia o sólo su historia blanca? ¿Les falta aún por escribir sus historias indígena, negra e hispánica? De esta manera comprendí que los Estados Unidos más que una nación eran un universo, y sólo fieles a sí mismos cuando admitían esta diversidad multirracial y policultural.

Unidad 11: La presencia hispánica en los EE.UU.

Pero a partir de entonces, año tras año, la cultura de la América Española se ha manifestado cada vez más poderosamente en los Estados Unidos de América. Pero la cultura hispánica crece sin tregua: desde California a Texas y la Florida de Miami a Nueva York y luego otra vez al oeste y Chicago. Es la minoría que más rápidamente crece en los EE.UU.: 25 millones de hispánicos, la mayor parte de origen mexicano, pero puertorriqueños también, cubanos, centro y suramericanos.

Los Angeles ya es la segunda ciudad hispanoparlante del mundo después de México y antes de Madrid y Barcelona. A mediados del siglo XXI, la mitad de la población de los EE.UU. hablará español.

No sólo inmigrantes sino chicanos, puertorriqueños, cubanos, en busca del oro gringo, pero trayendo el oro latino. Un oro que se niega a derretirse en el mito del crisol norteamericano.

La presencia hispánica no es sólo un acontecimiento económico o político. Es sobre todo un acontecimiento cultural. Aquí en Los Angeles, el arte de los chicanos contribuye a la diversidad cultural del mundo moderno, como en la obra de Gilberto Luján.

El chicano le da un tono único a la cultura norteamericana: informal y dinámico, tenso pero celebratorio. Este flujo intenso les obliga a todos recién venidos pero también antiguos hispánicos a preguntarse: ¿Qué aportamos? ¿Qué quisiéramos retener?

¿Qué le ofrecemos a los EE.UU.? Cuando se les pregunta, responden: "Quisiéramos retener la lengua, la lengua española." Pero otros les dicen: "Olvida la lengua, intégrate cuanto antes en la lengua inglesa dominante." Mientras que otros alegan: "Usa el español sólo para aprender el inglés y asimilarte a la mayoría." Y otros cada vez más comprenden que hablar más de una lengua no le hace daño a nadie.

El hispánico porta otras ofrendas. La religión, por ejemplo. Y no sólo el catolicismo sino un hondo sentido de lo sagrado, un reconocimiento de la sacralidad del mundo, que el mundo es sensual, táctil. Y el cuidado y el respeto hacia los viejos, respeto de la experiencia y de la continuidad de la vida.

En una cultura de tradición oral como la nuestra el anciano es además el que recuerda las historias, el que tiene la memoria, algo sumamente valioso. Casi podríamos decir que cada vez que muere un hombre viejo o una mujer vieja, toda una biblioteca muere con ellos.

Y finalmente la familia, la familia como compromiso, la lucha por mantener unida a la familia, la familia como el calor y como el pequeño microcosmos político, el parlamento, el partido político real, donde las cosas se conocen y se debaten a fondo, y la familia como la red de seguridad en tiempos difíciles. ¿Y cuándo no son difíciles los tiempos?

Iberoamérica: una canción romántica y triste y también un corrido portador de noticias, amores pasionales, revoluciones. El corrido es casi el periódico del pueblo, el libro de historia más abierto y transmisible. Es la manera de saber que:

"El año de 1900
muy presente tengo yo
en un barrio de Santillo
Rosita Albires murió," o:

"El 22 de febrero
fecha de negros pesares
mandó Huerta asesinar
a Madero y Pino Suárez."

Es la información, es también un recorrido, sin embargo una búsqueda de las raíces, una metamorfosis de viejas canciones, de viejos recuerdos, el grito del minarete, el mohecín árabe se transforma en el falseto de una canción mexicana "Tú, sólo tú," o el murmullo desde el barco cargado de esclavos de Africa se transforma en la canción, en el son afrocubano: ..."babalú, babalú ayé..."

Y este rumor, este ritmo de Iberoamérica se une al de las otras culturas de los Estados Unidos de Norteamérica adquiriendo acentos--acentos nuevos y de esta manera ha sido creada una nueva cultura que le da vida y pálpito al mensaje hispánico. Muchas formas, no una sola. Muchos tiempos, no uno solo. Muchas historias, no una sola.

Unidad 12: ¿Ser o no ser?

Un mundo multirracial. Un mundo policultural. Como una Bizancio contemporánea, la ciudad de Los Angeles recibe todos los días, gústele o no, las lenguas, las cocinas, las costumbres, no sólo de los hispanoamericanos, sino de los coreanos, los vietnamitas, los chinos, los japoneses. Tal es el precio de la interdependencia global y de las comunicaciones instantáneas. Y súbitamente, el dilema cultural del ciudadano norteamericano de origen mexicano, cubano o puertorriqueño se universaliza: ¿integrarse o no? ¿Mantener la personalidad propia y enriquecer la diversidad de la sociedad norteamericana o disolverse en la anonimidad del crisol? ¿Derretirse o no derretirse?

Bueno, quizá la cuestión nuevamente es ¿ser o no ser? ¿Ser con otros o no ser, solitariamente? El aislamiento es la muerte. El encuentro es la vida. A veces es el renacimiento. La biblioteca regional de San Juan Capistrano es un ejemplo llamativo del encuentro de culturas. El muro español concebido para proteger los espacios privados y sacralizar los espacios públicos adquiere una dinámica angloamericana y un sentido de accidente y circulación gracias al arquitecto Michael Graves en tanto que el murmullo del agua añade el toque sensual de la Alhambra. Una cultura refuerza a las demás.

Una pregunta entonces: ¿la diversidad cultural debilita realmente a los EE.UU. o constituye más bien una fuente de fortaleza y de sabiduría para la sociedad norteamericana? Y sobre todo en todo caso ¿por qué no ha de coexistir la pluralidad cultural con justicia creciente, con equidad creciente para el otro? Porque California, la ciudad de Los Angeles, plantean el problema universal del siglo XX: ¿cómo tratar al otro, cómo tratar con él o ella, que no son como tú o yo?

El espejo de la diversidad cultural ha estado enterrado por demasiado tiempo y sin embargo siempre ha reflejado la verdad de que todas las naciones, todas las razas pueden comprenderse, pueden comunicarse a través del lenguaje universal de la imaginación. Como estos niños en la biblioteca regional aquí en San Juan Capistrano.

Unidad 13: La diversidad: el otro

Ahora me veo reflejado en el espejo, antes enterrado, de la diversidad cultural y siento que sus imágenes no son ya ajenas a mí sino universales, cálidas, embargantes.

Vengo de México, del Caribe, de la América del Sur y somos europeos, indios, negros, pero sobre todo mestizos. Hablo castellano pero el 40% de mis palabras son de origen árabe y otra buena porción descienden de los aztecas. Soy ibérico, fenicio, griego, romano, judío, árabe, godo y gitano. En otras palabras: vengo de España.

Estamos en el Madrid moderno, en un antiguo teatro convertido en restorán, llamado Teatriz, donde podemos ver a la juventud de una España nueva y democrática gozando del más rápido crecimiento económico de la Europa actual. Por lo demás, en España el crecimiento económico ha corrido paralelo a la libertad política. La transición de la dictadura a la democracia pudo ocurrir en España porque todos los actores políticos de la izquierda a la derecha desempeñaron de manera responsable sus papeles.

El joven rey Juan Carlos fue el fiel de la balanza, el punto de equilibrio de todo este proceso. Además España, después de siglos de aislamiento, se unió a Europa. Los Pirineos se derrumbaron. Pero España no debería olvidar de que también debe estar presente en la América Española, en las naciones hispanoamericanas, esos "cachorros del león español," como nos llamó el poeta nicaragüense Rubén Darío.

¿España simplemente sería una nación del futuro consumista, rica, acrítica, jugando en el jardín de recreo de la Comunidad por no decir la Disneylandia europea, o se uniría a la América Española, a su herencia común, con una voluntad política necesaria para alcanzar nuestros objetivos comunes económicos, políticos, culturales en el siglo XXI?

España y el nuevo mundo son espacios donde diversas culturas se dan cita. Centros de incorporación, no de exclusión. Así lo han entendido nuestros mayores artistas, como Goya, tan atento a presentar los más diversos perfiles de la humanidad. Imágenes que el mundo moderno, optimista y progresivo olvidó y luego pagó un alto precio por el olvido. Los valores convencionales de la sociedad occidental fueron brutalmente negados en las dos guerras mundiales. España y América Española nunca se han engañado sobre la capacidad de destrucción y sufrimiento humanos. Goya niega las falsas ilusiones.

Los hombres son prisioneros de la sociedad. La pobreza no hace a nadie mejor, sólo lo hace más cruel. La naturaleza es sorda. No puede salvar al ser inocente. Y la historia, como Saturno, devora a sus propios hijos. Seamos lúcidos y generosos, pero no complacientes.

El arte de España y de Hispanoamérica es una advertencia constante sobre la violencia que los hombres pueden ejercer contra sus semejantes. En los murales de Orozco en Pomona, Prometeo simboliza la visión trágica de la cultura hispanoamericana: el héroe condenado por los dioses y encadenado a una montaña por haberles dado a los hombres el fuego de la libertad. Prometeo usó su propia libertad para robarles el fuego a los dioses y dárselo a los hombres. En seguida pierde su libertad y los hombres ni siquiera son agradecidos. Pero la cuestión trágica es esta: ¿hubiera sido Prometeo más libre si no hubiera usado su libertad, si hubiera permanecido pasivo sin arriesgar ni la cólera de los dioses ni la ingratitud de los hombres? ¿O sólo es libre porque usó su libertad aunque al cabo la perdiese?

Esta es la cuestión trágica: lucha, ama, escribe, pinta, habla, actúa, pero siempre en compañía del otro. Haz lo que tienes que hacer aunque sepas que vas a fracasar, pero hazlo siempre abrazando al "otro," ensanchando la posibilidad humana. Pues, un hombre y su cultura perecen en el aislamiento y un hombre y su cultura sólo nacen o renacen en compañía de los demás, en compañía de los hombres y mujeres de otra cultura, de otro credo, de otra raza.

La lección de España y de la América Española es que no hay desafío más grande que el "otro." Desafiando nuestros prejuicios, desafiando nuestra capacidad para dar y para recibir.

A veces hemos fracasado en el mundo hispánico. No hemos

sabido abrazar al "otro." Pero siempre hemos sido conscientes del desafío. Y cuando nos hemos reconocido en el "otro," hemos podido, al fin, desenterrar el espejo y vernos reflejados en él, enteros, completos, sólo porque nos acompañan los demás.

-FIN PROGRAMA V-

Spanish-English Vocabulary

Students are encouraged to obtain a standard Spanish-English Dictionary. Word definitions provided in this limited list are based on usage in the context of the video narration. This contains all the words that appear in the textbook and video script with the following exceptions: (1) most close or identical cognates that do not appear in the chapter vocabulary lists; (2) conjugated verb forms—only the infinitives are listed; (3) diminutives ending in **-ito/a**; (4) most adverbs ending in **-mente** (if the corresponding adjective is listed).

Stem changes and spelling changes in verbs are indicated in parenthesis following the infinitive: **dormir (ue, u); llegar (gu); seguir (i, i) (g); tocar (qu); huir (y).** Irregular verbs such as **ser** and **ir** are described as *irreg.*

The gender of masculine nouns ending in **-o** and feminine nouns ending in **-a** is not indicated. However, if a masculine noun in **-o** has a feminine variant in **-a** the noun is listed thus: *enemigo/a*. The gender of all other nouns is indicated with *m.* or *f.*, or with both in the case of one form with both genders, such as "**artista** *m., f.*" Adjectives ending in **-o** in the masculine singular are listed only in the singular form: **-o/a.** Adjectives and nouns that become feminine by adding **-a** to the masculine form are indicated with (a) thus: *administrador(a).*

Words beginning with **ch, ll,** and **ñ** are found under separate headings, following the letters **c, l,** and **n**, respectively. Similarly, **ch, ll,** and **ñ** within words follow **c, l,** and **n**, respectively. For example, **coche** follows **cóctel**, **calle** follows **calor**, and **añadir** follows **anuncio.**

Entries that are followed by Carlos Fuentes' name in parentheses are words coined by him during the development of these programs.

The following abbreviations are used:

adj.	adjective	*irreg.*	irregular
adv.	adverb	*L.A.*	Latin American
Arab.	Arabic	*m.*	masculine
aux.	auxiliary, helping	*n.*	noun
f.	feminine	*pl.*	plural
geog.	geographical term	*p.p.*	past participle
inf.	infinitive	*prep.*	preposition
invar.	invariable	*sing.*	singular

A

abad *m.* abbot
abajeño/a lowlander
abajo below, down
abarcar (qu) to cover, include
abierto/a *p.p.* open
abismo abyss
abocado a verging on
abolir to abolish
aborigen *m., f.* native, aborigine
abrazar (c) to embrace
abrigar (gu) to shelter
abrigo shelter; coat
abrir to open
abrumador(a) overwhelming
abuelo/a grandfather/ grandmother
acabar to finish; **acabar de** + *inf.* to have just (done something)
acarrear to carry, transport
acaso perhaps, possibly; **por si acaso** if by chance
accidentado/a troubled; uneven
acelerar to accelerate, hasten
acerca de about
acercarse (qu) to approach
acero steel
achicar (qu) to diminish
aclamar to acclaim
aclararse to explain (oneself)
acompañar to accompany
acontecer (zc) to happen
acontecimiento event, happening
acordar (ue) to agree; **acordarse (ue) de** to remember
acortar to shorten, reduce
actitud *f.* attitude
actual contemporary
actuar (ú) to act
acueducto acueduct
acuerdo agreement
acumular to accumulate
acurrucarse (qu) to curl up
adecuado/a adequate
adelante forward
además furthermore
adherir (ie, i) to adhere
administrador(a) administrator
adolescencia adolescence
adolescente *n. m., f.; adj.* adolescent
¿adónde? (to) where?
adondequiera wherever
adorar to worship
adormilarse to get drowsy
adornar to decorate
adquerir (ie, i) to acquire
advenimiento coming, arrival
advertencia warning, advice
advertir (ie, i) to advise, warn
aéreo/a *adj.* air
aeroplano airplane
afán *m.* desire; fervor

afligir (j) to afflict
afortunado/a fortunate
africano/a African
afroantillano/a Afro-Antillean (of African origin living in West Indies)
afrocubano/a Afro-Cuban
agitar(se) to become agitated
agónico/a moribund
agradecer (zc) to thank, appreciate
agradecido/a thankful
agredir to assault; to insult
agrícola *m., f.* agricultural
agricultor(a) farmer
agricultura agriculture
agropecuario/a pertaining to land and cattle
agrupar to group together
agua *f.* (*but:* **el agua**) water
águila *f.* (*but:* **el águila**) eagle
ahí there
ahora now; **de ahora en adelante** from now on
ahorcar (qu) to hang (someone)
ahorros savings
aire *m.* air
aislamiento isolation
aislar to isolate
ajedrez *m.* chess
ajeno/a foreign; of other people
ala *f.* (*but:* **el ala**) wing
alambrado/a fenced (wire)
alambre *m.* wire
albañil *m.* mason
albergar (gu) to lodge
alcanzar (c) to attain, reach
aldea village
alegar (gu) to allege
alegre happy
alegría happiness
alerto/a alert
algo something
algodón *m.* cotton
algún, alguno/a some
aliado/a ally; allied
alianza alliance
alimentar to feed
alimento food
alineado/a aligned
aliviar to alleviate, reduce
alivio relief
alma *m.* soul
alrededor around
altar *m.* altar
alternativo alternative
altiplano high plateau
alto/a high, tall, deep
altura height
allá there
allí there
ama *f.* (*but:* **el ama**) mistress
amanecer (zc) to wake up; to dawn
amante *m., f.* lover
amar to love
amargo/a bitter
amarillo/a yellow
amasar to knead
ambición *f.* ambition
ambicionar to strive after
ambiente *m.* environment
ambigüedad *f.* ambiguity
ambivalente ambivalent
ambos/as both
amenaza threat
amenazante threatening
amenazar (c) to threaten
americano/a American
amigo/a friend
amo master
amor *m.* love
amortizar (c) to amortize
amplio/a ample, wide
analfabeto/a illiterate
anarquía anarchy
ancho/a broad, wide
anciano/a ancient; former
anclar to anchor
andaluz Andalusian
andante walking
andar *irreg.* to walk
ángel *m.* angel
angloamericano/a Angloamerican
anglosajón (anglosajona) Anglosaxon, "anglo"
ángulo angle
angustia worry, anguish
angustiado/a worried
anhelo longing, desire
anillo ring
animal *m.* animal
animar to animate
aniversario anniversary
anonimidad *f.* anonymity
anónimo/a anonymous
ansioso/a anxious, worried
antagonista *m., f.* antagonist
antaño *adv.* of yore
ante before, facing
antecesor(a) predecessor
antepasado/a ancestor
anterior previous
antes before
antigüedad *f.* antiquity, antique
antiguo/a *n.* very old person; *adj.* ancient; former
antorcha torch
anunciar to announce
añadir to add
año year
aparecer (zc) to appear
aparente apparent
aparición *f.* appearance
apariencia appearance, looks
aparte *adv.* apart, separated
apasionado/a passionate
apenas barely, scarcely
aplacar (qu) to placate
aplauso applause
aplicar (qu) to apply
apoderarse (de) to gain power of
apogeo height (of power)
aportar to contribute
aporte *m.* contribution
apóstol *m.* apostle
apoyar to support
apoyo support
apreciar to appreciate
aprender to learn
aprobación *f.* approval
aprobar (ue) to approve; to pass an exam
aprobatorio/a approving
apropiado/a proper
aprovechar to take advantage of
aproximado/a approximate
aproximarse to draw near, approach
apuntar to point
aquel, aquella *adj.* that
aquello that, that thing
aquí here
árabe *n. m., f.* Arab
arar to plow
araucano/a Araucanian (Indian)
árbitro arbiter, referee
árbol tree
arcabuz *m.* crossbow
arco arch; bow
archivo archive, file
arder to burn
ardiente burning
arduo/a arduous, difficult
área *f.* (*but:* **el área**) area
arena sand
argamasa mortar
árido/a arid, dry
aristocracia aristocracy
aristócrata *m., f.* aristocrat
arma *f.* (*but:* **el arma**) arm, weapon
armado/a armed
armar to arm
armario closet
arquitecto/a architect
arquitectónico/a arquitectural
arrancar (qu) to pull up; to take forcibly
arrastrar to drag
arreglar to fix, repair
arriba up
arribo arrival

arriesgado/a risky
arriesgar (gu) to risk
arrinconado/a cornered
arrogancia arrogance
arrojar to throw
arruinar to ruin
arte *m., f.* art
artesanía handicrafts
artesano/a craftsman
artillería artillery
artista *m., f.* artist
artístico/a artistic
asalariado/a salaried
asamblea assembly
ascendencia ancestry
ascender (ie) to ascend
ascendiente ascending
ascenso ascent
asegurar to ensure
asesinar to assassinate
así so, thus
asilo asylum
asimilar to assimilate
asistir to attend
asociación association
asombrar to astonish
asombro astonishment
asombroso/a astonishing
aspecto appearance
aspiración *f.* aspiration
astronomía astronomy
astrónomo/a astronomer
astucia astuteness
astuto/a astute
asumir to assume
asunto matter, business
asustar to frighten
atacar (qu) to attack
ataque *m.* attack
atar to tie, bind
ataviar to dress, adorn
atavístico/a atavistic
atención *f.* attention
atento attempt
aterrador(a) terrible, frightening
atmósfera atmosphere
atormentar to torment
atraer (*irreg.*) to attract
atrás behind
atreverse (a) to dare
atrincherar to entrench
atrocidad *f.* atrocity
atún *m.* tuna
audacia boldness
audaz bold, daring
auditorio audience; auditorium
augurio omen, sign
aumentar to increase, augment
aumento increase
aún still, yet
aunque even though, even if
aurífero/a gold-bearing
ausencia absence
austríaco/a Austrian
auténtico/a authentic
autoconocimiento self-knowledge
autodescubrimiento self-discovery
autodeterminación *f.* self-determination
autogobierno self-government
autonomía autonomous region
autónomo/a autonomous
autor(a) author
autoridad *f.* authority
autoritario/a authoritarian
autorizar (c) to authorize
avanzar (c) to advance
aventura adventure
ayer yesterday
aymará Andean Indian language and people
ayuda help, aid
azar *m.* chance; **por azar** by chance
azotar to beat
azote *m.* whip
azteca *n. m., f.* Aztec
azúcar *m.* sugar
azucarero/a *adj.* sugar (industry)

B

bahía bay
bailador(a) dancer
bailar to dance
baile *m.* dance
bajo *prep.* beneath
bálaka *Arab.* blessing
balance *m.* balance
balanza scale
balcón *m.* balcony
balsa raft
baluarte *m.* bulwark, bastion
bancario/a banking
banco bank
bandera flag
bandido/a bandit
bandolero/a highwayman, outlaw
barato/a cheap
barba beard; chin
barbado/a bearded
barbarie *f.* barbarism
bárbaro/a barbarian
barco boat
barrenado/a scuttled (boat)
barrera barrier
barriada suburb, quarter
barrio suburb, quarter
barro clay
barroco/a Baroque
basarse en to be based on
base *f.* base
básico/a basic
bastar to be enough
bastión *m.* bastion
batalla battle
batallón *m.* batallion
bautismo baptism
bautizar (c) to baptize
bayoneta bayonette
bebedor(a) drinker
beber to drink
bebida drink
belgo/a Belgian
beligerancia belligerance
belleza beauty
bello/a beautiful
bendición *f.* blessing
beneficio benefit
beneficioso/a beneficial
benévolo/a benevolent
berberí *m., f.* Berber
bestia beast
biblia Bible
biblioteca library
bibliotecario/a librarian
bien well; **los bienes** goods
bienvenido/a welcome
bífido/a forked, cleft
biografía biography
bisabuelo/a great-grandfather/ great-grandmother
blanco/a white
blandir to brandish
boca mouth
bomba pump; bomb
bombardear to bombard
bombardeo bombing, bombardment
bombardero/a bomber
bonaerense *m., f., adj.* of Buenos Aires
bordar to embroider
borde border, margin
borrar to erase
bosque *m.* forest
botafumeiro censer (for incense)
botella bottle
botín *m.* booty
bravo/a brave, fierce
brazo arm
breve brief
brigada brigade
brillante brilliant
británico/a British
bronce bronze
bruto/a brute, stupid, coarse
brutal brutal
bucanero buccaneer
bueno/a good
burdel *m.* brothel
burlarse (de) to make fun of

burocracia bureaucracy
buscar (qu) to search; **en busca de** in search of
búsqueda search

C

cabal exact, right; perfect
cabalgata cavalcade
caballería chivalry; cavalry
caballero gentleman
caballo horse; **a caballo** on horseback
cabecilla *m.* chieftain, leader
caber *irreg.* to fit
cabeza head
cabo end; *geog.* cape
cacao cocoa
cacique *m.* chieftain, leader
cachorro/a pup; cub
cada each; **cada vez más** more and more
cadáver *m.* corpse, cadaver
cadena chain
caduco/a decrepit, senile
caer *irreg.* to fall
café *m.* coffee; café
caída fall
calendario calendar
cálido/a hot
caliente hot
caligrafía calligraphy
calor *m.* heat
calumniar to slander
calzado/a shod, wearing shoes
calle *f.* street
callejón *m.* alley, narrow street
cámara chamber, room; camera
cambiante changing
cambiar to change
cambio change; **a cambio de** at the rate of
caminar to walk
camino road, way
camisa shirt
campamento encampment
campana bell
campaña campaign
campesino/a peasant, farmer
campo field; **campo de batalla** *m.* battlefield
canción *f.* song
cangrejo/a crab
canjear to exchange
cañón *m.* cannon
cañonero/a cannoneer
cansado/a tired
cansancio weariness
cantante *m., f.* singer
cantar to sing
cante *m.* (folk)song
canto song
caña cane
caos *m.* chaos
caótico/a chaotic
capa layer
capacidad *f.* capacity
capataz *m.* foreman
capaz capable
capilla chapel
capital *f.* capital (city)
capital *m.* capital (money)
capitalizar (c) to capitalize
capitán *m.* captain
capítulo chapter
capricho whim, caprice
capturar to capture
cara face
caracol *m.* snail
caracterizar (c) to characterize
¡carajo! (go to) hell!
caravana caravan
caravela small sailing ship
cárcel *f.* jail
carecer (zc) to lack
carga charge, load
cargado/a loaded
cargar (gu) to bear, carry
carnaval *m.* carnival
carne *f.* meat
carreta cart
carretera road
carroza coach, carriage
carruaje *m.* carriage
carta letter
cartaginense Carthaginian
cartografía map-making
cartón *m.* carton, cardboard
casa house
casado/a married
casarse to get married
casi almost
caso case
castellano Castillian (*language*)
castigar (gu) to punish
castillo castle
casto/a chaste, pure
castrar to castrate
catalizador *m.* catalyst
catarata cataract
catástrofe *f.* catastrophe, disaster
catedral *f.* cathedral
catolicismo Catholicism
católico/a Catholic
caudillo leader, chief
causa cause
causar to cause
cauteloso/a cautious
cazador(a) hunter
ceiba silk-cotton tree
celda cell
celebración *f.* celebration
celebrar to celebrate
celebratorio/a celebratory
celestial celestial
celoso/a jealous
celta *n. m., f.; adj.* Celt
cementerio cemetery
cena dinner
ceniza ash
censura censure; censorship
centenario/a hundred-year-old
centinela *m., f.* centinel
centralista *m., f.* centralist
centralizador(a) centralizing
centro center
centurión *m.* centurion
cerca near
cercano/a nearby
ceremonia ceremony
ceremonial ceremonial
cerrado/a closed
certeza certainty
certidumbre *f.* certainty
cesar to stop
cicatriz *f.* scar
ciego/a blind
cielo sky; heaven
ciencia science
científico/a scientist
cierto/a true, certain
cima summit
cimarrón *m.* runaway, fugitive
cimentar (ie) to lay foundations
cinco five
cincuenta fifty
cine *m.* movie theater
circundante surrounding
circundar to surround
cirio wax candle
cita date, appointment
citadino/a city dweller
ciudad *f.* city; **ciudad fortaleza** city-fortress
ciudadano/a citizen
ciudadela citadel, fortress
civil civil
civilización *f.* civilization
civilizador(a) civilizing
claro/a clear; sure
clase *f.* class
clásico/a classic
clasista *m., f.* classicist
clave *adj.* key, as important to
clemencia clemency
clerecía clergy
clero clergy(man)
coalición *f.* coalition
coca coca (leaves)
cocina kitchen; stove
codear to elbow, jostle

códice *m.* codex
codicioso/a greedy, covetous
código code
cofradía fraternity, guild
colegio secondary school
cólera cholera
colina hill
colmena beehive
colmenar *m.* apiary
colocar (qu) to locate, place
coloniaje *m.* colonization
colorado/a colored; red
colorido color, coloring
comandante *m., f.* commander
comenzar (ie) (c) to begin
comer to eat
comerciante *m., f.* merchant
comerciar to trade
cometa *m.* comet
cometer to commit
comida food
comitiva committee
como as
¿cómo? how
cómodo/a comfortable
compañía company
compararse to compare
compartir to share
compasivo/a compassionate
compatriota *m., f.* fellow-citizen
complaciente accommodating
complejo/a complex
comportarse to behave
comprender to understand
comprometer to commit; to compromise
comprometido/a engaged
compromiso compromise; engagement; commitment
común common
comunicado/a connected
con with
concebible conceivable
concebidor(a) (Fuentes) conceiver
concebir (i, i) to conceive
concernir (ie, i) to concern
consciente conscious
conciliar to reconcile
concluir (y) to conclude
concordia agreement
condenado/a condemned
condenar to condemn
condición *f.* condition
conducir (zc) to conduct; to drive
conexión *f.* connection
confesar (ie) to confess
confianza confidence
confundir to confuse
conjunto group
conmemorado/a commemorated
cono cone
conocer (zc) to know
conquista conquest
conquistar to conquer
consciente conscious
conseguir (i, i) (g) to obtain, get
consejero/a advisor
consejo advice
conservador(a) conservative
consigo with you/him/her/them
consistir to consist
consolación *f.* consolation
consolidar to consolidate
consorte *m. f.* spouse
constelación *f.* constellation
constituir (y) to constitute
construcción *f.* construction
construir (y) to construct
consuelo consolation
consumista *n. m., f.; adj.* consumer
consumo consumption
contar (ue) to count; to tell
contemplar to contemplate
contemporáneo/a contemporary
contendiente *m., f.* contender
contener (ie) (g) to contain
contenido *sing.* contents
contestar to answer
continente *m.* continent
continuar (ú) to continue
continuidad *f.* continuity
continuo/a continuous
contra *prep.* against
contribuir (y) to contribute
convencer (z) to convince
convención *f.* convention
converso/a converted
convertir (ie, i) to convert
copiar to copy
coraje *m.* courage; anger
corazón *m.* heart
cordillera mountain range
coreano/a Korean
corintiano/a Corinthian
corneado/a horned
cornear to gore
corneta cornet
corona crown
coronación *f.* coronation
corregir (i, i) (j) to correct
corresponder to correspond
corrida race
corrida de toros bullfight
corrido Mexican folk ballad
corriente current; cheap
corrupción *f.* corruption
corrupto/a corrupt
corsario/a pirate
corte *f.* court
cortesano/a courtier
cosa thing
costa coast; cost
costeño/a coastal
costilla rib
costumbre *f.* custom
creación *f.* creation
creador(a) creator
crear to create
crecer (zc) to grow
creciente growing
crecimiento growth
credenciales *f. pl.* credentials
crédito credit
credo creed
creencia belief
creer (y) to believe
crepuscular *adj.* twilight
crepúsculo *n.* twilight
criado/a *n.* servant; *adj.* raised
criatura creature; infant
criollo/a creole (Spaniard born in New World)
crisis *f.* crisis
crisol *m.* melting pot, crucible
cristal *m.* crystal (glass)
cristiandad *f.* Christianity
cristianismo Christianity
cristianizado/a christianized
cristiano/a Christian
criterio criterion
crítica criticism
criticar (qu) to criticize
crítico/a critical
cronista *n. m., f.* chronicler
cruce *m.* intersection, crossroad
crucificar (qu) to crucify
cruz *f.* cross
cruzar (c) to cross
cuadro painting; square
¿cuál? which?
cualidad quality
cualquier(a) any
¿cuándo? when?
¿cuánto? how much?
cuarenta forty
cuarto room; fourth
cuatro four
cuatrocientos four hundred
cubano/a Cuban
cubierto/a covered
cubista *n. m., f.; adj.* cubist
cubrir to cover
cuchara spoon
cuenta bill
cuento story
cuerda rope, cord
cuerpo body
cuestión *f.* matter, question (of)
cuestionamiento (Fuentes) questioning

cuestionante *adj.* questioning
cuestionante *n.* (Fuentes) questioner
cueva cave
cuidado care
cuidar to take care of
culminar to culminate
culpa fault, blame
culpar to blame
cultivo cultivation
culto worship
cultura culture
cumbre *f.* peak, summit
cumplir to fulfill
cuota quota
curiosidad *f.* curiosity
cúspide *f.* peak, summit

CH

chamuscar (qu) to singe, scorch
charro Mexican cowboy
chileno/a Chilean
chino/a Chinese
chivo/a goat
chopo poplar
choque *m.* wreck

D

dama lady
danzante *m.* dancer
dañar to damage, harm
daño harm, hurt, injury
dar *irreg.* to give; **dar a luz** to give birth; **dar la espalda** to turn one's back; **dar la vuelta** to make a turn; **dar cita** to arrange to meet; **darse cuenta (de)** to realize
datos *m. pl.* data, information
de (*pl.* **des**) the letter "d"
de of
debatir to debate
deber must, should; to owe
debido a due to
débil weak
debilitar to weaken
decena group of ten
decir *irreg.* to say, tell
dedo finger
defender (ie) to defend
defensor(a) defender
definirse to be defined
deidad *f.* deity
dejar to leave; allow
dejarse to allow oneself (to)
delicia delight
demagogo demagogue
demandar to sue; to demand
demás: los/las demás the rest
demasiado *adv.* too much
demonio devil
demostrar (ue) to demonstrate
dentro de inside, within; **por dentro** within, inside
denunciar to denounce
dependencia dependency
deponer *irreg.* to depose
depositar to deposit
derecho/a *adj.* right
derecho *adv.* straight (ahead)
derecho *n.* law
derivar to derive
derramar to shed, spill
derretirse (i, i) to melt
derrocar (qu) to overthrow
derrochar to squander, waste
derrota defeat, rout
derrotar to defeat, overthrow
derrumbar to throw or knock down
derrumbarse to crash down
desafiar (í) to challenge
desafío challenge
desamparado/a defenseless, abandoned
desaparecido/a disappeared
desarrollar to develop
desarrollo development
desastre *m.* disaster
desastroso/a disastrous
desatar to unleash
descansar to rest
descanso rest
descendiente *m., f.* descendant
descubrimiento discovery
descubrir to discover
desde since
desdén *m.* disdain
desdeñoso/a disdainful
desdicha misfortune
desdichado/a unhappy
desear to desire
desembarcar (qu) to desembark
desempeñar to carry out
desempleo unemployment
desenmascarar to unmask
desenterrar (ie) to unearth
desenvolver (ue) to unwrap, unwind
deseo desire
desesperadamente desperately
desesperanza despair
desfile *m.* parade
desgracia disgrace, misfortune
desigualdad *f.* inequality
desmontar to dismount
desnudo/a naked
despedazado/a smashed, shattered
despertarse (ie) to wake up
despiadado/a merciless
desplazar (c) to displace
desplegarse (ie) (gu) to unfold
despliegue *m.* fold
despojar to strip, despoil
desposeído/a dispossessed
despreciar to deprecate, scorn
después (de) after
destacarse (qu) to stand out
desterrar (ie) to exile
destino fate, destiny
destreza skill
destruir (y) to destroy
detener *irreg.* to arrest, detain
detenerse *irreg.* to stop
detrás de behind
deuda *f.* debt
día *m.* day
diario *n.* (daily) newspaper; *adj., adv.* daily
dictadura dictatorship
dicho saying
dichoso/a happy
diecinueve nineteen
dieciochesco/a eighteenth
dieciséis sixteen
diez ten
diezmar to decimate; to pay tithe
diezmo tithe
digno/a worthy
diluvio deluge, flood
dinero money
dios(a) god (goddess)
dirigente directing, leading
dirigir (j) to direct
discernir (ie, i) to discern
disco record; disk
discurso speech; discourse
discutir to discuss; to argue
diseñar to design
diseño design
disfrazar (c) to disguise
disminuido/a diminished
disoluto/a dissolute
disparar to fire (a shot)
dispuesto/a disposed, willing
divertido/a fun
divertirse (ie, i) to have fun
divisar to make out, distinguish
doblar to fold; to double
doce twelve
dólar *m.* dollar
doler (ue) to ache, hurt
dolor *m.* pain
domar to tame, domesticate
domesticar (qu) to domesticate, tame
don (doña) *title of respect before male (female) first name*
doncella girl
¿dónde? where?
dorado/a golden

dormir (ue, u) to sleep
dosis *f.* dose
dotado/a gifted
dramaturgo/a playwright
duda doubt
dudar to doubt
dueño/a owner
dulce sweet
duradero/a lasting
durante during
durar to last
duro/a hard, difficult

E

ecuación *f.* equation
echar to throw (out)
edad *f.* age
edificio building
ejecutar to execute, carry out
ejercer (z) to exercise
ejercicio exercise
ejército army
él he
electrizar (c) to electrify
elegir (i, i) to elect, choose
elenco catalogue, list
elogio eulogy, praise
ella she
ello it, that
embajada embassy
embajador(a) ambassador
embargante embarking
embargo: sin embargo nevertheless
embelesar to delight, enchant
embestir (i, i) to attack, charge
emborracharse to get drunk
emboscada ambush
empalar to impale
empalizar (c) to stockade
empañar to cloud, steam up
empeñar to pledge, dedicate; **empeñarse en** + *inf.* to take pains to
emperador (emperatriz) emperor (empress)
empezar (ie) (c) to begin
empleado/a employee
empleador(a) employer
empleo job, employment
emplumado/a feathered
emprender to undertake
empresa company, enterprise
empresario/a businessman/woman
empujar to push
en in, into; on
enamorarse to fall in love
enano/a dwarf
encabezar (c) to head
encadenar to link, chain together
encaminar to head toward
encarcelar to imprison
encargarse de (gu) to take charge of
encerrar (ie) to shut up, enclose
encima (de) on top (of)
enclaustrar to cloister, shut up
encomienda colonial estate
encontrar (ue) to find, encounter
encuentro *m.* encounter, meeting
endeudado/a indebted
enemigo/a enemy
enérgico/a energetic
enero January
énfasis *m.* emphasis
enfermedad *f.* illness
enfocar (qu) to focus
enfrentarse a to face, confront
engañar to deceive
engaño deceit
engañoso/a deceitful
enigmático/a enigmatic
enloquecer (zc) to drive crazy
enmascarar to mask
enriquecer (zc) to enrich
ensamblado/a assembled
ensanchar to broaden, enlarge
ensayar to try, practice, rehearse
ensayo essay
enseguida at once, right away
enseñar to teach
ensombrecido/a darkened
entender (ie) to understand
entendido/a understood
enterarse de to become aware of, find out about
enterrar (ie) to bury
entonces then
entrada entrance, entry
entrambos both
entraña entrails; feeling
entre between
entrecruzar (c) to intertwine
entregar (gu) to turn in, hand over
entrelazar (c) to interlace
entrevistar to interview
entrometido/a meddlesome, interfering
envenenar to poison
enviar (í) to send
envidia envy
envuelto/a wrapped
épica epic poetry
epopeya epic (*literary genre*)
equidad *f.* equity, fairness
equilibrio equilibrium, balance
equipaje *m.* baggage, luggage
equivalencia equivalency
erigir to erect, raise
escalera ladder, stairs
escalón *m.* step
escaso/a scarce
escenario stage; setting
esclavitud *f.* slavery
esclavo/a slave
escoger (j) to choose, select
esconder to hide
escribir to write
escritor(a) writer
escritura writing
escuchar to listen
escudo shield
escuela school
escultor(a) sculptor
escultura sculpture
escupir to spit
ese/a that
eso that, that thing
espacio space
espada sword
espalda back; **darle a uno la espalda** to turn one's back on someone
especialidad *f.* specialty
especialmente especially
especie *f.* species; kind
espectro/a spectre, ghost
espejo mirror
esperanza hope
esperar to hope; wait for
espía *m., f.* spy
espíritu *m.* spirit
esponjoso/a spongy
esposo/a husband/wife
esqueleto skeleton
esquina corner
establecer (zc) to establish
estadista *m., f.* statesman; statistician
estado nación *n.* nation-state
estallar to explode; to break out (war)
estancia stay
estandarte *m.* standard, banner
estaño tin
estar *irreg.* to be
estatua statue
estatuilla figurine
estatuto statute
este/a this
estilo style
estival, estivo *adj.* summer
esto this, this thing
estrecho *n.* strait
estrella star
estrepitoso/a noisy
estuka *m.* stuka (Nazi war plane)
etapa stage, phase
eternidad *f.* eternity
eterno/a eternal
ético/a ethical

étnico/a ethnic
eufemismo euphemism
euforia euphoria
evadir to evade
evitar to avoid
exaltante exalting, elating
excitante stimulating
excitar to arouse, excite
excluir (y) to exclude
exigencia (pressing) demand
exigir (j) to demand
éxito success
explotar to exploit
exponer *irreg.* to expose
expulsar to expel
extender (ie) to extend
extranjero/a foreigner

F
fábrica factory
fabricar (qu) to manufacture
fabuloso/a fabulous
fácil easy
fachada façade
falda skirt
falta lack
falla defect, fault
fallar to fail, miss
fallido/a vain, frustrated
familiar *n. m., f.* relative; *adj.* family
fanfarrón (fanfarrona) braggart
fantasma *m.* ghost
fase *f.* phase
favorecer (zc) to favor
fe *f.* faith
fecha date
feliz happy
fenicio/a Phoenician
fenómeno phenomenon
feroz ferocious, fierce
ferrocarril *m.* railroad
fiebre *f.* fever
fiel faithful
fiera beast
fiesta party
figuración *f.* imagination
fijar to fix, notice
fin *m.* end; **a fines de** at the end of
financiero/a *adj.* financial
firmar to sign
firmemente firmly
flamenco/a flamenco; Flemish
flor *f.* flower
florecer (zc) to flourish, flower
floreciente flourishing
florido/a flowery
flota, flotilla fleet
flotante floating
fluir (y) to flow
flujo flow, flux
fogoso/a fiery, spirited
follón (follona) lazy, cowardly
fondo bottom
formular to formulate
fortalecerse (zc) to fortify, strengthen oneself
fortaleza fortress, fort
fracasar to fail
fracaso failure
fraile *m.* friar
francés *m* French (*language*); **francés (francesa)** *adj.* French
frenesí *m.* frenzy
frente *f.* forehead; front; **frente a** facing
frío/a *adj.* cold
frío *n.* cold
frontera border
fronterizo/a *adj.* frontier
fuego fire
fuente *f.* source; fountain
fuera outside; **por fuera** outside
fuero law; court of law
fuerte strong
fuerza force; strength
fumar to smoke
funcionario/a bureaucrat
fundar to found
fundir to cast, smelt
fusilamiento shooting
fusilar to shoot

G
galantería gallantry
galardón *m.* reward, prize
galope *m.* gallop
ganadero/a pertaining to cattle
ganar to earn; to gain; to win
gárgola gargoyle
garrote *m.* club; garrotte
gaucho Argentine cowboy
gemelo/a twin
género gender, kind
genésico/a genetic
genio temperament; genius
gente *f.* people
germánico/a Germanic
gestar to create
gigante/a *n.* giant
gitano/a *n. m., f.; adj.* gypsy
gobernante *n. m., f.* ruler, governor; *adj.* ruling, governing
gobernar (ie) to govern
gobierno government
godo/a Gothic
golfo gulf
golpe *m.* blow, strike, hit; **golpe de estado** coup d'état
gorra cap
gótico/a Gothic
goyesco/a Goyesque
gozar (c) to enjoy
grabado engraving
gracia grace; wit
gracias thank you
grado degree
grafito graphite
granadero granary
grande large; famous
grandeza grandeur
granja farm
gravedad *f.* gravity
griego/a Greek
gringo/a U.S. citizen
gritar to shout, scream
grito cry
grupo group
guapo/a handsome
guardar to keep, guard
guardia guard
guarnición *f.* garrison; adornment
gubernamental governmental
guerra war
guerrero/a warrior
guerrillero guerrilla fighter
guía *m., f.* guide (*person*); *f.* guide, index
guiar (í) to guide
guionista *m., f.* screenwriter
gustar to be pleasing; **gústele o no** like it or not
gusto pleasure; taste

H
haber *irreg.* to have (*aux. verb*)
hábil skillful, clever
habilidad *f.* ability
habitado/a inhabited
habitante *m. f.* inhabitant
habitar to inhabit
habla language
hablar to speak
hacer *irreg.* to do; to make; **hacer trampas** to cheat, trick; **hacerle caso a** to mind, pay attention to
hacia toward
hacienda ranch
hallar to find
hambre *f.* hunger
hasta (up) to, until
hebreo/a Hebrew
hechizar (c) to enchant, bewitch
hechizo enchantment
hecho deed, fact
hedor *m.* stench
helar (ie) to freeze
herbolario herbalist's shop; herbalist
heredar to inherit

heredero/a inheritor, heir
hereje *m f..* heretic
herejía heresy
herencia inheritance
herir (ie, i) to wound
hermandad *f.* brotherhood
hermano/a brother/sister
hermoso/a beautiful
híbrido/a hybrid
hidalgo/a nobleman/woman
hidalguía nobility
hielo ice
hijo/a son/daughter
hipocresía hypocrisy
hispanidad *f.* Hispanic world
hispanoamericano/a Spanish American
hispanoparlante Spanish-speaking
hogar *m.* home; hearth
hoja leaf
holandés *m.* Dutch (*language*)
holandés (holandesa) *n.* Dutchman/woman; *adj.* Dutch
holgar (ue) (gu) to rest, be idle
hombre *m.* man
hondo/a deep, profound
honra honor
honrado/a honored
honrar to honor
hora hour
huelga strike
huérfano/a orphan
hueso bone
huir (y) to flee
humeante smoking
humilde humble, poor
humillado/a humbled
humo smoke
hundir to sink

I

ibérico/a Iberian
ibero/a Iberian
iglesia church
igual equal
igualdad *f.* equality
igualmente equally
ilegal illegal
iletrado/a illiterate
ilimitado/a limitless, unlimited
imágen *f.* image
imán *m.* magnet
impedir (i, i) to prevent, impede
imperecedero/a imperishable
imperio empire
ímpetu *m.* impetus, energy
imponer *irreg.* to impose
imprenta printing; print shop
imprevisible unforeseeable
imprevisto/a unforeseen
impuesto tax
impulsar to impel, drive forward
inacabable interminable
inacabado/a unfinished
inagotable inexhaustible
inaugurar to inaugurate
incansable untiring
incapaz incapable
inca *m., f.* Inca
incaico/a Incan
incásico/a Incan
incendiado/a set on fire
incertidumbre *f.* uncertainty
incierto/a uncertain
incluir (y) to include
incluso *adv.* including
incomunicación *f.* cut off from communication
indígena *n. m., f.* native; *adj.* indigenous
indocumentado/a undocumented, no I.D.
indudable undoubted
infante/a prince/princess
infantes de marina marines
infiel *n. m. f.* infidel, nonbeliever; *adj.* unfaithful
influir (y) to influence
inframundo underworld
ingenio ingenuity, genius
ingenuo/a naive, ingenuous
inglés *m.* English (*language*)
inglés (inglesa) *n.* Englishman/woman; *adj.* English
ingresar to come in; to deposit; to pay
iniciar to initiate, begin
inmóvil immobile
inmundicia filth, squalor
inquietante disquieting, disturbing
inquietud *f.* restlessness
inquirir (ie) to inquire, investigate
inscripción *f.* enrollment, registration
inseguro/a unsure; unsafe
insigne famous, renowned
insoluble unsolvable
insoportable unbearable
instruir (y) to instruct
intemperie *f.* foul weather, the elements
intemporal unseasonable
intentar to try, attempt
interés *m.* interest
intérprete *m., f.* interpreter
intervenir *irreg.* to intervene
inundar to flood
invasor(a) invader
invencible unconquerable
inversión *f.* investment
invertir (ie, i) to invert; invest
inyección *f.* injection
ir *irreg.* to go
isla island
Islam *m.* Islam
islámico/a Islamic
istmo isthmus
izquierda: a la izquierda to the left

J

jamás ever; never
japonés *m.* Japanese (*language*)
japonés (japonesa) *n.* Japanese man/woman; *adj.* Japanese
jardín *m.* garden
jaula cage
jefe/a boss; chef; chief
jerárquico/a hierarchic(al)
jitomate *m.* tomato
jondo/a *Andalusian for "hondo"*
jornada working day
joven *n. m., f.;* youth, young person; *adj.* young
joya jewel
judío/a *n.* Jew; *adj.* Jewish
juego game
jueves *m.* Thursday
jugar (ue) (gu) to play
juguetón (juguetona) playful
julio July
junio June
junto a next to
juntos/as together; adjoining
jurado jury; juror; judge
jurar to swear
jurídico/a legal, juridical
jurisdicción *f.* jurisdiction
justo/a just, fair
juventud *f.* youth

L

laberinto labyrinth
labriego/a farmer
lácteo/a *adj.* milk, milky
lado side
lago lake
lágrima tear
laguna lake
laico/a lay (of the laity)
lámpara lamp
lana wool
lanza lance
lanzar (c) to throw, launch
largo/a long
largo: a lo largo de throughout
latinoamericano/a Latin American
latir to beat
lazo knot, loop; bond
lealtad *f.* loyalty
lección *f.* lesson

lector(a) reader
lectura reading (selection)
lecho cot, bed
lechuza owl
leer (y) to read
lejos far
lema *m.* motto, slogan
lengua tongue; language
lenguaje *m.* language
lento/a slow
león (leona) lion/lioness
lepra leprosy
letra letter (*of alphabet*)
letrado/a literate
levantar to raise
levantarse to get up
ley *f.* law
leyenda legend
libre free
libro book
líder *m., f.* leader
liga league
ligero/a light
límite *m.* limit
limpio/a clean
línea line
linterna lantern, flashlight
listo/a ready; clever
litera litter, bunk
loco/a crazy
locura madness
lograr to achieve, carry out
lúcido/a lucid
lucha struggle; battle
luchar to fight, struggle
lúdico/a playful, game-like
luego then, next
lugar *m.* place; **tener lugar** to take place
lujo luxury
lujoso/a luxurious
luna moon
luz *f.* light

LL

llama flame
llamar to call
llamarse to be named
llamativo/a flashy
llanura plain
llave *f.* key
llegada arrival
llegar (gu) to arrive
llenar to fill
llevar to take; to carry, bear; **llevar a cabo** to accomplish
llorar to cry
llover (ue) to rain
lluvia rain

M

macho/a masculine
madona Madonna
madre *f.* mother
madrileño/a of Madrid
madrugada dawn, early morning
mago/a magician
maíz *m.* corn
maja elegant young woman
majadero/a fool
majestuoso/a majestic
mal *adv.* bad(ly); ill
malandrín (maladrina) scoundrel
males *m. pl.* evils, ills
malo/a bad
mancha spot
manchar to spot, stain
mandar to order; send; **mandar construir** to order built
manera manner, way; **de manera que** so that
manifestarse to manifest
manifiesto manifest
maniobra maneuver
manipular to manipulate
mano *f.* hand; **mano de obra** manual labor
mantener *irreg.* to maintain
manufacturar to manufacture
manzana *f.* apple
mañana tomorrow
mapa *m.* map
maquiavélico/a Machiavellian
mar *m., f.* (*poetic*) sea
maravilla marvel
maravilloso/a marvellous
marcha departure; march
marchar to march
marcharse to leave
marea tide
mareo seasickness, dizziness
márgen *m.* margin
márgen *f.* bank (of a river)
marido husband
marinero sailor
marioneta *m., f.* marionette, puppet
marítimo/a maritime
mármol *m.* marble
martes *m.* Tuesday
marzo March
más more
masa mass; dough
máscara mask
matadero slaughterhouse
matador *m.* bullfighter
matar to kill
materno/a maternal
matrimonio marriage; married couple
maya *m., f.* Mayan
mayo May
mayor greater, older, major
mayoría majority
mediados *m. pl.* the middle
mediante by means of, through
medias *f. pl.* (women's) stockings
médico/a doctor
medida means, measure
medio/a half
medio means; medium
medios *m. pl.* media
mejor better
mejorar to improve
melancólico/a melancholic
mendigo/a beggar
menor lesser, younger, minor
menos less
mensaje *m.* message
mensajero/a messenger
mente *f.* mind
mentir (ie, i) to lie
menudo: a menudo often, frequently
mercader *m.* merchant
mercado market
mercancía merchandise
merced *f.* mercy
mescolanza mixture, hodge-podge
mesero/a waiter
meseta plateau
mesoamericano/a Meso-American
mestizaje *m.* mixture of ancestry
mestizo/a of mixed ancestry
metafísico/a metaphysical
metamorfosis *f.* metamorphosis
meta goal
meticuloso/a meticulous
metro subway
mezcla mix, mixture
mezclar to mix
mezquita mosque
mí me
mi my
miedo fear
miembro *m., f.* member
mientras while, during
migratorio/a migratory
mil thousand
milagro miracle
milenio millenium
milicia military; troops
militar to militate
milla mile
millares thousands
millón (de) *m.* million
mina mine
minarete *m.* minaret
minería mining
minero/a miner

ministro/a minister
minoría minority
minuto minute
mío/a (of) mine
mirar to look at
misa Catholic Mass
miseria misery
misionero/a missionary
mismo/a same; self; very
misterio mystery
místico/a mystic(al)
mitad *f.* half
mítico/a mythic(al)
mito myth
mitología mythology
modernidad *f.* modernity
modernizante modernizing
moda fashion
modo means, manner; **de modo que** so that
molino mill, windmill
monarca *m., f.* monarch
monarquía monarchy
monasterio monastery
monástico/a monastic
moneda coin; currency
monje/a monk/nun
monjil nun-like; prudish
mono/a monkey
montaña mountain
montar to ride; mount
monte *m.* mountain
moralista *m., f.* moralist
moreno/a dark (hair, skin)
moribundo/a dying
morir (ue, u) to die
moro/a Moor
mostrar (ue) to show
mover (ue) to move
muerte *f.* death
muerto/a dead
mujer *f.* woman
mula mule
mundial worldly
mundo world
murmullo murmur
muro wall
muslo thigh
musulmán (musulmana) *n. m., f.; adj.* Moslem
mutuo mutual

N

nacer (zc) to be born
nacimiento birth
nada nothing
nadie nobody, no one
napoleónico/a Napoleonic
narcisismo narcissism
nativo/a native
naturaleza nature
naufragio shipwreck
nave *f.* ship
navegar (gu) to sail
Navidad *f.* Christmas
navío ship, vessel
necesario/a necessary
necesidad *f.* necessity, need
necesitar to need
necio/a foolish, stubborn
necrópolis *f.* necropolis
negación *f.* denial
negar (ie) (gu) to deny; **negarse (ie) (gu) a** to refuse to
negociación *f.* negotiation
negocio business
negro/a black
neoclásico/a neoclassic(al)
nervioso/a nervous
ni... ni neither . . . nor; **ni siquiera** not even
nicaragüense *n. m., f.; adj.* Nicaraguan
niebla fog
ninguno/a not any, not one
nivel *m.* level
niño/a boy/girl
noble noble
nocturno/a noctural
noche *f.* night
nómada *m., f.* nomad
nombrar to name
nombre *m.* name
nopal *m.* cactus (prickly pear)
norafricano/a North African
norte *m.* north
norteamericano/a North American
norteño/a northern(er)
nosotros/as we
noticia notice, news
noticiero news
noticiero/a journalist
novedad *f.* novelty
novela novel
noventa ninety
noviembre *m.* november
núcleo nucleus
nuestro/a our
nuevas *f. pl.* the news
nueve nine
nuevo/a new
numérico/a numeric(al)
número number
nunca never

O

o or; **o... o** either . . . or
obedecer (zc) to obey
obispo bishop
obra work
obrar to work
obrero/a worker
obsequio gift; an honor
obstante: no obstante nevertheless, however
obtener *irreg.* to obtain
ocasión *f.* occasion
occidental occidental, western
occidente *m.* occident, West
océano ocean
ocio leisure, free time
octubre *m.* October
ocultar to conceal, hide
ocupar to busy, occupy
ocurrir to happen, occur
oeste *m.* west
oficina office
oficio duty, office
ofrecer (zc) to offer
ofrenda offering
oído hearing; inner ear
oír *irreg.* to hear
ojo eye
ola wave (ocean)
oler *irreg.* to smell
olmeca *n. m., f.; adj.* Olmec
olor *m.* smell, odor
olvidar to forget
olvido forgetfulness
ombligo navel
once eleven
ondulación *f.* ondulation
ondulante waving
ópera *m.* opera
oponerse *irreg.* to oppose
opuesto/a opposite
orador(a) orator, speaker
orden *m.* (numeric) order
orden *f.* order, command; religious order; **a sus órdenes** at your service
orgullo pride
oriente *m.* east
origen *m.* origin
orilla shore, bank
oro gold
oscuridad *m.* darkness; obscurity
oscuro/a dark; obscure
ostentar to show off
ostentoso/a showy
otro/a other; another
otrora formerly

P

padre *m.* father
pagano/a pagan
pagar (gu) to pay
país *m.* country
paisaje *m.* landscape, countryside
pájaro/a bird

paladar *m.* palate
palio canopy
pálpito palpitation
pampa prairie (*Argentina*)
pan *m.* bread
panadero/a baker
pantalla screen
pantalón *m.* pants
panteón *m.* cemetery
papa *m.* pope
papa potato
papá *m.* father
papel *m.* paper; role
para for; toward
paradoja paradox
paraíso paradise
parecer (zc) to seem
pareja pair, couple
parque *m.* park
parra grapevine
parroquia parish
parte *f.* part
partido party; game, match
partir to divide; to leave
pasado/a past, last
pasado *n.* past
pasaje *m.* passage
pasar to happen; to pass
pasión *f.* passion; suffering
paso (mountain) pass; step
pastor(a) shepherd(ess)
pata foot (*of animal*)
patata potato
patricio/a patrician
patriota *m., f.* patriot
patrulla patrol
paulatino/a slow, gradual
payador(a) minstrel
paz *m., f.* peace
pecado sin
pedazo piece
pedir (i, i) to ask, request
pegar (gu) to hit; to glue; **pegarle gritos a** to shout at
película film, movie
peligro danger
peligroso/a dangerous
pena trouble, problem
penetrar to penetrate
península peninsula
penitencia penitence
pensamiento thought
pensar (ie) to think
peor worse
pequeño/a small
perder (ie) to lose
perdurable durable, lasting
perecer (zc) to perish, die
peregrinación *f.* pilgrimage
peregrino/a pilgrim
perfil *m.* profile, side view
periódico newspaper
periodismo journalism
periodista *m., f.* journalist
permanecer (zc) to remain, stay
pero but
peronismo Peronism
perplejo/a perplexed
perro/a dog
perseguir (i, i) (g) to persue; persecute
personaje *m.* character, personage
personal *m.* personnel
pertenecer (zc) to belong, pertain to
pertinaz persistent
peruano/a Peruvian
pervivir survive
pesadilla nightmare
pesado/a heavy
pesar to weigh
peso weight; *Mex. currency*
petróleo petroleum, crude oil
petrolero/a relating to petroleum
piadoso/a pious; compassionate
pico (mountain) peak
pie *m.* foot; **en pie de igualdad** on an equal footing
piedra rock, stone
piel *f.* skin
pierna leg
pieza piece
pintar to paint
pintiparar to compare; to make alike
pintor(a) painter
pintura painting
pío/a pious, devout
pirámide *f.* pyramid
piso floor
pisotear to step on, trample
pista track, trail
placer *m.* pleasure
planeta *m.* planet
plantear to expound; create
plata silver
platicar (qu) to chat
plaza de toros *f.* bullring
pleito argument, dispute
pleno/a full, complete
pluma pen; feather
población *f.* population; town
poblado settlement, town
poblador(a) settler
poblar (ue) to settle, populate
pobre poor; pitiable
pobretón (pobretona) pitiful (one)
pobreza poverty
poco/a few; **un poco** a little
poder (ue) can; to be able
poderío power
poderoso/a powerful
poema *m.* poem
poesía poetry
poeta *m., f.* poet
policultural multicultural
polvo dust
pólvora gunpowder
pomodoro tomato
ponderar to ponder, weigh
poner *irreg.* to put; **ponerse** *irreg.* to set (sun)
popularizar (c) to popularize
por because of; for; per
por qué why
porque because
portador(a) bearer
portar to bear, carry
porteño/a (of a) port
pórtico portal; porch
portugués *m.* Portuguese (*language*)
portugués (portuguesa) *n., m., f.* Portuguese man/woman; *adj.* Portuguese
posar to pose
poseer to possess
potencia power; potency
potro/a colt
pradera prairie, meadow
pragmático/a pragmatic, practical
precio price
precioso/a precious; costly
precolombino/a pre-Columbian
preferir (ie, i) to prefer
pregunta question
preguntar to ask
prejuicio prejudice
premonición *f.* premonition
prensa press
preocupación *f.* worry
preparar to prepare
presagio omen, portent
prevalecer (zc) to prevail
prevenir *irreg.* to prevent; anticipate
prever to foresee
previsión *f.* forecast; precaution
previsto/a foreseen
prieto/a dark (skinned), black
primavera spring
primero/a first
primogénito/a firstborn
primor *m.* delicacy; beautiful thing
princesa princess
principal principal, most important
príncipe *m.* prince
principio beginning; principle
privar to deprive
probar (ue) to test, try; to taste
problema *m.* problem
proceso process; trial

proclamar to proclaim
pródigo/a lavish, prodigal
producir *irreg.* to produce
profecía prophesy
profeta *m.* prophet
profetizar (c) to prophesy
profundidad *f.* depth, profundity
profundo/a deep, profound
programa *m.* program
progresista *n. m., f.; adj.* progressive
promesa promise
prometer to promise
pronto soon
propagar (gu) to propagate
propiciar *L.A.* to favor
propiciatorio/a propiciatory
propicio/a propitious
propiedad *f.* property
propietario/a proprietary
propio/a own
proponer *irreg.* to propose
proporcionar to proportion
propósito purpose; **a propósito** by the way; on purpose
propuesta proposal
propulsión *f.* propulsion
prosperidad *f.* prosperity
próspero/a prosperous
protagonista *m., f.* protagonist, character
protección *m.* protection
proteger (j) to protect
protesta *m.* protest
prototipo prototype
proveniente arising, originating
provenir *irreg.* to originate
provenzal Provençal
provincia province
provinciano/a provincial
provisión *f.* provision, supply
provocar (qu) to provoke
próximo/a next
proyectar to project
proyecto project
prudente prudent, wise
prueba trial, test
público/a public
pudridero rubbish heap
pudrir (podrir) to rot
pueblo people; village
puerto port
puertorriqueño/a Puerto Rican
pues well; then
púlpito pulpit
punta point, tip
punto point, period; **punto de vista** *m.* point of view
puntualidad *f.* punctuality
puramente purely, simply
pureza purity
purificación *f.* purification
purificar (qu) to purify
puritano/a Puritan
puro/a pure; sheer, simple

Q

¿qué? what?
que that, who, which
quechua *n. m., f.; adj.* Quechua (Andean)
quedarse to stay, remain
queja complaint
quejarse to complain
quemar to burn
quemarropa: a quemarropa pointblank
querer *irreg.* to want; love
querido/a dear
¿quién? who?
quietud *f.* quiet, quietness
quilla keel (*of a ship*)
quinientos five hundred
quinto/a fifth
quizá, quizás maybe, perhaps

R

racionar to ration
raíz *f.* root
ranchero/a rancher
rapidez *f.* rapidity
rápido/a rapid
raro/a rare
rasgo trait, feature; trace
rato moment, a while
raza race
razón *f.* reason
razonable reasonable
reaccionar to react
real royal; real
realizar (c) to accomplish
rebasar to exceed, surpass
rebelarse to rebel
rebelde *m., f.* rebel
rebeldía rebelliousness
recámara bedroom, chamber
recibir to receive
recién *adj.* recently
reclamar to reclaim
recoger (j) to pick up
recompensar to reward
reconocible recognizable
reconocimiento recognition
reconquista reconquest
reconstruir (y) to reconstruct
recordar (ue) to remember
recorrer to travel through; cover
recorrido journey
recreo recreation
recuerdo memory
recurso resource
rechazar (c) to reject, refuse
red *f.* net; network
redención *f.* redemption
redentor(a) redeemer
redimir to redeem
redondo/a round
reducir (zc) to reduce
reflejar to reflect
reflejo reflection
reforzar (ue) (c) to reinforce
refugiarse to take refuge
refugio shelter, refuge
regalo gift
régimen *m.* regime, diet
regresar to return
rehusar to refuse
reina queen
reinar to reign
reinado reign, rule
reino kingdom
reír(se) (i) (de) to laugh (at)
relámpago lightning (bolt)
religar (gu) to reunite
reloj *m.* clock; watch
remedio remedy, cure
rememorar to commemorate
remontar a to date back to
renacentista *invar. adj.* (of the) Renaissance
renacer (zc) to be reborn
rendirse (i, i) to yield; surrender
renovar(se) (ue) to renew
renunciar to renounce
repartir to distribute, share
repetir (i, i) to repeat
réplica reproduction, replica
replicar (qu) to replicate, duplicate
representante *n. m., f.; adj.* representative
reprimir to repress
requerido/a required
rescatar to rescue, ransom
resolver (ue) to resolve
respaldo backing
respuesta answer
restaurar to restore
restorán, restaurante, *m.* restaurant
restos *m. pl.* (mortal) remains
resucitar resuscitate
resultado result
retener *irreg.* to retain
retirar to retire, withdraw
retratar to portray
retrato portrait
reunión *f.* meeting; reunion
reunir to reunite; **reunirse** to meet
revelar to reveal; to develop (*film*)
revuelto/a mixed, scrambled
rey *m.* king
rezar (c) to pray

rico/a rich
riesgo risk
rincón *m.* corner
río river
rioplatense of the River Plate (*Argentina*)
riqueza riches, richness
risco cliff
ritmo rhythm
roca rock
rociar (í) to sprinkle
rodear to surround
rojo/a red
romper to break
ropaje *m.* clothing
rostro face
rueda wheel
ruidoso/a noisy
rumbo (a) toward
rumor *m.* rumor; noise
ruta route

S

sábado Saturday
saber *irreg.* to know
sabiduría wisdom
sabio/a wise
sable *m.* sabre
sabor *m.* flavor
saborear to taste
saboteador(a) saboteur
sacar (qu) to take out
sacerdocio priesthood
sacerdote (sacerdotisa) priest/priestess
saco looting, sacking
sacralidad *f.* (Fuentes) sacredness
sagrado/a sacred
sal *f.* salt
sala living room; large room
salir *irreg.* to leave, go out
salón *m.* salon
salvación *f.* salvation
salvaje savage
salvarse to be saved
salvo *prep.* except
salvo/a *adj.* safe, saved
sangrar to bleed
sangre *f.* blood
sangriento/a bloody
sanguinario/a bloody
Santiago Saint James
santidad *f.* sanctity, holiness
santificar (qu) to sanctify
santo/a saint
santuario sanctuary
saquear to pillage, loot
satélite *m.* satellite; suburb
satisfacer *irreg.* to satisfy
satisfecho/a satisfied
secar (qu) to dry
secreto secret
secuestrar to kidnap
sed *f.* thirst
seda silk
sede *f.* seat, headquarters
seducir (zc) to seduce
sefardí Sephardic Jew
en seguida at once
seguir (i, i) (g) to follow
seguridad *f.* safety
seguro/a sure, safe
seis six
selva jungle
semana week
sembrador(a) sower
sembrar (ie) to sow
semejante similar
semejar to resemble
semilla seed
sentido sense; meaning
sentimiento sentiment, feeling
sentir (ie, i) to feel
señalar to point, indicate
septiembre *m.* September
sepultado/a buried
sequía drought
ser *irreg.* to be
serenidad *f.* serenity
serie *f.* series
seriedad *f.* seriousness
serpiente *f.* serpent
serranía mountains
servidumbre *f.* servitude
servir (i, i) to serve
si if
sí yes
siempre always
sierra mountain
siete seven
sífilis *f.* syphilis
sigla seal
siglo century
significar (qu) to mean, signify
signo sign
símbolo symbol
simetría symmetry
simpatía sympathy
sin without
sincrético/a syncretic
sincretismo syncretism (*mixture of religious beliefs*)
sindicato/a union, syndicate
sino but
sinuoso/a sinuous, winding
siquiera even; **ni siquiera** not even
sirena siren
sirviente *m., f.* servant
sistema *m.* system
sitio site
situar (ú) to situate
situado: estar situado/a to be located
soberanía sovereignty
soberano/a sovereign
sobre on, on top of
sobrenatural supernatural
sobresalir *irreg.* to stand out
sobrevivir to survive
socio/a associate, colleague
sol *m.* sun
solamente only
soldado/a soldier
soledad *f.* loneliness
soler (ue) to be accustomed to
solitario/a solitary
solo/a lonely, alone
sólo only
soltar (ue) to loose, loosen
sombra shadow
sombrío/a sombre
someter to submit
sometido/a subjected
son *m.* sound; Cuban dance
sonar (ue) to ring, sound
sonriente smiling
sonrisa smile
soñador(a) dreamer
soñar (ue) to dream
soportar to endure, support
sordo/a deaf
soroche *m.* mountain sickness
sorprender to surprise
sorpresa surprise
sospechoso/a suspicious
sostén *m.* sustenance, support
sostener *irreg.* to sustain, maintain
soviético/a Soviet
su his/her/your/their
suave soft
súbdito/a subject (of a ruler)
subir to rise, go up
súbitamente suddenly
sublimir to sublimate
subrayar to underline, emphasize
subsiguiente subsequent
subsuelo subsoil
subterráneo/a subterranean
suceso event
sucinto/a succinct
sucumbir to succumb
suelo floor
suelto/a loose
sueño dream; sleep
suerte *f.* luck; **de tal suerte** in such a way
suficiente enough, sufficient
sufragio suffrage
sufrimiento suffering
sufrir to suffer

sujeción *f.* subjection
sumar to add
suntuoso/a sumptuous
superficie *f.* surface
superioridad *f.* superiority
superpotencia superpower
supervivencia survival
suplir to supply, replace
supremo/a supreme
suprimir to suppress
supuesto/a supposed; **por supuesto** of course
sur *m.* south
suramericano/a South American
sugerir (ie, i) to suggest
surgir (j) to spring up, appear
suspirar to sigh

T

tabaco tobacco
tablado stage, platform; flamenco dance show
tablero (bulletin) board
taconeo heel tapping
tal such (a)
tamaño size
también also, too
tampoco neither
tan so, as
tanque *m.* tank
tanto/a so much; **por lo tanto** therefore
tarde *f.* afternoon
tauromaquia bullfighting
te deum Latin hymn in mass
té *m.* tea
techo roof, ceiling
tedio tedium
telón *m.* theater curtain
tema *m.* theme
temblar (ie) to tremble, shake
tembloroso/a trembling
temer to fear
temor *m.* fear
templo temple
temporada season
temprano/a early
tender (ie) to tend
tener *irreg.* to have; **tener lugar** to take place
tentador (tentadora) temptor/temptress
tercer, tercero/a third
terminar to finish
término end; term, period
terrateniente *m., f.* landholder
terraza terrace
terremoto earthquake
terrenal earthly
terreno land, property
terrestre earthly, terrestrial
tesoro treasure; treasury
testarudo/a stubborn, obstinate
testigo *m., f.* witness
tiempo time; weather
tienda store; **tienda de campaña** tent
tierra earth; world; **tierra de nadie** no-man's land
tipo type, kind
tira strip
tiranía tyranny
tirar to throw, throw away
título title
tocar (qu) to touch; to play (*a musical instrument*)
tocino bacon
todavía still
todo/a all
tomar to take; to drink
tomate *m.* tomato
toparse con to run into, chance upon
toque *m.* touch; shock
torero/a bullfighter
tormenta storm
torno turn
toro bull
torre *f.* tower
torreón *m.* fortified tower
torturar to torture
trabajador(a) worker
trabajar to work
trabajo work
traducir (zc) to translate
traductor(a) translator
traer *irreg.* to bring
trágico/a tragic
traición *f.* betrayal, treason
traidor(a) traitor
traje *m.* suit; **traje de luces** *m.* bullfighter's outfit
trampa trap
tránsito traffic; transit
transmisible transmittable
tras after, following
trasiego *m.* moving
trasladar to move, transfer
traslado transfer
tratado treaty
tratar to deal with; **tratar de** to try
trato treatment
través: a través de through
trazar (c) to trace
tregua truce
treinta thirty
trepidar to tremble
tres three
trescientos three hundred
tribu *f.* tribe
tributar to pay tribute
tributo to tribute
trigo wheat
triste sad
triturar to grind, crush
trompeta trumpet
trono throne
tropa troop
trovador(a) troubador
tú you (*sing. familiar*)
tu your (*sing. familiar*)
tumba grave, tomb
turco/a Turk

U

ubérrimo/a very fertile
ufano/a proud, disdainful
último/a last
ultramar, *m.* overseas
un, uno/a a, an; one
único/a only; unique
unidad *f.* unity; unit
unido/a united
unificar (qu) to unify
unir to unite; **unirse (a)** to join
uña fingernail; toenail
urgir (j) to urge
usted you (*sing. formal*)

V

vacío/a empty
vacuidad *f.* vacuity, emptiness
valeroso/a brave
valiente brave
valioso/a valuable
valor *m.* courage; worth
valle *m.* valley
vasco/a Basque
veces: a veces occasionally, sometimes
vecino/a neighbor
veinte twenty
vela veil
veloz rapid, swift
vena vein
vencer (z) to conquer
vencido/a conquered
vendedor(a) salesperson
vender to sell
vengador(a) *n. m., f.* avenger; *adj.* vengeful
venganza vengeance, revenge
vengarse (gu) to avenge
venir *irreg.* to come
ventaja advantage
ventana window
ver to see
verano summer
verbalizar (c) to verbalize
verdad *f.* truth

verdadero/a truthful, true
verde green
verdugo hangman, executioner
vergonzoso/a shameful
vestirse (i, i) to get dressed
veta vein, seam, streak
vez *f.* time (occasion)
vía *n.* way, road; *prep.* by way of; **vía láctea** Milky Way
viaje *m.* trip, voyage
viajero/a traveler
víctima *m., f.* victim
vida life
viejo/a old
viento wind
vientre *m.* womb
vietnamita *m., f.* Vietnamese
vigente valid
vincular to link
vino wine
viña vineyard
violar to violate; to rape
viraje *m.* turn, bend; turning point
virreinal *adj.* viceregal
virreinato viceroyalty
virrey *m.* viceroy
virtud *f.* virtue
visigodo/a Visigoth
visitar to visit
vista sight, view
viuda widow
vivir to live
vivo/a alive; lively
volcán *m.* volcano
volcánico/a volcanic
volcanizar (c) to volcanize
voltear to turn (over)
voluntad *f.* will
volver (ue) to return, come back; **volverse (ue)** to become, turn into
vómito vomit
voz *f.* voice; **en voz alta** aloud, out loud
vuelta return; bend, turn; **dar la vuelta** to turn; **dar una vuelta** to take a walk

X

xitomatl *m.* tomato (*Náhuatl*)

Y

yacer (zc) to lie

Z

zanja ditch
zapatismo Zapata movement
zapato shoe
zapoteca *n. m., f.; adj.* Zapotecan
zarpar to set sail
zorro/a fox